2판

창조에 관한
과학과 기독교의 ── 두 시선

저자 소개

이종용

서울시 종로구 삼청동에서 태어났다. 서울대학교 물리교육학과를 졸업 후 미국 어바인 소재 캘리포니아 대학에서 물리학 석사, 투산 소재 애리조나 대학에서 물리학 박사 및 fellowship을 수상하였다. 현대전자(현재, SK하이닉스)에서 반도체 연구, 한국전자통신연구원에서 초전도체 연구를 진행하였고, 한남대학교 물리학과 교수로 재직하며 25년간 양전자 소멸법을 연구하였으며, 양전자 소멸법으로 보호진공과학상을 수상하였다. 현재는 한남대학교 명예교수이다.

서울대학교 재학 중 대학생 선교회(CCC, Campus Crusade for Christ)에서 대표순장(회장)으로 섬겼고, 한남대학교 교수 재직 중 장로회 신학대학 신학대학원에서 교역학 석사(M. Div.) 및 연세대학교 연합 신학대학원에서 삼애 장학금을 받고 신학 박사학위를 취득하였다.

과학자들과 신학자들의 모임인 이수포럼에 참여하면서 우주의 창조에 대한 깊은 고민하에 이 책을 집필하게 되었다.

2판

창조에 관한
과학과 기독교의 ──── 두 시선

초판 발행 2019년 7월 12일
2판 발행 2023년 8월 10일

지은이 이종용
펴낸이 류원식
펴낸곳 교문사

편집팀장 성혜진 | **표지디자인** 신나리 | **본문편집** 신나리

주소 10881, 경기도 파주시 문발로 116
대표전화 031-955-6111 | **팩스** 031-955-0955
홈페이지 www.gyomoon.com | **이메일** genie@gyomoon.com
등록번호 1968.10.28. 제406-2006-000035호

ISBN 978-89-363-2514-5(93230)
정가 19,000원

2판

창조에 관한
과학과 기독교의 ——— 두 시선

이종용 지음

교문사

하나님의 관점에서의 창조는 성경에서 모세에게 하신 말씀을 통해 나타난다.

나 여호와가 하늘과 땅과 바다와 그 가운데 모든 것을 만들고 (출 20:11)

이처럼 하나님이 창조한 세상이라면 우리가 보는 이 세계는 창조주인 하나님의 아름다움과 선하심, 지혜가 반영되어 있는 것이다.

본서는 과학과 기독교의 두 가지 관점에서 동시에 세계 창조에 대해 탐구할 수 있을까 하는 의문에서 시작하였다. 이를 통해 창조론(Doctrine of Creation)의 재정립을 시도하였으며 그와 동시에 과학적으로 접근하여 분석함으로써 창조에 대한 과학적 의문을 가진 많은 사람들에게 유용한 책이라고 할 수 있다.

우선 기존에 팽배해 있는 과학과 기독교 사이의 불신을 완화시키고자 서로의 이해를 돕기 위한 진화론과 창조론 사이의 연관성과 차이점을 논하고, 두 이론 사이의 협력을 시도하였다. 과학은 우주가 어떻게 이루어져 있고, 어떻게 작동하는지를 다루는 반면에 기독교는 하나님의 자연에 대한 선하신 창조 목적에 대한 궁극적 의미와 도덕적 가치를 다룬다는 차이가 있다. 그러므로 창조에 대한 관점에서 두 영역은 서로 겹치지 않을 뿐만 아니라 한 영역이 모든 질문들을 포함할 수도 없다. 그러나 일상생활이 과학인 현대인들은 과학적으로 인정된 것이 아닌 것을 무작정 믿기는 어려울 것이다. 따라서 저자는 기독교와 과학의 관계를 성경적 관점에서 이해할 수 있도록 노력하였다.

이 책을 집필할 수 있도록 도와주신 하나님의 은혜에 감사를 드린다. 그리고 인생의 여정을 같이 해주고, 인고(忍苦)의 시간을 견디어 준 아내와 딸에게 감사하게 생각한다. 또한, 수업시간에 다양한 질문으로 하나님의 창조 이유를 깊게 깨닫게 해준 학생들에게 감사의 말을 전하고 싶다. 마지막으로 더 좋은 책이 나올 수 있도록 도와준 편집자 성혜진 님께 감사를 드린다.

끝으로 마지막으로 개인적으로 좋아하는 1940년대 러시아의 정교회 사제인 그레고리 페트로브가 소련의 수용소에서 죽기 직전에 한 감사의 찬양을 인용하고자 한다.

오 주여! 당신의 초대를 받으니 얼마나 좋은지요.
바람은 향기롭고 산은 하늘 끝까지 닿았으며,
거울 같이 맑은 시냇물은 황금빛 햇살과 흘러가는 구름을 머금고
숲속의 새와 짐승은 당신의 사랑의 흔적을 지니고 있습니다.
모든 자연은 부드럽게 숨쉬며 신비한 음성으로 속삭입니다.
당신의 아름다움을 머금은 어머니 같은 대지는
영원히 지속할 행복에 대한 동경심을 일깨워줍니다.
영원한 본향과도 같은 땅, 결코 시들지 않는 아름다움 속에서
당신을 찬양하는 소리가 크게 울려 퍼집니다. 할렐루야!

2023년 8월
저자 이종용

본 글은 과학과 기독교 사이의 불신을 완화시키고, 서로의 이해를 돕기 위하여 다윈 이후의 진화론과 기독교 학자들에 의한 과학적 창조론의 분석을 통하여 과학과 창조 신학과의 연관성 및 다름을 이해하고 협력을 시도하고자 하는 것이다. 현대를 사는 우리에게 과학적 세계상은 영향을 끼칠 수밖에 없다. 과학과 기독교 간의 학문적 대화에서 서로의 실재를 파악하고 서술하는 방식이 다르다 할지라도 진리를 향해 탐구하는 방법은 비슷하다. 그 결과 기독교와 과학은 서로 구분된 영역을 지닌 독립적이며 협력을 이룰 수 있는 방향으로 유도하려는 것이다. 먼저 몇몇 과학자들이나 역사학자들에게서 제기된 기독교의 창조 신화에 대하여 논의하고자 한다. 신화는 신화적 요소를 말하며, 고대의 신화적 세계관에서 유래한 것이다. 현대인들에 의해 통용되는 세계상과 구별되기 때문이다. 그러므로 창조 신화는 이 세상을 만든 이야기로서 고대인들에 대한 존재뿐만 아니라 우주 전체의 의미에 관심을 가지고 인간의 가장 기본적인 문제에 접근하는 것이다. 하지만 창세기에서 말하고자 하는 초월자인 하나님은 구별된 이스라엘의 유일한 신이고 전지전능한 참 하나님인 것이다. 결코 고대 신화의 신들 사이의 관계 속에서 자연을 번성케 하는 신이 아니다. 때문에, 창조에 대한 이야기로서의 거대한 우주와 우주 안의 태양, 지구, 달, 별들과 그 안의 모든 것들은 하나님에 의하여 창조된 것으로 단순한 피조물에 지나지 않다. 물론 인간도 흙으로 창조되었으며, 하나님의 생기에 의한 단순한 모습이 아닌 그의 형상을 따라서 만들어진 것이므로, 주변 국가들의 신화적인 설화와 구별된다. 따라서 성서의 창세기에 영향을 끼칠 수 있는 주변 환경에 대한 연관성과 독립성에 대하여 조사를 하였다.

다음은, 본 글의 가장 중요한 주제로서, 태초의 창조 상황에 대한 과학적 진술을 평가하고 관련지어 신중하게 형성된 신학적 믿음을 분석코자 하였다. 현대를 사는 우리에게는 과학과 신앙이 교차되어 있다. 우리는 동일 세계 안에서 살기 때문에 과학과 신학이 같은 세계에 대하여 서로 다른 방향에서 관심이 있는 것이다. 그러므로 무신론이라 일컫는 과학적 종교로서 다윈주의자들이 신봉하는 진화론과 우주론, 그리고 초월자의 창조에 관하여 과학적인 유신론의 관점으로 시작하는 네 가지 학설인 성서문자주의 창조론, 점진적 창조론, 지적설계론, 그리고 유신론적 진화론에 대하여 구분하여 분석하였으며 비판적으로 살펴봤었다. 과학과 기독교는 그 추구하는 방향이 서로 다르다. 과학은 관측과 이론이라는 기본 골격으로서 예상되는 이론과 법칙 그리고 실험을 통하여 의미보다는 사실을 추구하며, 앎에 대하여 집중을 한다. 반면에 기독교는 본래 체험과 신조를 통해 의미에 대하여 믿음을 통한 당위성을 추구하며 삶의 문제에 우선 치중하게 된다. 즉 세계관 자체가 다르므로 서로를 간섭하거나 통합하려는 것은 본래의 방향에서 벗어나는 것이다. 그러므로 하나님의 창조 활동에 대한 신학과 과학의 관계에 대한 분석을 통한 대안으로서 상호 존중을 하기 위한 조화롭고 새로운 방법을 모색하였다. 과학과 창조에 대한 접근 방법은 세 가지로 나누었다. 기독교와 과학이 어떤 형태로든 공존이 불가능하다는 양립 불가능성, 서로의 교류가 가능하고 동반자 관계로서 상보적인 통합, 서로의 영역이 분리되어 있는 상호 독립에 대하여 논의하였다. 과학이 '어떻게'에 주의를 기울인다면, 기독교는 '왜'에 주목하므로 같은 자료를 생각할 때에도 다른 형태로 설명하게 된다. 전능하신 하나님의 피조물에 대한 태초에 하나님의 창조는 자연과학적 지식이나 정보를 전달하려는 것이 아니다. 그러므로 과학적 창조론은 초월자의 창조 의미로부터 과학의 영역을 분리시켜 생각하여야 한다. 다시 말하면 과학적 창조론의 대안으로서 영역이 구분된 상호 독립을 말하고자 한다. 덧붙여 창조 신학은 자연과학으로서 피조물에 대한 이해를 하고, 초월자가 세상의 의미를 부여하신 피조물을 위하여 협력하여야 한다.

천지 창조는 과학에 의해 설명이 가능한가?

기독교인이자 세균학자인 파스퇴르는 자신의 연구가 하나님의 창조 섭리에 반할 것을 염려하였다. 그래서 그는 "실험실에 들어갈 때 기독교란 가운을 옷장에 벗어 넣는다. 즉 나는 실험실 밖에 기독교의 가운을 벗어 놓고 들어간다"라고 고백했다. 파스퇴르는 백조 목처럼 생긴 긴 플라스크를 이용한 실험을 통하여 '생물은 생물인 어버이로부터 발생한다'는 생물속생설을 증명하게 된다. 따라서 그 당시까지의 주된 가설이었던 아리스토텔레스의 자연발생설인 '생물은 어버이 없이 무생물에서 생길 수 있다'는 주장을 정면으로 반박하게 된다. 그리고 하나님의 창조를 믿었던 물리학자인 아인슈타인은 정상우주의 반발력으로 설명되는 우주상수를 제안한다. 현재 우주상수는 팽창되는 우주를 설명하는 데 중요하게 사용되고 있다. 지난 수십 년 동안 우리 사회에서는 기독교의 창조에 대한 과학적 논쟁이 이어져왔다. 1980년에 창립된 창조과학에서 창조과학자들의 과학적 창조이론 주장은 세상이 진화에 의하여 발전했다는 무신론 과학자들에 의하여 비판을 받아왔다. 그들의 주장에 의하면 지금까지 발견된 과학적 사실과 창조과학자들의 주장이 과학적으로 맞지 않는다는 것이다.

창세기 1장의 창조에 대한 말씀에 과학적인 의미를 부여하고 해석하는 것에는 문제가 있다. 독일의 신학자인 불트만은 현대의 과학 세상에서 사는 사람들에게 성경의 신화적 사실은 믿기 어렵다고 말하고 있다. 그 이유는 우리들의 모든 생각이 좋든지 나쁘든지, 현대 과학에 의하여 이루어지기 때문이라는 것이다. 즉 현대 과학 자체로 인한 도전이라기보다는 현대 과학이 바탕이 된 우리의 자기 이해에 의한 도전이 더 심각한 문제라는 의미이다. 독일의 철학자 하이데거가 과학은 사유하지 않는 현존하는 자연과 결부된 법칙과 원칙을 탐구하는 학문으로써, 세계의 근거 및 경험의 가능성을 성찰하는 성경적인 신학과는 근본이 다르다고 주장한 것처럼, 창세기에 언급된 태초에 하나님이 천지를 창조하셨다는 성경말씀은 과학적 사실의 여부를 가리기보다 신앙적인 받아들임으로 이해해야 한다. 성경 말씀은 놀라운 과학적 사실에 근거하여 말씀하시는 것이 아니라 당시의 세계관을 배경으로 믿음을 추구하는 신앙인들에게 하시는 말씀이기 때문이다. 즉 창조에 대한 성경 말씀은 과학이 발달하기 전에 이루어진 우주관이기 때문이다. 태양 중심설로 유명한 16세기 과학자인 갈릴레이는 "하나님께서 우리에게 두 권의 책을 주었는데, 하나는 성경이고 다른 하나는 자연"이라고 했다. 그러므로 성경은 구원을 보여주며, 자연은 하나님의 위대하심을 보여주는 것으로 생각했다. 사실, 성경을 어떤 과학의 이론으로 설명하는 것은 우리가 무의식적으로 창조에 대한 비판하고 있음을 나타내는 것일지도 모른다. 무엇보다 현대 과학이 발전하여 과학적인 발견의 결과물이 나타난다 하더라도 과학적인 사실은 항상 완벽하지 않기 때문에, 과학의 지식은 늘 바뀔 가능성이 있다. 즉 현대 과학이 완벽하지 않기 때문에 새로운 발견과 발명으로 지금보다 더 확실한 설명을 찾아내면 우리가 지금 알고 있는 과학적 지식은 뒤집힌다.

원시 하늘과 땅이 창조된 것이 몇 천 년 전인지, 혹은 몇 백만 년 전인지 연대를 측정할 수 없다. 그것들이 한 순간에 존재하게 된 것인지, 아니면 그 형성 과정이 긴 시간 간격을 두고 이루어진 것인지 여부도 알려져 있지 않다. 성경은 단지 말씀을 통한 창조라는 기본적인 사실만 명시한다. 욥기 38장은 "내가 땅의 기초를 놓을 때에 네가 어디 있었느냐 네가 깨달아 알았거든 말할지니라"라고 언급하고 있다. 과학으로 창조를 논하는 것은 듣기에는 좋으나 온

전치 못하다. 우리의 불완전한 과학적 지식으로 창조과학이든 진화론이든 성경에서 언급하는 창조를 설명하는 것은 무리가 있다. 신학자 포이어바흐는 하나님이 어떠한 방식으로 창조했는가에 대한 질문은 그가 이 세계를 창조했다는 것에 대한 간접적인 의심이라고 말한다. 유한한 사람의 지식으로 무한성을 논하지 말자. 성경에서의 하나님의 창조는 선하심에 의한 선물로써 있는 그 말씀대로 믿어야하기 때문이다.

* 위 기고문은 《한국기독공보》에 게재되었습니다.

예수와 빛

"예수께서 또 말씀하여 이르시되 나는 세상의 빛이니 나를 따르는 자는 어둠에 다니지 아니하고 생명의 빛을 얻으리라(요한복음 8장 12절)", "나는 빛으로 세상에 왔나니 무릇 나를 믿는 자로 어둠에 거하지 않게 하려 함이로라(요한복음 12장 46절)."

성서의 이 말씀은 요한복음에 기록된 일곱 가지 자기 계시선언 가운데 하나로 예수께서 스스로를 빛이라고 선포하신 것이다. 2천여 년 전에는 예수께서 말씀하신 빛의 의미를 이해했을까? 창세기 1장 3절에서 하나님은 첫째 날에 혼돈과 흑암에서 빛을 창조하셨다. 빛은 히브리어로 "오르"인데, 게제니우스 히브리어 사전(생명의말씀사, 2007)에서 빛은 다만 어둠을 밝게 비추는 또는 생명이라는 뜻으로 풀이되어 있으며, 신약 헬라어 사전(도서출판 목양, 2012)에서는 빛이 히브리어와 같은 의미를 갖는 "포스"로 마음과 영혼을 비추는 의미를 갖는 것으로 풀이되어 있다.

그렇다면 태초에 하나님과 함께 계신 예수께서 말씀하신 세상의 빛이라는 의미는 어떤 것인가? 현대인들은 과학이 일상생활이며, 과학으로 인정받은 것들을 믿는 과학 세상을 사는 사람들이다. 그런 점에서 기독교와 과학이 '빛'에 의하여 어떻게 서로 만날 수 있는지 생각해보자. 역사상 처음 빛에 대하여 실험과 측정을 시도했던 300여 년 전으로 거슬러 올라가면, 물리학자 뉴턴은 빛이 미세한 입자와 같은 성질을 띤다고 주장했다. 반면에 철학자 데카르트와 기독교 과학자 호이겐스는 빛은 파동의 성질을 가진다고 생각하였다. 그로부터 200년 후에 현대물리학이 시작되었는데, 영(Young)은 측정을 통하여 빛이 파동의 성질을 지니고 있다고 했다. 그러나 물리학 분야에서 천재로 일컬어지는 아인슈타인은 광전효과라는 연구를 통하여 입자의 성질도 동시에 가진다고 하였다. 그 결과 오늘날 빛은 전자(기)파로써 장(field)의 공간과 시간 속에서 펼쳐지는 파장과 같은 성질을 지니고 있으며, 동시에 장의 에너지로써 입자와 같은 운동을 하므로 이중성, 즉 파동과 입자의 성질을 동시에 가지는 것으로 받아들여진다. 빛은 에너지로써 입자의 성질을 갖지만 질량이 없는 전자(기)파이므로 진공에서 빠르게 움직이면서(광속도) 진행되는 것으로 정의된다. 현대인들은 빛을 어둠을 밝게 비추는 가시광선, 스마트폰에서 사용하는 마이크로파, 빨간색 가시광선보다 파장이 긴 적외선과 보라색 가시광선보다 파장이 짧은 자외선, 자외선보다 파장이 더 짧은 X선 등의 모든 영역의 전자(기)파로 이해한다. 또한 에너지로써 빛은 이 세상의 물질(질량)과 생명에 관여하고 있다고 이해한다.

뉴턴은 시간과 공간은 변하지 않는 절대적이라고 생각했다. 그러나 아인슈타인에 따르면, 상대성 이론을 통하여 에너지가 질량이며, 질량은 곧 에너지로서 등가원리이다. 그리고 질량은 공간을 휘게 하고, 시간과 공간은 보는 입장에 따라서 상대적이며, 시간과 공간은 서로 영향을 받는다. 하지만 빛은 에너지인 동시에, 전자파로써 시공간에 초월적으로 절대속도를 갖으며, 빈 공간에서도 매질에서도 어디서나 진행할 수 있다. 빛을 매개로 한 기독교와 과학의 접점에 대한 사유를 정리해보자. 요한복음 1장의 '예수는 말씀으로 선포되었다'는 말씀은 예수께서는 곧 하나님이시며, 말씀이 세상을 창조하셨다는 것이다. 예수는 사람으로 현현하셨다. 동시에 말씀의 에너지로 인하여 세상의 빛처럼 어디에서나 존재하시는 분이시다. 빛이 시공간에 절대속도의 속성을 가지고 있는 것처럼, 예수는 이 세상의 물질과 생명에 관여하시고 초월적인 절대자의 속성을 가진 분이시다. 그러므로 예수께서 스스로를 "세상의 빛"이라고 말씀하신 것이다.

* 위 기고문은 《한국기독공보》에 게재되었습니다.

기독교 창조와 과학의 만남

창세기 1장 1절 – 태초에 하나님이 천지를 창조하시니라(개역개정), 성서의 이 말씀은 기독교 창조의 선포이다. 그러나 현대인들에게서 과학은 일상생활이며, 과학 세상을 사는 사람들에게 과학은 전부라고 말하며, 과학으로 인정받은 것들을 그들은 믿고 있다. 그러므로 창세기 1장은 현재 우리가 사는 사회의 과학자들이나 하나님을 믿는 신자들로부터 논란의 중심에 서있다. 일부 과학자들은 이 세상이 무생물에서 살아있는 생명으로 시작했으며, 하등 생물인 녹조류로부터 우리와 같은 고등 생물로의 진화로 형성시켰다고 말하면서, 기독교의 창조에 대하여 반박과 비평을 하고 있다. 하지만 성경의 창조는 선포이고, 믿음에 의하여서만 알 수 있는 말씀이다.

우리는 기독교의 창조와 과학에서의 창조가 서로 만날 수 있는 방법을 어떻게 찾을 수 있는지 생각해 보기 위하여 먼저 아무것도 존재하지 않는 진공을 생각하자. 사전에서 진공의 의미는 "진공(眞空)은 직관적으로 아무것도 존재하지 않는 상태"를 의미한다. 위키피디아 한국어판에는 "진공의 존재성에 대한 논쟁들은 고대부터 시간이 흐르면서 계속 이루어져 왔다"고 쓰여 있으며, 일반적으로 물질이 있는지 여부에 대하여 진공을 정의하고 있다. 또한 국립국어원 표준국어 대사전에는 진공을 "물질이 전혀 존재하지 아니하는 공간. 인위적으로 만들어 낼 수는 없고, 실제로는 극히 저압의 상태를 이른다. 우주 공간은 진공도는 높으나, 미량의 성간 물질이 존재한다"고 설명한다. 단순히 물질의 존재가 없음에 대하여 정의하는 것이다. 그러나 물리학에서 진공은 물질이 비어 있는 것보다는 오히려 꽉 차 있어서 조건이 주어지면 새로운 물질이 창조가 될 수 있는 가능성을 생각하고 있다. 즉 물질의 존재는 없으며 비어 있다고 여겨지지만, 물리적인 의미의 어떤 에너지로 채워져 있을 수 있기 때문이다.

20세기 상대성 이론과 광전 효과를 발견하여 물리학 천재로 일컫는 앨버트 아인슈타인은 에너지와 물질과의 관계를 등가법칙(에너지는 질량과 빛의 제곱속도의 곱)으로 정리하였다. 이 의미는 물질이 에너지로, 에너지는 물질로 변환이 가능하며 표현도 가능하다고 하는 법칙이다. 그러면 진공이지만 에너지로 채워져 있는 어떤 것을 생각해볼 수 있지 않을까? 태초가 만일 무에서 시작되었다면, 이 "무(無)"는 물리학에서 진공으로 생각해볼 수 있으며, 진공으로부터 어느 순간에 변환이 이루어져서(물리학에서는 빅뱅이라고 함) 태초가 되는 공간과 물질이 창조된 것은 아닐까? 이때부터 공간인 우주 그리고 시간이 시작되었다. 우주의 뜨거움으로 인한 빛(물질)이 생겨나면서 세상은 우주 팽창으로부터 이루어졌다. 아인슈타인의 발표 이후 영국의 물리학자인 디랙과 앤더슨은 에너지의 변환으로 인한 세상에 존재하는 전자의 반입자라고 하는 양전자인 물질을 발견하게 된다.

그러므로 몇몇 물리학자들은 일반적으로 음의 에너지는 양의 에너지보다 낮은 에너지로써 존재하는데, 진공이 "없음"의 의미인 이유는, 양의 에너지와 음의 에너지가 같이 존재하는 곳, "영(0)"이 되는 것이라고 주장한다. 그래서 음의 에너지로만 채워진 그곳이 진공이었는데, 어느 날 갑자기 불확정성 원리(양자 역학적) 때문에 에너지 요동으로 찰나에 이 세상이 태어나게 된다. 즉 "요동하는 어떤 에너지가 무(無)에서 진공의 높은 에너지 장벽을 터널이라는 통로로 뚫고 초미세한 우주가 태어났다"고 말하고 있다.

과학에서와 비슷한 개념으로 이해하면 창세기 1장 1절의 천지 창조는, 즉 저 너머 하나님이 계신 곳으로 시작한다. 말씀이 충만한 말씀의 에너지로 꽉 차 있는 곳으로부터, 이 세상을 말씀이라는 통로로 하나님께서 무(無)에서부터 공간과 시간을 창조하신 것이다. 그리고 물질의 창조를 이루는데, 하나님은 첫째 날(욤)에 빛을 창조하시고 하나님의 형상으로 사람까지 순차적으로 이루어졌다. 우리는 창세기 1장을 통하여 믿음으로 알 수 있다.

* 위 기고문은 《한국기독공보》에 게재되었습니다.

과학의 시대와 창세기 1장

20세기 초, 의사로서 정신분석학을 창도한 프로이트(Sigmund Freud)는 다음과 같이 말한 바 있다. "기독교를 주류로 삼은 인류는 지난 역사 속에서 과학으로부터 두 차례 큰 모욕을 당했다." 그 가운데 첫째는 지구가 우주의 중심이 아니라 태양이 중심이 되는 항성계 변방에 위치한 티끌에 불과하다는 것을 인지하게 된 일이며, 둘째는 생물학적 탐구를 통해 인간이 하나님의 형상대로 지어진 신의 피조물이 아니라 동물 계통의 한 후손이라고 여기게 된 것이다. 고대, 중세 사람들은 줄곧 지구가 우주의 중심이라고 주장한 천동설을 신뢰하였는데, 현재는 지구가 태양 주위를 공전하는 행성이라는 것, 또한 물리학을 통해 이를 설명할 수 있다는 것을 깨닫게 되었다. 한편 생명과학 분야로는 다윈의 진화론이 등장했다. 인간을 '창조의 최고봉'이라 불릴 만큼 특별한 존재로 믿고 살아온 인류를 향해, 다윈은 인간 역시 진화의 역사적 과정을 통해 다른 생명체들과 얽혀 환경에 적응해 온 단순한 생물에 지나지 않는다고 선언했다. 그런데 과연 기독교는 프로이트가 말한 것처럼 지동설과 진화론에 의해 진정 모욕을 당한 것일까?

　우주 물리학자들은 우리가 사는 세상, 즉 '우주'에 대해 다음과 같이 설명한다. 우주 안에는 수많은 은하계가 존재하며, 우리가 사는 지구를 포함하고 있는 태양계와 같은 항성계가 각 은하계 안에 다수 존재한다. 그리고 지구는 태양 주위를, 태양은 은하계 주위를 공전하고 있다. 한편 우주는 지속적으로 팽창 중인데 만일 시간을 되돌리면 우주가 생겨나게 된 하나의 시점, 즉 특이점이 발견될 것이다. 이 하나의 시점이 곧 빅뱅의 순간이고, 이 순간에 시간과 공간이 생겨났다. 이는 우주의 기원에 대한 과학자들의 중론이다. 하지만 그들은 우주의 시작점인 빅뱅이 어떻게 발생하였는지에 대해서는 명확하게 설명하지 못한다. 또한 우주가 중심이나 끝이 없기 때문에 우주의 중심이 어디인지에 대해 자신 있게 말할 수 있는 이도 찾아볼 수 없다. 즉 은하계의 수많은 별들은 분명 태양으로부터 멀어져 가고 있지만 정작 이 태양의 위치를 일원적으로 설명할 기준점이란 실질적으로 존재하지 않는다. 달리 생각하자면, 결국 과학자들은 어느 곳이든 우주의 중심으로 지목할 수도 있는 것이다. 그렇다면 지구에 있는 우리가 은하계에 존재하는 별들을 관측할 수 있는 우주의 중심에 서 있다고 말할 수도 있지 않을까? 왜냐하면 우리는 지구를 '중심의 기준'으로 설정하고 우주를 보고 있기 때문이다. 이와 마찬가지로 현대 과학이 빅뱅의 순간을 정확하게 설명할 수 없다면, 그 대안으로 창세기 1장을 제시하는 일 역시 가능하다. 성경은 시간과 공간이 하나님으로부터 시작되었다고 기록하고 있다. 하나님이 태초에 이 세상을 창조하신 사역이 있기 때문이다. 이사야도 같은 맥락에서 다음과 같이 선포한다. "그가 하늘을 차일 같이 펴셨으며 거주할 천막 같이 치셨고"(사 40:22). 이사야는 그가 서 있는 곳이 곧 우주의 중심이요, 하나님이 창조하신 하늘이 지금의 우주임을 믿어 의심치 않았다.

19세기 중엽, 원래 기독교 신자였던 다윈은 세계여행 중에 적도 근처에 사는 조류의 진화를 연구하였고, 이 연구 결과를 토대로 '종의 기원'을 발표함으로써 현대 진화론의 시작을 알렸다. 다윈의 후계자를 자처하는 21세기 진화 생물학자들은 인간의 존재가 '이기적 유전자'의 자기보존을 위한 작용에 불과할 뿐이라고 주장한다. 즉 유전자 중심의 생명에 대한 인간의 행동은, 유전자와의 상관관계 안에서 찾을 수 있기 때문에, 인간의 운명이 유전자에 의해 결정된다고 주장하는 '유전자 결정론'이라고 한다. 이러한 유전자 중심의 생명 이해는 인간의 정신조차 초자연적 실체가 아니라 단지 뇌에서 일어나는 물질의 물리화학적 작용에 불과하다고 간주하는 진화론적 인식론으로 귀결되는데, 이는 인간 고유의 정신적 존엄성을 무시하는 자연주의적 발상이다. 실상 진화 생물학자들은 지구 생명의 기원에 대해, 다시 말해 어떻게 무생물로부터 유전자를 가진 생명체가 탄생했는지에 대해 제대로 설명하지 못하고 있다. 또한 그들은 우리가 사는 지구에 다섯 차례의 대멸종이 발생했다고 말한다. 그러나 왜 마지막 대멸종 이후 인간이 나타났으며, 인간이 지구의 환경조건 변화에 가장 적응하기 힘든 생명체임에도 불구하고 어떻게 현재 세상을 지배하는 만물의 영장이 될 수 있었는지, 그리고 어떻게 해서 인간이 다른 어떤 피조물보다 더 창조적일 수 있는지 정확히 설명하지 못한다.

성경은 하나님의 말씀으로 생명체가 출현했다고 가르치고 있다. 창세기 1장의 기록대로라면 유전자를 가진 생명체, 다시 말해 유전자에 의해 "생육하고 번성하는"(창 1:22) 생명체 모두는 하나님의 말씀에 의해 창조되었다. 그리고 인간은 그 가운데 유일하게 하나님의 형상대로 지어진, 그것도 가장 마지막에 지어진 피조물이기 때문에, 창조의 큰 능력과 지혜가 가장 온전하게 반영된 생명체로 소개되고 있다.

이처럼 성경의 창조기사는 오늘날 과학자들이 설명하지 못하는 중대한 사안들에 대해 타당한 해명을 제시한다. 또한 이로써 "성경은 하나님의 감동으로 된 것으로 바르게 함과 의로 교육하기에 유익하다"(딤후 3:16)는 가르침이 우주와 인간에 관한 자연과학적 탐구에서도 마찬가지로 유효하다는 사실을 입증한다.

* 위 기고문은 《한국기독공보》에 게재되었습니다.

물의 신학, 물의 과학

"하나님이 이르시되 물 가운데에 궁창이 있어 물과 물로 나뉘라 하시고 하나님이 궁창을 만드사 궁창 아래의 물과 궁창 위의 물로 나뉘게 하시니 그대로 되니라(개역개정)." 창세기 1장 6~7절의 말씀은 성경 전체에서 최초로 창조된 물에 대해 언급하고 있다. 이후 창세기 7장에서 이 물은 홍수 심판이라고 하는, 인간의 타락에 대한 형벌의 도구로 사용된다. 여기서 물은 하나님의 질서 회복을 표상하고 있다. 출애굽기 15장에서 모세와 이스라엘 백성은 홍해를 건넌 후 물을 구하지 못한 채 수르광야에서 사흘을 지낸다. 이때 처음으로 만난 샘의 물은 하나님의 권능으로 마실 수 있는 물, 생명을 유지하는 물로 변화된다. 이 대목에서 물은 생명을 수여하는 하나님의 기적을 상징한다.

유목민인 이스라엘 민족은 강수량이 적은 건조한 기후 속에서 사람과 가축을 살리기 위해 많은 양의 물을 필요로 하였다. 풍부한 물을 확보하고자 하는 바람은 성경 전반에서 확인된다. 히브리어로 '물'을 뜻하는 단어는 마이(단수)지만 성경에서는 이 말이 자주 사용되지 않는다. 성경에서 물이라 할 때는 '넘치는 물'을 뜻하는 복수 형태의 단어 마임(복수)이 주로 사용된다.

신약성경 요한계시록에는 물로 인한 멸망의 형벌(계 8:11)이 예언되어 있는데, 이는 구약성경에서와 마찬가지로 물이 질서의 회복(계 22:17)이라는 의미를 가지고 있음을 뜻한다. 반면 요한복음 1:31에 언급되는 물은 구약성경에서 물이 나타냈던 생명수라는 의미보다도 훨씬 구체적인 복음적 메시지를 전하고 있다. 예수께서는 선교 사역을 시작하기 직전에 물로 세례를 받으셨다.

이 세례(물)는 그 분이 하나님의 아들이며 메시야라는 사실을 세상에 드러내는 뜻을 담고 있다. 물은 성령의 정화 기능을 상징하기도 한다. 이는 예수가 행하신 첫 기적, 물로 포도주를 만드신 일을 통해서 확인된다.

당시 유대인들의 거주지인 팔레스타인 지역은 수량이 적은데다 수질마저 좋지 않았기 때문에 물보다는 포도주를 주로 마셨다. 포도주의 효능 중에는 식중독을 예방하고 소화를 돕는 기능이 있었고 이는 육류를 주로 섭취하던 유대인들에게 큰 도움을 주었다. 물로 포도주를 만드신 예수의 첫 기적은 물이 정화하는 생명력을 가졌다는 것을 암시하고 있다. 마지막으로, 요한복음 4장 14절에서 확인할 수 있는 것처럼, 구약성경과 마찬가지로 신약성경에서도 물은 여전히 생명의 원천을 상징한다. 여기에 언급된 샘물은 분명 그리스도에게서 나오는 영원한 생명수, 영혼의 생명수라는 의미를 전하고 있다.

지구상에 존재하는 물의 총량은 약 1.4×10^{18}톤에 이르고, 인간이 이용할 수 있는 지표수는 9×10^{13}톤이며, 지구 표면의 70% 이상은 물로 덮여 있다. 또한 각종 동식물의 몸을 이루는 성분 가운데 70~90%가 물로 밝혀졌다. 물은 지구 기후의 균형을 유지하는 데 없어서는 안 되는 역할도 맡고 있다. 물은 증발하고 순환하는 과정을 통해 지구 전체의 물분포를 평형상태로 유지한다. 태풍은 이 과정에서 발생하는 대표적인 현상들 가운데 하나이다.

순수한 물 분자 안에는 한 개의 산소 원자와 두 개의 수소 원자가 결합되어 있다. 물은 두 원소가 지극히 단순한 구조로 연결된 결합체이다. 분자 모양이 104.5°의 V자 형을 이루는 가운데 중앙에 산소 원자가 자리를 잡고 그 양측에 수소 원자가 마치 두 팔처럼 결합되어 있다. 산소와 수소의 전기적 성질 덕분에 물은 분자 간 결합이 매우 안정적이고 강력하다. 분자의 각이 104.5°(V자)인 것은 산소의 음전성 때문인데, 이는 물 분자에 큰 극성을 부여함으로써 물을 특별한 물질로 만드는 주원인으로 작용한다. 대부분의 물질은 액체에서 고체로 변화될 때 밀도가 높아지는 대신 부피가 감소한다. 그러나 물은 액체(물)에서 고체(얼음)로 변화될 때 오히려 부피가 증가한다.

액체 상태보다 빈 공간을 더 많이 만들어(육각형 구조) 부피가 늘어나게 되는 것이다. 물은 약 4℃에서 부피가 가장 작아지고 무거워지는 특성이 있다. 고체인 얼음은 비중이 줄어들어 가벼워지므로 물에 가라앉지 않고 떠 있게 된다. 얼음은 열전도율이 매우 낮기 때문에 혹독하게 추운 겨울 호수 표면이 얼었을 때 호수 밑에 물고기가 살 수 있는 환경이 형성된다. 물은 특별히 액체 상태일 때 생명체에 필수적인 역할을 담당한다. 물은 온도변화에 쉽게 영향을 받지 않는 안정성을 가진 데다가 동식물의 세포에 흡착이 잘되고 생체 유기물을 잘 녹이기 때문에 생명체 내부의 주요 용매로 활용되며 다양한 유기물을 영양분으로 사용할 수 있게 해준다. 이처럼 물은 생명체의 발생과 보존에 필수적이다. 지구가 생명체 거주가능 영역(Habitable Zone)이 될 수 있는 가장 중요한 요인은 바로 충분한 양의 물이 존재하는 것이다.

하나님은 생수의 근원(예레미야 2:13)이시고, 그리스도는 이 생수를 주시는 분(요한복음 4:14)이며, 성령은 생수의 강(요한복음 7:38)이다. 다른 어떤 물질도 물만큼 생명체에 최적화되어 있지 않다. 그러므로 창세기 1장에 기록된 물은 인간 입장에서 보면 하나님의 말씀으로 창조된 특별한 선물이다. 물은 더러운 것을 정화하며, 동식물의 성장에 대체 불가능한 역할을 담당하고, 인간의 생명을 유지한다. 이로 보건대 물은 하나님의 놀라운 은총이라 아니할 수 없다.

* 위 기고문은 《한국기독공보》에 게재되었습니다.

CHAPTER I

서론

1. 연구의 필요성과 목적

1.1 연구의 필요성

2011년 3월, 일본의 미야기현 센다이 동쪽에서는 진도 9.0의 지진이 났다. 건물들이 10분 이상 좌우로 크게 흔들리는 현상이 계속 되었다. 그로 인하여 수많은 건물들이 붕괴되었고, 그 건물들 안에 있던 수천 명의 사람들 또한 목숨을 잃게 되었다. 그리고 바닷가 해변 근처는 수 미터 크기의 거대한 해일로 인한 쓰나미로 삽시간에 바닷물이 덮쳐서 수백 명이 목숨을 잃었다. 이 지진과 쓰나미는 일본의 동북 지방을 완전히 폐허로 만들었으며, 방송에서 확인된 공식 사망자만 1,400명 이상, 행방불명된 사람이 1,600명 등이었다. 모두 약 3,000명 정도라는 것이었다. 그리고 해일로 인한 원전 붕괴로 방출된 방사성 물질은 아직도 우리를 공포로 몰아넣고 있다. 누구도 예측하지 못한 대재앙이었다. 또한 2023년 2월 6일 사도 바울의 선교지인 튀르키예에서 발생한 규모 7.8의 지진으로 건물들은 잿더미가 되어 버렸으며, 5만 명 이상의 사망자가 발생하였다. 이 규모는 히로시마에 떨어진 원자 폭탄의 약 3만 배 크기라고 한다. 거대한 자연 앞에서 우리 인간이 참으로 보잘 것 없는 존재라는 것을 느꼈을 것이다. 과학기술이 최첨단을 걷는다 하여도 예측불가한 자연의 조그만 변화는 인간의 지혜와 힘으로는 막을 수 없는 거대한 벽과 같다는 것을 느끼게 된다. 날씨의 변화나 대기의 운동, 천체의 움직임, 생명과 생태계의 변화, 지상 세계의 삶과 역사 등 인간의 삶과 역사 그리고 우주와 자연 안에는 사람의 힘으로 예측이 불가능하고 통제가 안 되는 것이 너무나 많은 것이다.

과학기술이 발달된 세계에 사는 현대인들에게서 과학적 탐구와 과학적 세계상에 조건부의 정당성을 부여하는 조건은 무엇인가? 과학적 사고를 위해서는 어떤 조건과 전제가 반드시 필요하다. 물론 이 전제는 과학의 내부에 있는 것이 아니다. 과학이 자신의 존립을 위해 다시 자신에 의거하는 논리적 모순이 발생하기 때문이다. 따라서 과학의 기초는 과학의 외부에 있어야만 한다. 과학의 세계, 현상계로서의 자연(physis)을 초월하는 것을 형이상학(meta-physical)이라고 부른다. 과학의 근거에는 분명 과학을 초월하는, 그리고 바로 그 때문에 과학을 가능하게 해주는 형이상학적 전제가 있다. 그것은 멀리는 '무시간적 실체의 필연적 존재 방식을 추구하던 희랍 실체 존재론의 정신'이고, 가깝게는 '우연적 속성을 제거하고 반복 가능성으로서의 확실성을 추구하던 근대 주관주의 형이상학의 정신'이다. 이른바 '보편성의 추구'라는 일견 거부할 수 없는 요구를 앞세우며 늘 형이상학의 주된 전통을 이끌어 왔다. 그리고 과학을 이끌어왔던 것도 바로 이 정신이었다. 하지만 이로 인한 과학의 발전이 기독교와의 갈등 상황을 유발시켜온 것도 사실이다.

반면에 신학은 신을 뜻하는 "theo-"와 학문을 의미하는 "-logy"의 합성어이고 삼위일체 하나님에 대한 연구로서, 하나님의 형상을 닮은 인간이 역사의 주체가 되며, 또한 세상을 세우는 것이고, 요한복음으로부터 사람이 되신 하나님의 말씀으로써 예수 그리스도를 인하여 창조하시며, 구원하시고 우리를 위한 구원을 완성하시는 하나님의 구속사에 대한 생각이다.[1]

그러므로 개인적 참여와 헌신을 통하여 신에 해당하는 '참'이라는 '무엇' 물음을 하는 실재를 탐구하면서 교리적 신앙관으로 추려내고 '어떻게'라는 물음을 통하여 진리를 추구하면서 고백적 신앙관으로 다듬고, '왜'라는 물음으로 해방을 갈구하면서 체험적인 신앙관으로 엮어내는 것이다. 다시 말하면 신과의 관계에서의 인간의 자기이해 및 이에 토대를 둔 종교적 체험의 체계라고 할 수 있다.[2]

한국 창조과학회가 설립된 이래로 국내에서는 과학과 기독교 사이에 많은 논쟁이 있어왔다. 진화와 창조에 대한 창조 논쟁은 아직 수그러들 기미가 보이지 않고 있다. 과학적 유물론에 몰두하는 과학자들은 권위적이고 고집스러운 기독교에 대한 반감으로 창조를 주장하는 사람들에게 과잉 반응을 보이고 있다. 심지어 17세기 이후, 역사학자들과 일부 과학자들은 성서에 창조 이야기가 사실이 아닌 신화의 기록이라고 말하기도 한다. 하지만 신앙을 가진 기독교 과학자들은 이 논쟁에서 서로 다른 다양한 방향으로 과학과 창조의 문제를 접근하고 있는 실정이다. 특히 한국 사회에서 논의되고 있는 과학적 창조론 때문에 성서에 처음 등장하는 창세기의 창조 기사에 대하여 과학과 창조와의 관계를 설정해야할 필요가 생기게 되었다. 이에 대하여 크게 세 유형, 즉 종교와 과학의 갈등, 각자의 영역을 취하는 독립된 방법, 그리고 창조는 진화 과학의 전제조건이며 필요조건으로 통합[3] 등 과학과 기독교의 관계 모델을 사용하여 각각을 설명하고 그 대안적 모색으로 서로에 대한 독립 영역 및 협력을 제시할 필요가 있다. 하나님의 말씀은 소설이나 동화 혹은 신화가 아니다. 천천히 받아 적어야 하는 것으로 하나님의 말씀처럼 살지 못하면 우리는 그 말씀을 들을 수 없다. 그러므로 기독교 신학과 자연 과학은 그 추구하는 영역에서 구분되는 것이다. 신학과 과학의 접근 방식은 서로 다른 차원이며, 서로 다른 인식론적 관점을 취하게 된다. 다시 말하면 과학은 객관적 논리적 중립성을 취

[1] 정재현, 『신학은 인간학이다』(서울: 분도출판사, 2003), 478.

[2] 정재현, 『신학은 인간학이다』, 459.

[3] 정재현, 『티끌만도 못한 주제에』(서울: 분도출판사, 1999), 132–133.

하는 반면, 신학은 개인적인 참여와 서로 다른 언어로 구성된다. 서로에 대하여 협력하고 일정부분은 합의하는 바가 있을지라도, 신학과 과학은 서로의 영역에서 머물러야 한다. 그러므로 과학으로 창조 신학적 논리를 접근하며 이것에 대한 반론으로 과학에 대하여 신학적 정의를 내리는 것은 무모하다고 할수 있다.

자연 세계에 대한 과학적 지식은 하나님이 피조하신 세계에 대하여 알려진 지식이다. 창조자 하나님에 의하여 이루어진 피조물의 실재로서 존재한다는 것이다. 성서에서 창조 기사는 신화적 이야기나 과학적 사실의 이야기가 아니라 초월자이신 창조주가 물질세계에 대한 선한 창조를 확언하고 있다. 하나님의 역사 활동이 중요한 것처럼 하나님의 창조 활동에 대한 의미 또한 중요한 것이다. 그 결과 지금까지 논의되어 오고 있는 과학적 토대에 집중한 과학적 유물론적 다윈주의자들의 진화론과 초월자이신 하나님의 창조를 주장하는 유신론적 과학자들의 과학과 신앙의 무대에서 발생하는 질문들에 대한 성서적 접근의 다양한 견해를 분석하고 정립하여 볼 필요가 있는 것이다.

1.2 연구의 목적

본 연구의 목적은 한국의 현 사회에서 과학과 기독교 사이의 불신을 완화시키고, 서로의 이해를 증진시키기 위하여 창조 신학과 과학적 접근의 분석을 통한 신학과의 관련성 및 상호협력을 시도하고자 하는 것이다. 창조를 논의함에 있어서 과학과 종교 간 학문적 대화에서 서로의 실재를 파악하고 서술하는 방식이 다르다 할지라도 진리를 향한 탐구로서 비판적 접근을 하려고 한다. 그 결과 기독교의 창조와 과학은 서로 고유한 영역인 독립 혹은 분리로 주장하고 더불어 협력을 이룰 수 있는 방향으로 유도하려는 것이다.

그 접근 방법은 먼저 몇몇 역사학자나 도킨스, 칼 세이건 같은 무신론 과학자들의 창세기가 신화적 요소라는 주장에 대하여, 성서의 독립성을 위하여 고대의 주변 문화를 살펴볼 것이다. 이스라엘은 지리적으로 근동지방이다. 아브라함이 우르, 하란에서 가나안으로 이동을 하였으며, 이에 따라서 고대 근동으로부터 이스라엘의 문화가 영향 받았을 가능성이 크기 때문이다. 성서는 이스라엘의 주변 문화 환경과 분리하여서는 이해하기 어려우므로 주변 상황의 분석과 이해를 통하여 성서가 고대 근동지방의 문화에 대하여 그 시대를 위한 신화와 구별됨을 나타낼 것이다.

다음은, 태초의 창조 상황에 대한 과학적 진술을 평가하고 신중하게 형성된 신학적 믿음과 이것을 분석코자 한다. 무신론이라 일컫는 과학적 종교로서 진화론을 신봉하는 다윈주의자들, 지질학자, 우주 물리학자들의 생각을 소개한 후 이에 대하여 비판적인 분석을 할 것이다. 더불어서 유신론적 과학 관점으로 시작하는 네 가지의 학설, 즉 젊은 지구 혹은 성서문자주의 창조론, 점진적 혹은 오랜 지구 창조론, 유신론적 진화론 혹은 능력으로 충만한 창조론, 그리고 지적설계론의 의미를 분석하고 논의하며 비판적으로 보려는 것이다. 하나님의 창조 의미를 유한한 인간의 인식 속에서 이해하기에는 불충분할 것이다. 하지만 진정한 하나님의 인격적인 창조 행위를 사랑에 의한 그리스도적 전통에 서서 말할 것임을 목적으로 한다. 더불어서 과학적 사고를 바탕으로 한 창조 및 진화의 논쟁에 대하여 비판적 시각으로의 접근을 목표로 한다.

끝으로 하나님의 창조 활동에 대한 신학과 과학의 관계에 대한 분석과 대안을 통하여 조화롭고 새로운 방법을 모색하는 것이다. 그러므로 초월자 하나님의 창조에 대한 진정한 의미를 찾으며, 또한 창조 신학, 특히 과학적 사고와 분리된 고유한 영역으로서 창조 논의가 하나님의 축복 활동과 관계가 있음을 알 수 있게 하는 것을 추구하려고 한다.

1.3 책의 범위와 방법

본서는 과학과 종교와의 관계 정립을 위하여 창조 신학, 과학적 유물론의 일종인 진화 과학 그리고 과학적 창조론의 잘 알려진 이론들에 대해 『티끌만도 못한 주제에』와 『도의 신학』, 『과학과 종교』 그리고 『과학이 종교와 만날 때』 등의 책을 참고로 하여 살펴볼 것이다. 먼저 진화 과학에 의한 태동 배경으로 창조 신화 검토를 할 것이다. 역사학자나 진화 과학자들에 의하여 창조가 하나의 신화의 일종이라는 학문적 주장에 대해 먼저 고대 근동지방의 신화로 살펴본 다음 그에 대한 반론을 제기하고자 한다. 그들은 사실적 증명을 통한 신화로 말하기보다 이성적 논증을 통하여 말하기 때문이다. 창세기의 기록과 '에뉴마엘리쉬'나 '길가메시 서사시'와 같은 고대 근동지방의 문헌들과의 연관성으로부터 알 수 있는 것은 이스라엘 민족이 유일신 사상으로 하나님과 이스라엘 민족과의 관계성으로 살아가고 있었음에 반하여 고대 근동지방의 문헌들에는 다수의 신이 등장하고 기후를 풍자한 인간에 대한 신들의 단순한 진노에 의한 것이다. 이스라엘의 창조설이 당시의 이스라엘 문화에 영향을 끼친 고대 지중해 연안의 종교들과는 확실히 다른 특징을 가지고 있음을 살펴볼 것이다. 또한 과학적 유물론적 사고를 가진 사람들과 과학적 창조론에 대한 시각 그리고 그에 반응하는 과학적 창조론에 대한 고찰로서, 과학과 종교의 관계성을 검토할 필요가 있다.

제2장의 진화 과학은 일반적으로 알려진 자연 선택이 반복되면서 진화가 유전자 변이를 통하여 새로운 종이 나타나고 생존에 유리한 개체가 생존을 위한 자연 선택이 된다는 것이다. 그리고 동일과정설에 따른 화석의 변천을 통하여 진화적 이론을 밝히고, 이와 연관되어 그랜드 캐니언의 과학적 연대를 소개하기로 한다. 또한 이에 대한 반발로서 지구가 급격한 변화로 인하여 진행되었다는 지구격변설, 단속 평형설 이론을 살펴볼 것이다. 그리고 우주의 진화는 초기의 진공으로부터의 인플레이션과 빅뱅으로부터 현재의 거대한 우주까지에 대한 변천 그리고 우주의 계속된 팽창인 진화로 묘사하기 때문에 그에 대한 이론을 알아볼 것이다.

제3장에서는 진화 과학의 대응으로서의 과학적 창조론에 대한 분석이다.

성서의 문자는 하나도 오류가 없으므로 창조에 대한 과학적 사실이 성서무오설의 근간이 된 성서문자주의 창조론, 또한 이 이론과 비슷하지만 우주의 역사적 사실에 대한 보완을 한 천문학자인 휴로스 등의 점진적인 창조론 혹은 간격론이 있다. 그리고 자연 선택에 대한 모순을 밝혀보고자 DNA와 같은 염기 서열의 '환원 불가능한 복잡성'인 시스템을 제안하고 있으며 물리 상수의 정확성 등 우주의 창조에 존재하는 어떤 지적인 존재를 고려한 지적설계론이 있다. 마지막으로 진화론을 인정하고 계속적인 하나님의 창조로 묵인하며, 진화와 창조 신학의 통합을 하려는 시도로서의 유신론적 진화론에 대하여 분석을 하고 비판적 시각으로 살펴보고자 한다.

제4장은 과학적 창조론에 대한 비평 및 대안으로서 먼저 과학자인 도킨스와 칼 사강 그리고 인류 사회학자인 영국의 프레이저의 신화적 논증에 대한 반론이다. 신화와 구별되는 성서에서 창조의미가 무엇인지를 먼저 살펴볼 생각이다. 성서의 창조에 대한 의미는 하나님의 존재에 대한 증명이며 창조, 즉 자신의 역사적 행위를 통하여 자신의 존재를 증명하시는 것이다. 또한 과학적 창조론에 대하여, 과학 세상에 사는 우리가 과학적 사고와 분리하여 살 수는 없지만 과학적 논증에 지배당하여도 안 된다. 기독교와 과학은 갈등하거나 혹은 통합적인 사고로서 하나님의 창조 목적을 보이기 위해 과학적으로 접근하고 우선시되는 경향이 있다. 과학적 창조론은 하나님의 창조 행위에 관하여 과학적인 접근 방법으로 해석하려는 것이다. 과학은 개념적인 객관적 추구이다. 반면에 창조 신학의 경우는 인간 경험을 통한 하나님의 행위에 대한 결과이므로, 창조 신학을 과학에 의하여, 과학을 통하여, 과학으로 말하려는 과학적 창조론에 대한 문제점을 지적하려고 한다. 즉 초월자의 창조 목적이 과학적 지식 전달에 있는 것이 아니고, 각자의 상황 가운데서 우리와 하나님의 관계를 말하려는 것으로서 살펴보고자 한다.

제5장에서는 과학적 창조론의 대안으로서의 독립 혹은 분리이론을 말하고자 한다. 특히 과학과 종교와의 관계를 상호 갈등, 상호 통합에 대한 반론으로

서 과학과 창조 신학의 분리를 주장하고자 한다. 이는 이언 바버의 네 가지 유형과 정재현의 세 가지 유형을 기초로 한다. 양립 불가능성, 상보와 통합적인 관계, 그리고 기독교와 과학 영역의 분리로서의 독립으로 살펴보려고 한다. 특히 기독교와 과학과의 갈등이나 통합적 관계에 대한 문제점 그리고 불합리성의 대안에 대한 독립적 방법을 제시할 것이다. 그 이유는 모든 증명된 과학적 사실들에 대하여 반박하거나 불완전한 정보를 통하여 과학적 사실들조차 인정하지 않으려는 행위를 하는 창조과학의 문제점이다. 이에 대응하여 과학적 유물론적 사고로서, 우주는 영원하고 진화하는 것으로 설명할 수 있으며, 개념적인 창조론은 필요 없게 되었다는 것이다. 이러한 갈등을 해결하고자, 자연 과학적 인식과 하나님의 창조에 대한 인식에 대하여 서로를 보완하려는 통합적인 사고는 과학적인 지식에 너무 의존하여 하나님의 창조 목적을 상실하게 된다. 또한 사르뎅은 자연 선택에 의한 창조로서의 생명체에 대한 기원을 말한다. 상보적인 관계가 오히려 자연과학에 너무 의존하는 경향을 피할 수 없게 되는 것이다. 과학 안에 창조 신학을 통합시키려는 느낌이다. 결국 과학적 지식으로 창조에 대한 증명을 하며, 그 결과 창조 신학은 과학에 의존할 수밖에 없게 된다. 하지만 창조 신학은 과학을 존중하며, 그러나 서로 간섭할 수 없는 고유한 영역을 가지고 있다고 믿는다. 창조 신학과 과학은 기독교 경험에 따른 삶의 의미와 목적, 과학적 실험과 측정에 의한 증명, 그리고 하나님에 대한 상징의 언어와 과학적 사실들의 언어, 또한 신앙의 방법과 관찰 방법을 다르게 하므로써 서로가 고유하게 분리된 독립 영역으로 간섭하지 않고 하나님의 창조에 대한 의미를 인식하며, 피조물들에 대해서는 관심을 갖는 것이 중요하다.

제6장에서는 지금까지 논의된 결과를 요약하며, 창세기의 사실적인 기록을 기초로 창조에 대한 과학적 접근법의 문제점 및 기독교와 과학의 관계에 대하여 대안을 모색하고 독립(분리)이론 및 협력을 통하여 기존의 창조 논의에 대한 해결책을 제시하고자 한다.

2. 선행 연구 검토

2.1 진화 과학을 초래한 태동 배경으로서 창조 신화 검토

"태초에 하나님이 천지를 창조하시니라, 땅이 혼돈하고 공허하며" – 개역개정, 창세기 1:1-2은 태초에 하나님이 천지를 창조하셨으며, 땅은 혼돈하고 공허하다고 한다. 성경 말씀을 신화라고 주장하는 일부 학자들은 이 말씀이 고대 근동의 창세 신화에서 비롯되었다고 한다.

창세 신화, 즉 창조 신화의 출현은 자연과 우주에 관한 고대인들의 철학적 생각으로부터 비롯되었다고 할 수 있다. 고대인들은 자연 현상에 대하여 각자의 해석을 한 다음에 총체적으로 이해하려고 했기 때문이다. 우주 이전에 무엇이 존재하였으며 세상은 어떻게 창조되었고, 인류는 어디에서 나타났는가에 대한 기본적인 문제들을 해결하려는 시도인 것이다.[4] 김헌선은 "신화적 사고는 과학적 사고와는 차이가 있으며 인간 정신의 산물이고, 전 세계적인 보편적 사고 구조로서의 특징을 갖춤으로서 진실성을 내포한다"고 한다.[5] 일반적으로 창조 신화는 크게 두 가지로 나눌 수 있는데, 우선 이 세상인 우주는 어떻게 창조되어 왔는지에 대한 의문을 해소하기 위한 것이며, 그 다음은 인간의 창조에 대한 것으로 이 세상에 인간이 어떻게 왔으며, 인간의 창조된 모습이 어떠한 세계관에 기초하고 있는지에 관한 것이다. 우주 창조에 대한 이야기는 우주 창조에 부수적으로 작용하는 하늘과 땅의 형성, 해와 달, 별자리, 천체 기후의 작용의 생성 등이 있으며, 때로는 신의 창조 이야기와 겹치기도 하는 데, 그 예로 아이슬란드의 '에다'에 나타난 거인 이미르 역시 신의 등장과 함께 우주 창조를 의미한다.[6]

인간 창조는 신이 먼저 존재하고, 피조물을 만드는 인과론적인 창조 신화가 있으며, 자연 발생적으로 특정한 생명체가 인간으로 변했다는 내용도 있다.

[4] 이인택, 『중국 신화의 세계』 (서울: 풀빛, 2000), 91.

[5] 김헌선, 『창조신화 연구서설』, 신화아카데미 편집, 『세계의 창조 신화』(서울: 동방미디어, 2001), 20-21.

[6] 앞의 책, 20-21.

그리고 어떤 주체가 만물을 만들었다는 신화로서 다시 대지의 기본 요수인 진흙, 바람, 물, 불의 원인으로 유일신의 주체가 아닌 신이 만들었다거나 아니면 유일신이 만들었다는 것으로 구분될 수 있는 것이다.[7] 이인택은 먼저 세계 기원에 관한 신화를 내용에 따라서 둘로 나누는데 그 하나는 세상이 시초에 창조자에 의해 형성되었으며, 단일 창조자에 의한 것과 복수의 창조자에 의한 창조로 세분화될 수 있다는 창조 유형이다. 다른 하나는 우주가 자생적으로 형성되었다고 하는 물질의 자연적 진화, 태초 존재의 몸이 분리 또는 변형되면서 이루어지는 진화라는 형태의 유형을 들 수 있다. 또한 인류기원에 관한 신화를 첫째, 진흙으로부터 남자가 창조되고 남자의 갈비뼈로부터 여자가 창조된다. 둘째, 동일한 창조자에 의하여 인간이 창조된다. 셋째, 동식물, 물고기, 알, 물, 돌과 같은 다양한 존재로부터 인류가 진화된다. 넷째, 태초의 첫 인간이 하늘로부터 강하되거나, 땅으로부터 솟아남, 또는 어떤 존재의 몸 일부가 혹은 변형되어 나타난다고 한다.[8]

[7]앞의 책, 22.

[8]이인택, 『중국 신화의 세계』, 92.

고대 근동의 신화는 구약 학자들의 연구에서 상당히 중요시되었고, 고대 중동 지방의 역사와 문화를 이해하기 위하여 중동어문학과 등 일반 학문으로서도 많은 관심을 가져왔다. 고대 근동의 의미는 '고고학을 발전시킨 프랑스, 영국, 독일 등의 유럽 학자들의 시각에서 본 땅을 의미하는 것'으로서 근동지방의 신화 연구는 20세기 후반에 들어와서 중동지방의 중요성 때문에 매우 활발히 연구되었다. 특히 서울대학교의 인문학부와 미국 하버드대학교의 고대 근동학과에서는 이와 관련된 연구가 활발히 진행되고 있다. 이곳에서는 다양한 신화 및 언어, 고고학, 문화 그리고 경전 등 많은 연구를 계속하고 있다.

고대 근동의 신화 중에서는 첫째, 수메르, 아카드, 바빌론의 창조 신화가 있으며, 예측불허한 시기의 자연에 의한 홍수와 무시무시한 태풍 그리고 강한 비바람으로 인하여 그들의 삶에 막대한 영향을 끼쳐왔기 때문에 에누마 엘리쉬라는 창조 서사시가 발견되었다. '마르둑' 신이 우주의 질서를 어떻게 세웠는지에 대한 신화이다. 하지만 여기에는 홍수에 대한 이야기가 빠져 있다. 기존 연구로서 F. R. McCurley의 '성서적 믿음과 고대 신화'와 국내에는 문익환, 장일선 박사를 비롯하여 많은 구약 학자들의 활발한 연구가 진행되어왔다. 특히 종교학을 중심으로 셈어를 연구한 배철현, 근동지방의 신화와 종교를 연구한 강성열 등의 논문과 저서 등이 있다. 기원 전 2500년 전에 쓰인 것으로 알려진 12토판으로 이루어진 길가메시 서사시는 창조에 대한 직접적 언급은 없지만 구약성서 중 노아의 홍수에 대한 내용이 많은 부분에서 영향을 받았다고 생각된다. 길가메시 서사시 제11판에서는 홍수 이야기가 등장한다. 둘째, 이집트의 창조 신화는 크게 헬리오 폴리스, 멤피스, 그리고 헤르모 폴리스등을 들 수 있는데, 이집트 창조 신화의 지리적 배경을 연구한 김성, 이집트 사자의 서에서 헬리오 폴리스를 연구한 서규석, 이응균과 천경효가 번역한 조지하트의 이집트 신화연구를 들 수 있으며, 고대 근동 세계와 이스라엘 종교를 포괄적으로 집필한 강성열 등을 들 수 있다. 셋째, 고대 가나안의 창조 신화는 우가릿 문서에서 잘 나타나 있다. 구약 성경에 나타나는 '젖과 꿀이 흐르는 땅'으로서 가나안 지방과 연관이 있으며, 역사가 오래된 지역으로 아브라함으로 시작하여 이스라엘 문화에 가장 영향을 많이 끼쳤을 가능성이 있다. 가장 오래된 책으로는 유선명이 번역한 M. D. 쿠간의 '우가릿 신화의 세계'를 들 수 있으며, 유선명과 소형근이 번역한 K. Nol의 '고대 가나안과 이스라엘 역사', 강성열의 '고대 근동의 신화와 종교에 대한 연구' 등을 들 수 있다.

본 단락은 창세기의 배경으로 나타나는 창조 신화에 언급된 예로서, 고대 근동 세계의 신화, 즉 바빌론, 이집트, 가나안을 살펴봄으로서, 창세기의 창조 말씀에 대한 신화적 요소와의 차이점을 말하고자 한다.

첫째, 고대 근동의 메소포타미아의 하부 지역으로 티그리스강과 유프라테스강 사이에 있는 지역인 문명의 발원지로서 수메르를 들 수 있다. 창조 신화는 기원전 약 3000년경 만들어진 것으로 생각되며, 수메르를 통하여 셈족인 악카드 그리고 바빌론으로 전승되어 온 것으로 알려져 있다. 수메르의 종교 전통을 이어받은 다신교로 여겨지는 바빌론의 종교는 자연신의 성격을 지니고 있다. 그들에게서 자연의 힘은 우주 만물을 통제하는 것이며, 이 힘과 잘 지내야 생활을 유지할 수 있다고 생각했고 힘을 신적인 존재로 믿게 된 것이다. 대표적인 신화로서 먼저, 7개의 점토판, 1,100행으로 이루어진 에누마 엘리쉬라는 창조 서사시는 우주적인 사건들만을 다루고 있다. 이 시는 우주가 자연 안에 존재하여 만들어진 신들로 시작하며 '마르둑'이라는 신에 의하여 재창조되지만 우주의 창조는 후반부에 일부분 언급되므로 그 주제는 엄밀히 '우주 창조만의 시'라고 할 수는 없다. 이것은 성격상 구약성경과 가깝다고 알려져 있으며, 우주와 자연의 힘을 그 안에 내재되어 있는 자연 현상에서 찾는 내용과 바빌론 시를 관장하는 '마르둑' 신이 우주의 질서를 어떻게 세웠는지에 대한 신화이다.[9]

종교적 배경의 창조 서사시는 우선 '시간의 시작'과 함께 시작된다. "제1토판",

> "하늘에서 하늘이 아직 명명되기 전, 아래의 굳은 땅이 아직 그와 같은 이름으로 불리기 전 신들의 창시자인 태고의 압수와 그들을 출생한 무무-티아맛[10]이 그들의 물이 아직 한 덩이로 섞여 있을 때, 그리고 목장이 아직 조성되지 않고 갈대 늪이 아직 나타나지 않았을 때, 그리고 다른 신들이 아직 태어나기 전… 신들이 창조되었다."[11] "그날 이후 안샤르와 키샤르[12]가 태어나 그들의 부모를 능가했다. 그들의 첫 아들은 아누였다."[13]

시간의 시작 때 위에 하늘도 없었고, 아래로 땅도 없었다는 것이며, 신들도 없었다는 것을 나타낸다. 이 시는 처음에 두 명의 신을 언급하고 있다. 즉 우주의 처음은 땅 밑 최초의 바다를 의미하는 압수와 티아맛이다. 그 이후에 '안샤르'와 '키샤르', '아누' 등이 나타난다. 이때 '안, 아누'는 수메르어로 '하늘'을 의미하고, '키'는 땅을 의미한다. 하늘과 땅이 분리되면서 우주의 창조는 시작된다.[14] 그 다음으로 '마르둑'은 지혜의 신 에아와 담키나에 의하여 나타나는데,

[9] 헨리에타 맥컬, 『메소포타미아 신화』, 임웅 역(서울: 범우사, 1999), 113-115.

[10] 티아맛은 바닷물을 신격화한 이름으로 혼돈 또는 창세기 1장의 깊음이란 뜻의 테홈과 연관 된다.

[11] 장일선, 『구약세계의 문학』, (서울: 대한기독교 출판사, 1981), 303.

[12] 안샤르와 키샤르는 하늘과 땅이 만나는 지평선을 부르는 명칭이다. 하늘로부터 내려온 지평선을 '안샤르'라고 하며, 땅으로부터 올라온 지평선을 '키샤르'라고 한다.

[13] 배철현, 『에누마엘리쉬: 마르둑과 바빌론시에 대한 찬양시』, 신화아카데미, 『세계의 창조 신화』(서울: 동방미디어, 2001), 59-60. 하나님이 무에서 유를 창조했다는 창세기와 연관되어 있다고 생각할 수 있다.

[14] 앞의 책, 61.

그는 혼돈을 상징하는 바다의 세력 티아맛을 정복하고, 두 부분으로 나누어 하늘과 땅에 두었다. 창조의 신으로서 계속하여 우주의 나머지 부분을 만들어 간다. 즉 한 해의 열두 달에 이름을 붙이고, 초승달을 등장시켜서 '날을 재기 위한 밤의 보석'으로 지었으며, 날아가는 구름과 바람 그리고 비를 만든다. 또한 안개를 만들었다.[15] 둘째는 인간을 창조하는 신화로서 "제6토판",

> "마르둑은 신들의 말을 들었을 때, 그는 마술을 행하기로 마음을 먹었다. 그가 아버지 에아에게 말했다. 내가 피를 연결하고 뼈를 만들어 태초의 인간을 만들 것입니다. '사람'이 그의 이름이 될 것이다. 내가 태초의 인간을 만들 것입니다. 신들이 해야 할 일들을 그에게 부과해 신들이 쉴 것입니다."[16]

그는 티아맛 편에 가담한 신들의 짐을 덜고 그들을 섬기게 할 목적으로 티아맛의 남편이자 군대 장관 킹구를 죽이고 그의 몸으로부터 나온 피로 흙과 혼합하여 인간을 만든다. 이때의 인간은 땅의 일들을 돌보는 집단이 된다.[17] 창조 신화를 통하여 우주의 질서는 지도자 '마르둑'이 창조하고 사로잡은 신들을 용서함으로써 두려움과 미움을 극복한 결과로 나타나게 되었다. 인간의 노동을 통하여 신들에게 여가 시간을 부여했으며, 그의 통치를 인정하였다. 창조 신화에서 인간은 신들을 섬기는 그래서 자신들의 생활 문제를 해결하기 위하여 창조된 존재로 여겨진다. 단순히 인간은 노동하고 일하는 존재로 인식되는 것이다. 한편, 에누마엘리쉬는 우주의 형성기원과 그 형성에 대한 우주론적 관심사보다 함무라비 대왕의 정치적 부상으로 인하여 새로운 세계 질서의 형성을 신화적으로 연결시키려는 의도로 된 창조 신화라는 설도 있다.[18] 이러한 역사적인 배경과 상관없이 시간이 지남에 따라서 바빌론의 아키투 축제 기간에 신화적인 창조의 과정을 신년 초에 낭송하고 '에누마엘레쉬'라는 바빌론 신화에 흡수되면서 새로운 창조에 대해 신화화되었다는 것이다.[19]

이와는 대조적으로 창세기에서 유일신의 하나님은 초월적으로 표현되며 전

[15] 앞의 책, 61. 헨리에타 맥컬, 『메소포타미아 신화』, 125.

[16] 배철현, 『에누마엘리쉬: 마르둑과 바빌론시에 대한 찬양사』, 87-88.

[17] 강성열, 『고대근동의 신화와 종교』(서울: 살림출판사, 2006), 31.

[18] 강성열, 『기독교 신앙과 카오스 이론』(서울: 대한기독교서회, 2005), 39.

[19] F. R. McCurley, 『Ancient Myths and Biblical Faith: Scriptural Transformations』, (Philadelphia: Augsburg Books Fortress Press, 1983), 12.

능하고 비할 자는 없으며, 주권을 가지신 분으로 묘사한다. 그리고 우주의 창조는 신들과의 투쟁의 결과가 아닌 말씀을 통한 무에서부터 시작한다. 인간은 특별히 하나님의 형상으로 만들어졌으며, 인간에게 하나님의 주권하에 창조된 질서를 주관하고 땅을 지배하는 지위를 부여하셨다.

또한 길가메시 서사시 제11판의 홍수 이야기는 아시리아 수도 니네베에서 발굴된 점토판의 대홍수 전설로서, 고대 근동지방 혹은 세계 역사에서 홍수는 중요한 창조 신화 중의 하나이다. 고대 인간들이 피해를 볼 수밖에 없는 무서운 거대한 자연의 현상으로 만났기 때문이다. 그 원인은 수메르의 신들이 회의를 통하여 인간들이 너무 많아서 소란스러워져 안정을 취할 수 없기 때문에 심판을 결정하는 것으로 시작한다. 그러나 인간에게 친절한 신 에아가 꿈으로 우트나피슈테임에게 나타나서 그와 그의 가족들에게 신들의 계획을 알려주고 피신할 것을 종용한다.

> "네 집을 부수고 배를 만들어라. 재산을 단념하고 그대의 목숨을 구하라. 폭과 길이를 같게 만들고, 생명 있는 것을 모두 실어라." [20]

이후 7일 동안 배를 만들고 7일 동안 폭풍의 신 아닷에 의해 생긴 비와 심연의 신에 의한 지하수의 둑이 터지며, 태풍으로 인하여 모든 인간들은 죽게 된다. 그러나 우트나피슈테임은 홍수를 피하게 되며 그들은 홍수가 지나간 후에 니시르산[21]에 배를 세우고, 처음에 비둘기를 내보낸다. 비둘기는 돌아왔고, 또한 제비를 내보냈으나 돌아왔으며, 마지막으로 까마귀를 내보내어 그가 돌아오지 않음을 알고 물이 빠진 것을 알게 되며, 신들에게 제사를 지낸다. 그러나 엔릴이라는 신은 인간이 살아 있음을 알고 분노하지만 다른 신에 의하여 무마되고 결국 인간들은 무사하게 된다. 이 홍수는 실제로 존재했었다는 것이 수메르의 역사에서 증명된다. 홍수 이전의 왕조시대와 이후의 왕조시대로 구분되기 때문이다.[22] 반면에 성서에서 노아의 대홍수의 경우는 40여 일 동안 일

[20] N. K. 샌다즈, 『길가메시 서사시』, 이현주 역(서울: 범우사, 1978), 88-93.

[21] 니시르산은 노아의 홍수 사건에 나오는 아라랏 산과 같다는 설이 있다: 앞의 책, 92 각주 참조.

[22] 콘도라도프, 『노아의 홍수 신화인가 사실인가?』, 봉희선 역(서울: 이상과 현실, 1990), 22-31.

어났으며, 150일 동안 물에 잠겼었다. 그 노아의 대홍수는 하나님의 인간에 대한 도덕적 죄악에 의한 심판으로 시작한다.

둘째, 고대 이집트의 창조 신화이다. 구약성경에 나타나는 고대 이스라엘에 대한 기록 중에서 요셉으로부터 모세의 출애굽까지의 약 430년 동안 이스라엘 민족은 애굽에서 생활하게 된다. 그러므로 이스라엘의 문화와 생활양식들은 이집트의 영향을 받았을 것이며, 성경을 기록하는 데 일정 부분 역할을 하였을 가능성이 있기 때문에 고대 이집트의 창조 신화는 중요하다.

'나일강의 선물'로 일컬어지는 고대 이집트는 나일강 삼각주를 중심으로 하류와 상류로 나누어진다. 이집트의 나일강 계곡은 내륙지방(팔레스타인지역)과 단절시키고 북쪽으로는 지중해로 인하여 해상의 이동이 어렵기 때문에 이민족의 침입이 비교적 적었다. 이집트는 비교적 고립이 잘되었고, 그로 인하여 수천 년 동안 역사를 지킬 수 있었으며, 스스로의 문화적 우월감과 민족적인 자부심으로 생활하여 왔다. 일반적으로 이집트인들은 삶에 대한 낙관주의를 갖게 되었으며, 우주와 세계 질서에 대한 기대를 갖고 있었다. 그들은 자신들이 신들의 종이고 삶이 신들에 의존되어 있는 것으로 생각하였다. 기원전 약 3000년 정도부터 창조 신화가 존재하여 왔다. 태고 시대는 이집트의 상부와 하부가 통일된 시기인 기원전 3000년경으로 파라오는 두 지역을 통일한 후에 멤피스를 수도로 정하였으며, 이때부터 신화가 만들어진 것으로 알려진다. 나일강은 창조의 기원이며 이집트의 창조 신화는 크게 헬리오 폴리스, 멤피스, 그리고 헤르모 폴리스를 들 수 있다.[23] 먼저, 헬리오 폴리스는 '태양의 도시'라고 하며 이집트에서 태양이 신적 존재의 근본으로 여겨질 수밖에 없었기 때문에 최고의 신(라: Ra)으로 여겨 왔다. 고대 이집트인들은 날마다 정해진 길을 여행하는 태양이 새로운 생명을 가능하게 하는 힘이고 출생과 재탄생을 상징하는 것으로 생각했다.[24] 태양은 '마법을 가진 두 척의 배'로 하늘 위를 왕래하는 것으로 묘사되었다. 이것은 나일강을 중심으로 이집트를 동서로 구분하는 공간 개념이라고 볼 수 있으며 창조 신화는 '사자의 서'에 기록되어 있다. 태초

[23] 김성, 「이집트 창조신화의 지리적 배경」, 신화아카데미, 『세계의 창조 신화』(서울: 동방미디어, 2001), 27-29.

[24] 강성열, 「고대근동의 신화와 종교」, 47.

에 세계는 땅도 바다도 공기도 존재하지 않았으며, 흑암 속에서 잠잠하고 무한한 바다가 있었다. 이것은 '누'라는 신이며 신전 내부에는 '누'를 위한 거룩한 호수도 존재했었다. 이 태초에 거룩한 폭포의 물은 창조 이후에는 궁창의 해, 달, 별, 그리고 지구를 덮게 되었다. 이때 만물을 의미하는 자신의 의지에 의해 태어난 조물주인 '아툼' 신은 흑암 속의 물로부터 나와서 천지를 창조하게 된다.[25] 이 창조 신화는 여러 피라미드 문서에 나타나는데, 그 내용은 서로 약간씩 차이가 난다. 우선 브렘너-린드 파피루스에서는,

> "모든 만물은 내가 생긴 후에 형성됐다. 하늘과 땅은 존재하지 않았다. 나는 스스로 모든 것을 창조했다. 내 주먹이 내 배우자가 됐다. 나는 내손과 교접했다. 나는 '슈'를 재채기를 통해서 탄생시켰다. 나는 '태프눗트'를 뱉어냈다. 다음에 '슈'와 '태프눗트'는 '게브'와 '눗트'를 생산했다. (중략) 그들은 궁극적으로 이 땅의 주민들을 생산했다."[26]

이때 '슈'와 '태프눗트'는 공기와 습기를 상징하고, 이집트의 땅, 파라오의 계보를 의미하는 남성 신 '게브'와 태양신을 삼켰다가 다시 자궁으로 탄생시키는 것으로서 하늘을 의미하는 여성 신 '눗트'다. 이때 태양신은 밤 동안 '눗트'의 몸 안을 횡단하고, 새벽에 동쪽 지평선으로 나타난다. 그의 아들 '오시리스'는 동생 '세트'에게 죽임을 당했지만 '이시스'인 아내에 의하여 미라로 만들어지고 부활을 하게 되며 그는 내세 세계의 절대 왕국을 건설하게 된다. 그는 신의 자격으로 '사(死)'의 세계를 다스리는 왕이 된다.[27]

다음은 멤피스 창조 신화로서 메소포타미아 셈족의 경우에 왕들이 신을 위해서 나라를 다스렸다면 이집트 왕들은 신 그 자체였다. 파라오는 고대 왕국에서 태양신으로 혹은 태양신의 아들로 간주된 나르메 왕조와 관련이 있으며 정치적 이데올로기의 성격이 짙은 멤피스 창조 신학이다. 사바카의 돌에는

[25] 서규석 편저, 『이집트 사자의 서』(서울: 문학동네, 1999), 29-31; J. B. Pritchard, Ancient Near Eastern Texts Relating to the Old Testament" (Princeton: Princeton University Press, 1969), 3-4.

[26] 김성, 「이집트 창조신화의 지리적 배경」, 신화아카데미, 『세계의 창조 신화』, 31.

[27] 앞의책, 32.

"모든 신들은 '프타'로부터 비롯됐다. 프타는 위대한 보좌에 앉아 있다. '아툼'을 낳은 아버지로서의 '프타-눈' (또는 누), (중략) 위대한 프타는 구신계의 심장이자 혀이다. (중략) 입은 모든 것을 외쳤으며 구신계의 형성자 '슈'와 '테프눗트'를 낳다."**28**

28 같은 책, 35-36.

멤피스의 창조 신학은 수호신으로서 '프타'를 내세운다. 멤피스의 신전을 '프타의 영혼의 집'으로 말할 정도로 대표적인 신인 '프타'는 '누'와 동일시되며 '아툼'과도 비교되는 신으로 오히려 '아툼'의 아버지와도 같이 여겨지기도 한다. '프타'는 가슴 속 생각에 물질을 품고 말씀으로 우주와 신들을, 모든 인간을, 그리고 모든 생명체를 탄생시켰다는 것이다. 그리고 세상의 질서를 세웠기 때문에 그의 말이 모든 미래의 사건들을 예정해 놓았다는 것이다.[29]

29 조지하트, 『이집트 신화』, 이응균, 천경효 역(서울: 범우사, 1999), 32-34.

끝으로 헤르모 폴리스의 창조 신화는 태초의 혼돈을 상징하는 오그도드(여덟 무리라는 뜻)라고 알려진 네 쌍의 대칭 신들이 태고의 언덕에서 태어났다고 보는 것이다. 오그도드에 관한 자료들은 대부분 1929년 독일 이집트 과학자 쿠르트 세트의 '아문과 헤르모 폴리스의 여덟 조상신'의 테베의 유물에서 나온 것이다.[30] 태고의 물인 '누'와 그의 아내 '나우네트', 태고의 무 경계성을 상징하는 '후'와 그의 배우자 '하우헤트', 어둠을 상징하는 '쿠크'와 그의 배우자 '카우케트', 감지 불가능성을 나타내는 '아문'과 그의 아내 '아마우네트' 등이다.[31]

30 앞의 책, 37.

31 강성열, 『기독교 신앙과 카오스 이론』, 42.

그들은 우주적인 혼돈을 상징하고 있다. 태초의 물질 속에서 인간의 모습을 하고 나타났으며, 남신들은 개구리 모양을 여신들은 뱀의 얼굴을 하고 있었다. 이들은 함께 만물을 창조한 후에 지하 세계로 내려가서 우주적 질서를 보존하는 창조 행위를 계속하게 된다. 그러나 여러 세대 후에 나타나는 테베의 창조 신화에는 이 여덟 신들을 포함하고 '자신을 스스로 만든 자'로서 최고의 신으로 나타나는 '아문' 신이 있다. 이 신은 우주 만물을 창조하며, 또한 여덟 신들을 창조하는 신으로서 세상이 암흑천지인 혼돈으로부터 질서를 만들어 내는 신인 것이다.[32] 고대 이집트의 신들은 여러 신들이다. 그리고 그들은

32 조지하트, 『이집트 신화』, 38.

창조된 신들이다. 태양신 '라'를 중심으로 또는 '누'라는 신으로부터 이어지는 혼돈의 신으로 묘사되고 있다.

셋째, 가나안 지역의 창조 신화이다. 고대 가나안은 지금의 시리아와 팔레스타인 지방으로서 북동쪽의 메소포타미아, 북쪽의 아나톨리, 그리고 남서쪽의 이집트 사이에 끼어 있는 교량 역할로서 기원전 15세기경 많은 고대 전쟁의 격전지였던 비옥한 초승달 지역이다. 이 지역에서 신석기 시대의 화덕과 바닥도 발굴되고 있으며, 고대에는 우물을 통하여 운하의 연결망을 통해 각지로 분배하여 곡식들을 생산하는 많은 부를 지닌 지역으로 나타난다.[33] 구약 성경에 나타나는 '젖과 꿀이 흐르는 땅'으로서 가나안 지방과 연관이 있으며, 역사가 오래된 지역으로 아브라함으로 시작하여 이스라엘 문화에 영향을 끼쳤을 가능성이 있다. 고대 가나안의 창조 신화는 우가릿 문서에서 잘 나타나고 있다.[34] 우가릿 종교는 다신론적이었으며, 네 계층의 신들이 순위별로 존재하고 있다. 최고의 신인 땅과 인류의 창조자인 '엘'과 그의 부인이자 신들의 어머니인 '아세라(또는 아티라트)'가 있으며 두 번째 계층의 신들인 '바알'과 그의 아버지 곡물의 신 '다간', 그의 형제인 '얌'과 '모트'가 있다. '바알'은 폭풍의 신으로 풍요를 제공하는 자로 하늘을 통치하고 있으며, '얌'은 혼돈의 신으로 바다를, '모트'는 지하세계와 죽음의 신으로 또는 흉작 및 가뭄을 의미하는 신이다.[35] 우가릿 신화에도 바다의 신이 있으며, 남성 신이고 최고의 신 '엘'과는 좋은 사이로 묘사되는 점이 바빌론 신화와 다른 점이며, '바알'과 싸워서 지는 신이다. 우가릿 문서에서는 바알의 부인인 여신 아스타르테가 환호하는 기록으로 되어 있다. "정복자 바알 만세, 구름 타는 이에게 갈채를, 통치자 바다는 우리의 포로, 심판자 강은 우리의 포로라네!"[36]

우가릿 문서 중에서 바알 신화집의 내용은 자연계의 순환에 대한 신화로서 우기와 가뭄에 의한 건기, 그리고 풍요를 나타내는 세 부분으로 나누어 있는데, 그 내용은 첫째, '엘'이 '얌'과 풍요를 제공하는 신 '바알'과의 긴장, 그리고 '얌'의 도전에 의한 '바알'의 분노 때문에 둘 사이의 전투에서 '바알'이 승리한다.

[33] W. Durant, 『문명이야기 1』, 왕수민, 한상석 역 (서울: 민음사, 2011), 490-491.

[34] K. Nol, 『고대 가나안과 이스라엘 역사』, 소형근 역(서울: 프리칭 아카데미, 2009), 336.

[35] K. Nol, 『고대 가나안과 이스라엘 역사』, 336-338.

[36] M. D. 쿠간, 『우가릿 신화의 세계』, 유선명 역(서울: 은성, 1992), 103.

둘째, '바알'의 승리와 함께 반대하는 신들을 처단하고 신전을 지으며, '얌'을 다시 공격하여 최후의 일격을 가한 후 '모트'에게 통보한다.[37] 셋째, '모트'와 '바알'의 싸움으로 지하세계에서 '바알'을 죽인다.

[37] 강성열, 『고대근동의 신화와 종교』, 65-67.

> "그대가 도망치는 뱀 로탄을 죽였을 때, 그 꼬불꼬불한 뱀, 머리가 일곱 개 달린 괴물을 없앴을 때, 하늘도 몸을 움츠리고 그대의 옷깃마냥 수그러들었지... 이제 그대는 정녕 엘 아들의 죽음의 목구멍으로, 엘의 사랑 영웅의 음습한 심연으로 내려와야 하리라."[38]

[38] M. D. 쿠간, 『우가릿 신화의 세계』, 144.

하지만 또 다른 그의 아내 '아낫'에 의하여 '모트'는 죽고 '바알'이 부활하며, 왕권을 거머쥔다.[39] 바알신화 집에는 창조 이야기를 서술하고 있지는 않으나, 최고의 신으로 나타나는 신을 창조하는 '엘'을 피조물의 창조자로 생각할 수 있다. 하지만 그 주제는 풍요의 제공자인 바알이 창조 질서의 보존자로 나타나기 때문이며, 투쟁 이전에 이미 창조가 있었던 것으로 전개되기 때문에 앞에서 언급한 바빌론이나 이집트의 창조 신화와는 구별된다. 하지만 에즈먼에 따르면 고대 근동의 창조 개념은 태초에 우주의 생성에 대한 것이 아니다.[40] 고대 셈족의 문화와 종교에 대하여 보다 충실한 창조 개념으로서의 '혼돈'에 대한 승리와 이로 인한 질서의 확립이라고 말할 수 있으며, 바다와 죽음에 대한 바알의 승리는 세계와 우주의 질서를 보존한다는 의미에서 창조 신화와 연관된다고 할 수 있다.[41]

[39] 강성열, 『고대 근동 세계와 이스라엘 종교』(서울: 한들출판사, 2003), 24-25.

[40] J. H. Grönbæk, 「Baal's Battle with Yam-A Canaanite Creation Fight」, JSOT, 33 (1985), 27.

[41] 강성열, 『고대 근동 세계와 이스라엘 종교』, 27.

결론적으로 고대 근동지방의 창조 신화는 태초에 물의 존재 이후, 혼돈 상태를 묘사하고 있다. 이 혼돈이 신으로 창조되고 혼돈으로부터 질서를 찾기 위하여 신들을 창조하는 것으로 되어 있으며, 그 이후에는 우주, 생명체, 인간 등의 순으로 창조가 이루어진다. 일반적으로 창조 신화는 원시 심성에 의한 신화를 형성하는 것으로서, 각 집단은 고유한 토양에서 각기 다른 인식 및 경험을 하면서 주변 세계를 발견하기 위하여 신화를 형성하는 것이다. 칼 융

(karl G. Jung)에 의하면 내적 심리 현상에서 신화가 창조되며, 인류의 과거 경험과 상징들을 포함하고 있다. 그러므로 가장 일상적이고 인상적인 경험의 하나인 매일매일 태양의 운행을 살펴보게 되면 과학적으로 태양의 운행을 다루면서 무의식 속에서는 그것에 대하여 발견할 수 없지만 태양 신화라면 온갖 형태의 그 무엇이 우리 안에서 발견되고, 태양 신화를 형성하는 것이 신화이기 때문이라는 것이다.[42] 신화의 발생이 사회 발전적 측면에서 본다면 원시시대 초기에는 고대인들이 생존을 위하여 지내야 하므로 그들의 주변 환경에 대한 연결점을 갖지 못하지만 점차적으로 주변 세계 속에는 초자연적 존재가 있다고 상상하기 시작하면서 자연의 경외와 더불어 숭배의 대상이 되었으며, '우주와 인간, 그리고 동물들의 창조'에 대한 의문 때문에 해답을 찾으려는 욕구로부터, 자연의 이해와 더불어 태양이나 홍수의 정복 같은 이유로서, 신화는 형성되었을 것이라고 한다.[43]

[42] 이유경, 「창조 신화에 관한 분석 심리학적 이해」, 신화아카데미, 「세계의 창조 신화」(서울: 동방미디어, 2001), 304.

[43] 이인택, 「중국 신화의 세계」, 18-19.

2.2 진화 과학과 그 대응으로서 과학적 창조론

우리에게 과학과 종교의 관계는 서로 적대적으로 알려져 있다. 그러므로 두 영역의 만남을 '종교와 과학 사이의 갈등의 역사' 등으로 표현한 저서들이 많이 나와 있다. 그러나 자연과학과 기독교의 창조는 대우주를 지배하는 그 어떤 힘이 있음을 인정한다는 면에서는 시작이 비슷하다. 일반적으로 과학과 기독교의 상호작용에서 발생하는 질문은 자연과학이 하나님의 존재를 부정하거나, 또는 피조물들을 설명하는 데 있어서 하나님의 존재를 불필요하게 생각하는지에 대한 것이다. 1600년대부터 계속해서 이어온 이 논쟁은 최근에는 '신무신론'에 대한 글들이 발표되면서 토론이 활성화되었고, 지적 논의의 장이 되었다. 이 이론은 과학적 유물주의와 연관이 있는데, 그 배후에는 과학만이 앎에 이르는 가장 믿을 수 있는 것이고, 물질은 우주의 가장 기본적인 실재로서, 과학적 방법에 의하여 인식할 수 있다는 인식론적 환원주의 그리고 실재는 물질에 의하여 구성된다는 물질적 환원주의를 의미한다.

특히 진화 생물학자인 도킨스는 『만들어진 신』으로부터 과학과 종교의 관계를 피력하고 있다. 그는 과학 대중화를 위하여 1976년에 쓴 『이기적 유전자』에서 유전자의 진화의 입장에서 본 진화론을 주장하게 된다. 그는 각각의 유기체를 생존 기계 혹은 유전자를 담는 수동적 저장고, 그리고 유전자의 군체로 여긴다. 이 이론은 『눈먼시계공』에서 강조하며, 하나님을 설계자나 창조자로 여길 필요가 없는 이유를 설명하고, 하나님에 대한 믿음의 타당성을 부인하고 있다. 이 진화 생물학자는 지적 설계자로서의 시계공 이론을 주장한 페일리의 창조주가 생명의 기계 장치를 해부하여 아름답고 경건하게 말한 것을 칭찬하면서도 하나님에 대한 주장에 대하여 자연 속의 시계공은 눈먼 물리력밖에 없다며 잘못된 생각으로 폄하하였다. 즉 설계로 보이는 것은 자연의 눈먼 힘에 의한 것이므로 허상이라는 것이다. 뉴먼도 페일리의 주장은 기독교의 지적 기반을 어렵게 만들고, 종교적인 믿음을 진작시키기보다는 무신론을 야기시킬 가능성이 높다고 말한다.[44] 도킨스는 결국 자연과학은 무신론을 뒷받침하며, 하나님의 존재를 부정하면서 진화 과정이 일어나는 오랜 시간 동안에 작은 변화가 누적되면서 통계적으로 아주 낮은 확률도 발생할 수 있다는 것이다. 즉 진화에 대한 유전자의 능동적 행위자인 관점에서 "유전자를 의식과 목적을 지닌 행위자로 여겨서는 안 된다"고 한다.[45] 그는 설계의 시계공에 대한 비판으로,

> "다윈이 발견한 모든 생명의 존재 및 목적이 있는 것처럼 보이는 생물 형태의 설명으로서의 자연 선택은 맹목적이고 무의식적인 과정이며, 어떠한 마음의 눈이 없다. 미래에 대한 통찰력과 예지력이 없는 것은 물론이고 전혀 앞을 볼 수도 없다. 자연 속 시계공의 역할을 부여하고 싶다면 눈먼 시계공이다"라고 했다.[46]

이처럼 진화 이야기를 통한 세계관을 가진 다윈주의자들로 인하여 그 범위

[44] 알리스터 맥그레스, 『과연 과학과 종교 무엇이 다른가?』, 정성희, 김주현 역(서울: 도서출판 린, 2013), 183-184.

[45] Richard Dawkins, 『The Selfish Gene』, (Oxford: Oxford University Press, 1989), 196.

[46] Richard Dawkins, 『The Blinder Watch maker: Why the Evidence of Evolution Reveals a Universe without Design』, (New York: Norton, 1986), 5; 알리스터 맥그레스, 『과연 과학과 종교 무엇이 다른가?』, 206-207.

는 생물학을 넘어 확장되었으며, 과학 철학자들의 주요한 연구 분야로서 진화 심리학을 발전시키게 되었다. 이 영역은 적응이라는 인간 두뇌의 인지 프로그램이 생겨나면서 생존과 번식의 행동으로서의 인간을 생각하게 되었다. 이 분야에 대한 논의로서 사회 생물학자인 에드워드 윌슨은 1975년에 '사회 생물학: 새로운 합성'을 발표하면서 모든 윤리는 생물학적 필요성으로부터 생겨나며, 인류의 생물학 및 사회적 진화에 기초하여 설명할 수 있다고 했다. 또한 그는 처음으로 체계적으로 연구하는 학문으로서의 모든 사회적 행동의 생물학적 근거로 사회생물학을 제안했다. 이는 윤리의 기원을 설명하고, 인간의 윤리가 자연 선택을 통하여 진화되었으며, 인간의 사회적 행동의 근원으로서의 이타주의나 상호 협동과 도덕적 관심 등은 생물학적 토대로서 이해할 수 있다는 것이다. 그는 진화 과정이 경쟁과는 관계가 없거나 오히려 특정한 집단의 생존이 가치의 출현에 근거한다고 하였다. 즉 자기 위주의 구성원으로 구성되어 이기적 행동을 한다면, 그 집단은 취약해져서 도태된다. 그러므로 진화는 이타주의적 행동을 하는 집단이 우월하게 작용하게 된다. 즉 어떤 행동에서 이타주의적 행동이 자신이 속한 공동체가 생존하는 데 보다 유익하다면 그 행동은 진화하고, 결국 이 행동은 이기적인 유전 전략인 것이다. 인류는 도덕적인 유전을 갖고 있으며, 이것이 인류 역사의 유산이다. 그러므로 인간에게 하나님의 계시는 필요하지 않으며, 생존에 유리한 유전적인 장치만이 인류에게 남아 있는 것이다.[47]

사회 생물학은 개체보다는 집단으로서의 유전자와 환경의 상호작용으로 진화를 생각한다. 거시적으로 인간을 생각함으로써 유전자 결정론을 주장하며 사회과학에서 주장하는 '자아도취적 인간중심주의'의 문화결정론을 배격한다. 윌슨에 따르면 "인간 본성이 상상할 수 있는 수많은 것들 중에서 나온 단지 하나에 불과하다"며 인간 등의 영장류들만 문명을 발전시킨 것이 아니라 그것은 우연에 의하여 해부학적으로 유인원이나 원숭이들도 인간 형질을 가지고 있었기 때문에 몇몇 두 발로 서는 포유동물의 신체구조와 성질에 연관되었을 따

[47] 알리스터 맥그레스, 『과연 과학과 종교 무엇이 다른가?』, 215-217.

름으로써 학습 능력은 뇌의 구조와 호르몬의 방출 등과 같은 유전자에 의하여 프로그램화되어 있다. 그리고 각각의 동물 종들은 어떤 자극은 배우지만 어떤 자극에는 중립적이고, 다른 학습은 배제된다. 그러므로 인간의 정신적 발달도 마찬가지로 준비된 학습 효과라는 것이다.[48] 김흡영에 따르면 윌슨은,

[48] 김흡영, 「현대 과학과 그리스도교」(서울: 대한기독교서회, 2010), 113-114.

"문화적 진화가 생물학적 진화보다는 빠르지만 문화적 진화로 창조된 사회 환경도 결국은 생물학적 자연 선택과 연관이 있다. 이중적 자가 촉매작용으로서 자연 선택에 의한 유전적 진화는 문화 능력을 증진시키고 문화는 그것을 이용하려는 사람들의 유전자 적합성을 강화시켰다"는 전제하에서 인간의 본성을 생각하고 있다는 것이다.[49]

[49] 앞의 책, 115.

본 연구에서는 과학적 창조론에 대한 다양한 논의를 위하여 골격가설을 창조를 단순히 은유적이거나 상징 등으로 보는 견해로서 제외시켰다. 우선 네 가지 설로 구분되는데, 첫째는 창조과학이라 일컫는 성서무오설로 대변하며, 특히 진화론과 갈등을 이어온 성서문자주의 창조론 혹은 젊은 지구 창조론이다. 미국에서는 20세기 초부터 진화론에 대한 반발을 의식하여 창조론의 공립학교 교육을 주장해 왔다. 그들은 도덕의 붕괴를 억제하기 위하여 공립학교 교육에서 진화론의 제거를 요구하고 시위를 시작한 것이다. 1923년 오클라호마주는 공립학교에서 진화론 교육을 가르치지 않는다는 조건으로 교과서 법안을 통과시켰으며, 미국의 생물선생인 스콥스의 진화론 강의 때문에 고발당한 테네시주 스콥스 재판[50]으로 시작된 창조과학 논의는 1929년의 아칸소주의 공립학교와 대학에서 다른 종으로부터 진화된 인간을 가르칠 수 없도록 한 '반진화론 법'으로 강화시켰으나, 1963년 수잔 에퍼슨은 반진화법을 제소했다. 반진화법을 공립학교에서 종교 편향적 교육을 운영하는 것이 위헌이라는 것과 진화론을 가르치지 못하게 하는 것이 헌법에 위반이라는 대법원 판결 이후에는 테네시주 스콥스 재판의 반진화법은 폐지됨으로써 성서문자주의에 입

[50] 1923년 이후 오클라호마주와 플로리다주, 테네시주에서 인간이 하등 동물로부터 유래했다는 것을 가르치지 못하게, 즉 학교에서 진화론을 가르치는 것에 대하여 금지시킴으로써 존 스콥스는 시민 자유의 위반이라고 소송을 하여 재판한 사건이다.

각한 창조론자들은 창조과학의 운동을 시작하게 되었다.

아칸소주 재판에서는 랭던 길키가 증언을 통하여 과학과 종교를 다음과 같이 구별했다. 첫째, 과학은 객관적이고 반복이 가능하며, 공개된 자료를 설명하는 것인 반면에 종교는 우리의 죄의식과 허무와 불안 혹은 용서와 신뢰, 그리고 일체감 등에 대한 내적 경험 및 세상에 대한 질서와 아름다움의 존재에 대한 물음들이다. 둘째, 과학이 '어떻게'라는 객관적인 질문을 던지는 것이라면 종교는 삶에 대한 의미와 목적, 인간사회의 궁극적인 기원과 운명에 대하여 '왜'라는 질문을 하는 것이다. 셋째, 과학은 논리적으로 일관성이 있으며, 실험에 대한 적합함에 근거하여 옳고 그름으로 판명되지만 종교에서 그러한 판결을 하는 것은 하나님에 의하여, 그리고 계시는 통찰력 및 깨달음에 의한 사람을 통하여 이해되고 경험으로 확인된다. 마지막으로 과학은 실험에 의한 검증할 수 있는 수치로서 나타나는 예측을 하는 반면에, 종교는 하나님이 초월적인 분으로 비유적이며 상징적인 표현을 사용한다.[51] 길키는 창조에 대한 교리는 자연의 역사에 대한 산문적 기술이 아니라 현실 세계가 완전하고 질서정연한 태초부터 하나님께 종속적으로 되어 있음을 상징적으로 표현한 것이라고 하였다.[52]

1961년 헨리 모리스의 『The Genesis Flood: The Biblical Record and Its Scientific Implications』, 창세기 홍수: 성경의 기록과 과학적 적용[53]의 저술을 시작으로 또한 월터 램머츠 주축으로 1963년에 창조 연구학회가, 안식교 과학자 주최로 지구과학 연구소가 생긴다. 1958년에는 미 대법원의 판결에 대한 반대급부로 종교적 믿음에 반한 영향으로부터 아이를 보호해야 한다는 논리를 펴서 캘리포니아의 세그레이브스와 켈리는 인간의 기원에 대하여 조건적으로 표현하도록 창조과학 연구소 센터를 만든다. 그리고 헨리 모리스가 주관하는 창조과학연구소가 1972년에 각각 젊은 지구 창조론을 주장하기 위하여 샌디에고 소재 크리스천헤리티지 대학에 세워졌다.[54] 그러나 1981년에는 진화와 창조과학에 대한 교육을 같이 해야 한다는 아칸소주 '법안 590'이 의회

51 이언 바버, 『과학이 종교를 만날때』, 이철우 역 (서울: 김영사, 2002), 45-46.

52 앞의 책, 46; Langdon Gilkey, 『Creationism on Trial』, (Minneapolis: Winston Press 1985), 108-116.

53 J. C. Whitcomb and Henry M. Morris, 『The Genesis Flood: The Biblical Record and Its Scientific Implications』, (Philadelphia: Presbyterian & Reformed Publishing, 1961).

54 강건일, 『진화론 창조론 논쟁의 이해』(서울: 참·과학, 2009), 91-94.

를 통과하게 되었으며, 그 특징은 동식물이 처음 창조 때의 종류부터 정해진 범위 안에서의 변화 및 인간과 원숭이 사이는 별개의 조상, 그리고 지구 전체의 홍수를 포함한 격변에 의한 지구에 대한 설명이다. 하지만 그 이듬해 연방 판사는 '법안 590'을 반대하는 취지로 판결을 내리면서 지질학과 지구와 생명 종류의 최근의 창조 또한 종교적 텍스트이기 때문에 과학이 아니라고 판결한 것이다.[55] 결국 루이지애나주의 1987년 에드워드 대 아귈라 사건으로 창조과학의 주장이 종교적이라는 이유로 루이지애나의 법안은 무효로 판결되었다. 그럼에도 불구하고 지금까지 젊은 지구 창조론을 주장하며 활동을 계속하고 있다. 주 내용은 성경을 통한 창조의 연대를 추정하여 약 1만 년 혹은 6,000년 이전에 지구가 탄생했고, 창세기 1장과 2장에서 모든 생명체는 창조 주간에 하나님께서 직접 창조하였으며 이보다 낮은 차원의 물리적·화학적 실재나 원인으로부터 파생될 수 없다. 하나님이 직접 설계하신 것이다. 3장의 저주는 자연계에 커다란 영향을 끼쳤고, 7장의 노아의 홍수 사건은 '역사적이고 영향은 전 지구적이다'라는 것이다.

이들에게서 하나님은 주요 동식물을 직접 창조하셨다. 게다가 이들은 살아 있는 상태, 즉 생명 그 자체는 이보다 낮은 차원의 물리적·화학적 실재나 원인으로부터 파생될 수 없다고 주장한다. 또한 단세포 생물과 다세포 생물에게는 생존에 필수적인 기능들이 있으며, 그로 인하여 제약을 받아서 동물의 경우는 변이가 제한된다. 그러므로 다윈의 정당성을 생물학적 증거로 찾지 못하고 오히려 자연 선택에 기반을 둔 '공통 조상설'은 자연에 대한 추론을 통제하는 자연주의적 철학이 낳은 산물로 간주한다. 그들은 아담의 타락이 역사적인 사건이고 자연체계에 대한 영향을 미쳤다고 생각한다. 아담의 타락과 함께 죽음은 이 세상에 들어왔다고 믿는다.[56]

한국에는 1980년 김영길 박사를 주축으로 25명의 과학자들이 '한국 창조과학회'를 설립하면서 창조과학 운동을 시작하였다. 1990년 문교부에 고등학교 교과서 검정에 하나님의 창조에 관한 내용을 삽입하려다가 실패하자 고등법

[55] 앞의 책, 95-96.

[56] 모어랜드와 레이놀드, 『창조와 진화에 대한 세가지 견해』, 박희주 역(서울: IVP, 2001), 56-57.

원에 '교과서 검정 불합격 처분 무효 확인' 소송 청구를 하였으나, 그 이듬해에 대법원으로부터 상고 기각으로 원고 패소하였다.[57] 그들이 1980년에 설립된 한국 창조과학회 20년사를 통하여 국내의 과학자와 신학자들에 대한 주장을 알 수 있으며, 1981년 한국 창조과학회에서 『진화는 과학적 사실인가』를 출간 하면서 지금까지 활발하게 발표하고 있다. 양승훈은 다중 격변설을 주창하며 지구의 격변설로서 창조론을 지지한다. 2012년에는 부산에서 국제 학술 대회를 열었으며, 초·중등 학생들을 위한 저변 확대를 꾀하고 있다. 이에 반대하여 과학 철학을 전공한 장대익은 과학적 창조론의 허구에 대하여 글을 쓰고 있는 실정이다. 장대익을 비롯하여 김윤성, 진화론적 창조론을 주장하는 신재식 등은 『종교전쟁, 종교에 미래가 있는가?』라는 책으로 비판하고 있다. 또한 필립 키처는 『과학적 사기, 창조론자들은 과학을 어떻게 이용하는가?』라는 책에서 창조과학을 신랄하게 비판하고 있다.

둘째는, 점진적인 창조론으로서, 즉 '오랜 지구 창조론'으로 주장하는 것이다. 19세기 전반에 시작되었으며, 간격론, 날—시대 창조론을 말하고 있다. 발견된 화석으로는 진화를 충분히 증명할 수 없으며, 갑작스런 출현에 의하여 종이 생겼다고도 한다. 간격론은 19세기 초에 자연 신학자 찰머스가 창세기 1장 1절과 2절은 시간의 간격이 있다고 제안했으며, 지질학자 히치콕도 동의한다. 이 사이에는 대재앙과 재창조 그리고 파괴와 회복의 순환이며 지질학적으로 오랜 시간이 존재했다는 것이다.[58] 그리고 날—시대 창조론은 지질학자 실리먼이 주장한 것으로 '날'이 24시간이 아니고 지질학적 연대를 의미한다고 했다. 시편 90:4 "천년이 어제 같은", 베드로전서 3:8 "하루가 천년 같고 천년이 하루 같다"는 성서를 인용하며 하나님의 날은 긴 시간이라고 주장하는 것이다.[59] 이것은 성서문자주의 창조론자와 진화 과학자들과의 극심한 갈등을 피하기 위하여 또는 과학적 사실을 더 이상 부정하기가 어렵기 때문에 시작한 것으로 대표적인 사람으로는 천문학자 휴로스가 있다. 현대 천문학적 관측들이 아인슈타인의 일반상대성이론을 증명하므로 일회적 대폭발로서, 베드로

[57] 한국창조과학회, 『한국창조과학회 20년사』(서울: 한국창조과학회, 2001), 45, 295-296.

[58] 신재식, 「창조—진화 논쟁과 창조과학운동」, 『기독교사상』, 618(6, 2010) 249-250.

[59] 앞의 책, 250; http://www.oldearth.org/old.htm.

전서 3:10 "그러므로 생명을 사랑하고 좋은 날 보기를 원하는 자"를 근거로 새 창조와 오랜 우주의 창조로 해석한다. 최근의 대표적 학자로는 신학자이며 천체 물리학자 로버트 뉴먼, 칼빈 대학의 데이브 영 등이 있다.

셋째는, 유신론적 진화론으로서, 진화를 수용한 보다 포괄적인 신학적 틀이다. 전통적 유신론 등과 대비되는 것으로 신학 작업에서 일종의 패러다임 역할까지 포함한다는 것이다. 유신론적 진화론의 역사는 다윈 이후에 성공회 사제인 찰스 킹슬리로 시작하였으며, 가톨릭 신학자 테이야르 드 샤르뎅, 그리고 초창기 한국 내 미국 선교사들의 신학에 영향을 끼친 미국의 프린스턴대학의 워필드 맥코시가 있다. 자연선택은 진화가 발생되는 몇 가지 방법 중 하나며, 진화에 관한 메커니즘 또한 하나님의 계획과 일치한다는 주장을 하였다. 또한 칼빈 주의자들은 진화의 과정에서 자연 선택에 의한 번성과 멸종이 이중 예정설을 뒷받침한다고 믿었다. 몰트만이나 판넨베르크, 아서 피콕, 이언 바버, 하워드 반틸 등이 있다.[60] 신학자이자 고생물학자인 테이야르 드 샤르뎅은 하나님의 창조를 발전의 과정으로 발전의 과정을 하나님의 창조로 생각하므로 둘의 결합을 시도했다. '과학과 종교 새로운 공명'을 편집한 테드 피터스와 '능력으로 충만한 창조'의 하워드 반틸, 그리고 '과학이 종교를 만날 때'의 이언 바버 등 많은 과학적 사고를 가지고 있는 신학을 연구하는 사람들이다.

국내는 신학자인 신재식을 비롯하여 윤실 등 일부 크리스천 과학자들이 유신론적 진화론에 공감하고 있다. 1920년대의 초창기 한국 기독교에서는 평양 신학교의 Erdman과 Reynodls인 선교사들에 의하여 무신론에 대항하기 위하여 창조론과 진화론의 조화를 추구하는 유신론적 진화론을 주장한다. 즉 캐나다 신학자 그리피스 토마스의 글을 언급하며 원인적 진화론과 방법적 진화론으로 나누어 원인적 진화론이 무신론 입장이라면 방법적 진화론은 하나님이 우주 창조의 하나의 방법으로 사용한 것으로 보고 있다. 또한 Erdman은 월레스의 입장을 예로 들면서 진화론이 세 가지 기적, 즉 하나님의 우주의 원질서 창조, 무생물로부터 생물의 창조, 다른 동물들과 구별되는 인간의 창조를 인

[60] 신재식, 「진화론적 유신론, 그리스도교와 진화가 만나다!」, 『기독교사상』, 620호(8, 2010) 250–251.

정하면 성경과 대립되지 않는다고 보았다. 과학 이론으로서 진화론이 우주에 대한 창조의 기원 및 그 원인을 설명할 수 없기 때문에, 창세기와 창조론을 인정하면 창조 이후의 진화론을 우주의 과정에 대한 설명으로서 받아들일 수 있다는 주장이다. Reynodls는 종의 경계를 넘어 생명체가 변화했다는 것을 사실로서, 즉 종의 변화에도 불구하고 하나님의 창조 그리고 섭리에 대한 초자연적인 능력은 인정한다. 감리교의 무어 감독도 반진화론의 입법에 대한 글을 쓰기도 하였다.[61] 신학자인 몰트만에 따르면 하나님의 역사적 창조가 한 번에 창조된 것에 대한 보존을 지향하지 않으며, 창조를 완성하시는 구원에 대한 성취로 지향하는 것이다. 그것은 계속적 창조일 뿐만 아니라 이와 동시에 새로운 창조를 하고 있다는 것이다.

[61] 최태연, 「한국에서의 유신진화론」, 『신앙과 학문』, 9권 1호(2004, 6), 270-272.

끝으로 지적설계론은 18세기의 윌리엄 페일리의 자연 신학에서 시계공의 설계논증이 시작되었으나, 다윈의 '종의 기원'으로 잠시 주춤했다. 대표적인 사람들로는 진화론 태동 이전의 윌리엄 페일리를 비롯하여 최근에는 찰스 삭스턴, 마이클 덴턴이 지은 소진화를 수용하고 대진화는 비판적이었던 책 『진화론: 위기의 이론』의 영향을 받았던 필립 존슨과 마이클 베히 그리고 윌리엄 뎀스키이다. 또한 디스커버리 연구소를 중심으로 생물학적 정보와 화석의 증거에 기반을 두고 다양한 이론들을 분석하며 지적 설계에 의한 창조의 당위성을 연구하고 있다. 그 결과 2005년에는 당시의 미국 대통령이 한 기자 간담회에서 진화론과 지적 설계론을 학생들에게 논점이 무엇인지 알 수 있도록 함께 정확히 가르쳐야 한다고 말하기도 했다.[62]

[62] 로널드 넘버스, 『과학과 종교는 적인가 동지인가』, 김정은 역(서울: 뜨인돌, 2010), 314.

화학자 찰스 삭스턴을 시작으로 1990년대 미국의 법학자 필립 존슨의 저서 '심판대위의 다윈'은 다윈의 진화론이 과학적 근거라기보다 자연주의 철학이라는 논증이다. 그는 세상을 위한 지적 설계를 주장하였으며, '위기에 처한 이성'을 통하여 자연주의에 대하여 비판했다.[63] 마이클 베히는 '다윈의 블랙박스'를 통하여 〈환원 불가능한 복잡성〉으로서 불완전한 시스템은 제 기능을 하지 못하므로 원형으로부터 변화된 것이 아니라 어떤 지적인 존재에 의하여 창

[63] 조덕영, 『과학과 신학의 새로운 논쟁』(서울: 예영커뮤니케이션, 2006), 216.

조되어야만 한다는 지적 설계에 대한 기준을 주장했다. 즉 지적설계자에 의한 설계로 이 세계는 창조되었다는 것이다. 그 외에 수학자인 윌리엄 뎀스키는 정보이론으로서 '지적설계'를 주장한다. 그의 저서 『설계추론』과 『지적설계』를 통하여 주관적인 느낌보다 과학적이라는 느낌을 받도록 시도했다. 『지적설계』에서 하나님의 활동을 이해하려는 과학적 연구 프로그램이라고 했다.[64] 국내에서는 공학자인 이승엽이 지적 설계 연구회를 통하여 진화론자들과 토론을 벌이고 있다.

[64] 앞의 책, 216-217.

CHAPTER II

진화 과학의 논의에 대한 분석

[1] 낸시 피어시와 찰스 택스턴, 『과학의 영혼』, 이신열 역(서울: SFC, 2009), 18.

"과학이란 학습되어야할 법칙이 있으며 공식적 교육에 의하여 세대 간에 전수되어야 할 실제적인 경험과 기술들이 있다."[1]

로렌 아이슬리는 과학을 이렇게 정의했다. 하지만 과학의 혁명이 시작된 이후 근대사에서 과학의 간섭은 기독교에 가장 나쁜 영향을 미쳤다. 기독교와 과학은 사물의 이치를 이해하려고 노력하지만 기독교가 인간의 상황을 변화시키는 데 중점을 둔다면, 반면에 과학은 실험적으로 검증이 가능한 이론적인 가설을 세우고 과학적 검증이 수반되어 우리의 눈에 비치는 것들에 대한 메커니즘을 밝히려는 것이다. 기독교가 의미에 대한 '왜'에 집중한다면 과학은 관찰과 경험에 대한 '어떻게'를 생각한다는 것이다. 즉 서로를 간섭하는 것보다는 각기의 독립적인 분야를 가지고 있으므로 상호 존중해야 한다는 의미인 것이다. 본 장에서는 실증주의에 근거한 과학으로부터 바라보는 신적 개입이 전혀 없는 창조에 대한 논의, 우리가 현대 사회에서 살아가며 접하는 과학으로 대체된 수학, 우주물리학, 생물학 그리고 지질학적 관점의 진화이론을 통하여 논의하고자 한다.

1. 수리적 방법에서의 접근

일반적으로 수학을 '수와 크기의 과학'이라고 한다. 현재 수학은 수와 크기라는 말로는 함의할 수 없는 추상적인 개념들도 많이 다루고 있다. 그러나 수학은 수, 크기, 꼴에 대한 사고로부터 유래한 추상적인 대상들을 다루는 학문으로 대상들과 대상들의 관계를 탐구한다고 말할 수 있다. 진화에 대한 수학적 접근 방법 중 하나로 피보나치수열이 있다. 피보나치수열이란 어떤 수열의 항이 앞의 두 항의 합과 같은 수열이 된다. 제1항과 제2항의 합이 제3항이 되며, 제2항과 제3항의 합은 제4항으로 되는 것이다. 즉 인접한 두 수의 합이 그 다음 수가 되는 수열이다. 15개 항을 표시하면 (0), 1, 1, 2, 3, 5, 8, 13, 21, 34, 55, 89, 144, 233, 377인 수열이다. 레오나르도 피보나치가 1202년에 토끼의 번식을 말하면서 제안하였다. 그의 이름으로 명명된 단순한 수열이 중요해진 것은 이 수열이 자연 선택이 이루어지기 위한 일반법칙을 나타내기 때문이다. 현재는 컴퓨터 분야에서도 많이 사용되고 있다. 간단한 대수를 사용하여 피보나치수열의 인접한 두 수의 비를 분수의 형태로 하여 수열을 만들고, 앞의 수를 뒤의 수로 나누면 0.6180339… 그리고 앞의 수와 뒤의 수 비는 1.6180339…에 수렴한다. 이것은 황금분할의 비로 잘 알려진 수(0.618과 1.618)로서, 자연계에서 많은 생물의 구조가 이 비율을 따르고 있다. 자연에서 꽃씨의 배열, 나뭇가지의 갈라짐으로 자주 등장하며, 피보나치의 언급처럼 실제 생물에서의 번식을 설명하는 데에도 사용된다. 또한 황금분할의 비는 인간의 시각적으로 아름다운 구조를 나타내는 비율로서 가장 안정된 기능으로 표현된다. 예로부터 건축가와 미술가들이 방이나 가옥, 사원, 그림창문, 인간의 몸과 그 밖의 많은 사각형 구조물에 이 황금비율을 사용해 왔다. 한 예로서 아테네 파르테논 신전은 황금 비율로 만들어졌다고 한다. 우리 시각으로 볼 때 황금비(1.618)의 비율을 응용하여 만든 물건, 건축물, 인물화 등은 다른 비율을 사용해 만든 것보다 더 안정적이고 아름답게 느껴지게 된다.

황금비가 인간에게 호감과 만족감을 주는 이유를 정확히 설명할 수 없다. 하지만, 규칙성을 가진 자연의 사물이나 생명체가 갖고 있는 모습을 우리 뇌가 그 파장을 인지하고 영향을 받기 때문으로 설명할 수 있다. 황금비에는 동식물을 비롯한 피조세계와 인간의 몸과 마음에 영향을 미치는 보이지 않는 질서가 고정되어 있고 이러한 질서에 시각이나 청각, 후각이나 촉각, 미각 감각기관들과 뇌가 함께 반응하여 긍정적이거나 부정적인 감정을 갖게 되는 것이다. 아름다움의 기준이 황금분할의 비처럼 수의 질서와 밀접하게 관련이 있음을 보여주는 것이다. 우리가 보는 자연에서 해바라기의 씨앗은 아주 독특한 방식으로 피보나치수열을 전개하고 있다. 기후 환경에 대한 적응의 방법으로 해바라기의 꽃 내부 속의 씨앗들은 두개의 서로 다른 방향으로 배열되어 있다. 하나는 시계방향으로 배열되어 있으며, 다른 하나는 반시계 방향으로 배열되어 있다. 그 수는 21과 34(즉, 21/34=0.618)이다. 종류에 따라서 큰 해바라기의 경우에 55와 89, 또한 89와 144의 배열도 있다. 해바라기 씨앗이 이러한 피보나치수열을 취하고 있는 이유는 최소공간에 최대수의 씨앗이 자리 잡을 수 있기 때문이다. 0.618…이 아니고 0.5라고 하자. 그러면 1/2이므로 0.5회전마다 씨앗이 하나(또는 1회전마다 씨앗 2개) 놓여지게 되어 결국 씨앗이 직선상의 두 방향으로 뻗어가는 결과가 될 것이다. 이것은 공간을 이용하는 데 있어서 비효율적이다. 좀 더 좋은 방식은 나선형으로 성장해가는 방식인데 이렇게 함으로써 씨앗을 더 밀식시킬 수 있고 사실 그 형태상 비바람에도 더 잘 견딜 것이다. 이는 가장 효과적인 공간배치인 것이다. 또한 솔방울을 살펴보면 비늘 같은 조각(씨앗)이 오른쪽 나선과 왼쪽 나선을 이루며 교차하고 있는데, 그 나선의 수는 각각 8개와 13개로 되어 있다. 이것은 피보나치수열의 서로 이웃하는 항이다. 이 밖에도 식물 중에는 꽃잎의 배열이 5, 8 또는 21, 34 등의 황금비로 되어 있는 경우가 많이 있다.

또한 줄기에서 잎의 배열 방식을 잎차례(葉序, phyllotaxis)라고 한다. 이 잎

차례의 각도와 비율, 그리고 잎의 수는 피보나치수열을 따른다. 황금비인 0.618034를 각 φ로 나타내면 0.618×360=222.5°이다. 예를 들면 해바라기 잎은 이전 잎에서 360÷1.618=222.5°(또는 360°−222.5°=137.5°)씩 회전하여 나오고 있다. 이것은 황금비와 연관된다. 시계 반대방향의 각 222.5°는 시계 방향으로의 각 137.5°와 같다. 다시 말해서 반시계방향으로 222.5°마다 잎이 생기는 것은 시계방향으로 137.5°마다 잎이 생기는 것과 같은 것이다. 이러한 패턴은 각 잎들이 다른 잎들을 가리거나 밀집되지 않으면서 햇빛과 공기에 최대한 노출될 수 있도록 하기 때문에, 생존과 관련되어 있는 진화에 의한 설계의 증거이다. 이 패턴은 잎의 배열뿐만 아니라, 꽃잎의 배열에서도 발견된다.[2]

진화된 앵무조개(Nautilus)의 달팽이 모양 껍데기의 구조도 황금분할의 비를 잘 보여 준다. 유기체의 몸체가 등각이면서 대수 함수적인 나선 경로로 자라기 때문에, 그 형태는 결코 변하지 않는다. 일반적으로 이러한 형태의 아름다움을 "황금 나선(golden spiral)"이라고 부른다. 이러한 황금나선은 다음 같이 다양한 것에서 나타나고 있다. 허리케인, 나선형 씨앗들, 사람 귀의 와우각(cochlea), 숫양의 뿔, 해마 꼬리, 자라는 양치류 잎, 해변에 부서지는 파도, 토네이도, 나선 은하들, 태양 주위에서 감겨지는 혜성의 꼬리, 소용돌이, 해바라기 씨앗의 형태, 식물 데이지, 민들레, 대부분 포유류의 귀 구조 등이다. 그리고 놀랍게도 생물체 내에서도 이러한 나선과 숫자가 발견되는데, 정보를 담고 있는 DNA 구조가 바로 그것이다. DNA 분자는 폭이 21 Å, 나선이 완전히 한번 회전했을 때의 길이가 34 Å으로, 둘 다 피보나치 수인 것이다. 안정화된 방향으로 진행하는 진화의 결과로 말할 수 있다.

또한 46억 년 전에 형성된 태양계는 태양 주위를 돌고 있는 각 행성들의 공전주기를 인접한 행성과의 공전주기와 정수(round numbers)로 나누면, 매우 광대한 영역임에도, 놀랍게 그 비는 피보나치 수열의 비를 나타내고 있다. 태양 주위를 공전하는 가장 먼 별인 해왕성(Neptune)부터 시작해서 태양을 향해 가까운 궤도로 향하면, 앞의 수를 두 수 뒤로 나누는 결과가 된다. 즉 천

2 양승원, "과학과 종교와의 케노시스적 공명을 위한 연구 : 생명과학과 지적설계의 상호대화를 통하여" (석사학위논문, 연세대학교, 2020), 49-50.

왕성 : 해왕성의 비는 1/2, 토성과 천왕성, 1/3, 목성과 토성, 2/5, 화성과 목성, 3/8, 지구와 화성, 5/13, 금성과 지구, 8/21, 그리고 수성과 금성의 비는 13/34이다. 이것들은 식물에서 잎들의 나선 배열과도 일치한다.[3]

[3] 같은 책 51.

한편으로는 이러한 현상이 모든 행성들이 회전하는 먼지와 원자들의 성운에서 우연히 진화에 의하여 형성되었기보다는 온 우주가 설계에 의한 일관된 질서를 드러내고 있는 것이다. 그러므로 동식물 그리고 우주의 진화에 의한 현상으로 설명할 수도 있지만 반면에 하나님의 창조에 의한 비율로 수학적 정확성과 아름다움을 나타내게 하는 동식물 과정의 대칭적 완성이라고도 생각할 수 있다.

2. 물리학적 방법에서의 접근

물리학은 현상들에 대한 관계를 짓고 설명과 예측을 하는 합리적 체계를 가지며 실험을 통하여 검증할 수 있는 과정의 학문이다. 고대 희랍의 플라톤은 "우주는 무로부터의 창조가 아니고 물질과 지적 계획의 합리적 요소들이 공존하는 세계"를 말했으며, 반면에 아리스토텔레스는 "우주는 시·공간적으로 시작과 끝이 없으며 영원불변하고 완전무결한 존재"라고 추론하였다. 그러고, 중세 시대에 와서 우주는 기독교의 창조론에 기반을 둔 '무로부터 신에 의해 창조된 성서적 우주는 자연계의 질서와 조화는 신의 보살핌의 표상으로 자연은 신의 작품인 까닭에 탐구해야 되는 대상'이었다. 뉴턴은 중력의 법칙을 제안하여 태양계의 운동을 설명하였으나, 천체들이 인력인 중력의 상호 작용에 의하여 우주의 물질이 점점 더 수축되어야 하므로 우주는 무한한 것이라고 하였다.[4] 20세기의 프레드 호일이나 아인슈타인은 정상 우주론을 주장했었

[4] 정미영, 「AAAS Project 2061 기준에 의한 고등학교 과학 교과서 우주의 기원과 진화 단원 내용분석」(석사학위논문, 연세대학교, 2012), 89, 100.

다. 즉 "우주는 무한하고 시간과 공간에 관계없이 항상 변하지 않는다"는 정지된 모형의 이론이다. 우주는 시작 및 끝이 없이 영원히 존재하며 그 밀도는 시간과 함께 불변이고 밀도의 감소를 보충하기 위하여 그 안에서 새로운 물질을 꾸준히 생성하고 은하들 사이의 간격을 메우면서 팽창하는 것이다.[5]

그러나 요즘은 표준 팽창 모델로 우주론을 설명하고 있다. 허블이 망원경을 통하여 발견한 스펙트럼의 결과로서 우주는 팽창하고 있음을 발견하였기 때문이다. 현대의 우주는 아주 오래전 어느 순간에 우리에게 시간이 '영'이라고 알려진 순간이 있었다. 그때 이후 우주가 아무것도 없는 '무'로써 시작되었다. 1940년대 러시아 과학자 가모프는 현재의 우주로 시작하는 팽창과정을 역으로 진행하면 우주는 수축할 것이고 수축하는 우주의 온도와 밀도에 대하여 계산하기도 했다. 그러므로 과거의 우주는 작고, 고온이었다는 것을 알게 되었다. 현재 알려진 표준 대폭발 이론에 의하면, 모든 티끌과 물질 내의 입자들이 크기를 말할 수 없는 공간에 집어넣은 상태, 소립자보다도 더 작은 초고온, 초고밀도의 기체들로 가득한 무한히 작은 어떤 한 점, 즉 특이점(singularity)으로부터 시작되었다. 이 특이점은 공간을 차지하지도 않고 존재할 곳이 없다. 대폭발은 어떤 공간 내에서 일어난 것이 아니고, 이때는 시간도 존재하지 않는다. 과거도 없고 계속하여 그곳에 있었는지도 알 수 없다. 특이점은 아주 짧고 광대한 순간에 어떠한 에너지에 의하여 상상을 넘어서는 거대한 크기로 팽창한다. 그것을 통해 공간이 창조되었다.[6]

MIT 교수인 구스에 의하여 제시된 인플레이션 이론에 의하면 우주는 순간적으로 엄청난 팽창, 진공에너지로 인하여 인플레이션을 일으켰다. 그곳은 진공이라고 한다. 진공의 의미는 공간에서 모든 물질을 제거해도 에너지가 남아 있다. 이것이 진공의 에너지이고, 초기 우주의 진공은 높은 곳에서 낮은 에너지 상태의 진공으로 상전이를 했다. 그리고 우주 탄생 초기에 우리가 아는 빅뱅 이론보다 더 급격한 팽창이 일어났다는 것이다. 즉 기하급수적 팽창이라는 것이다. 따라서 작은 영역에서의 비균질을 막는 거의 균질한 온도로 평평한

[5] 스티븐 호킹, 『시간과 화살』, 김성원 역(서울: 두레, 1991), 26.

[6] 빌 브라이슨, 『거의 모든 것의 역사』, 이덕환 역(서울: 까치, 2003), 22-31.

우주는 급격하게 팽창하게 된다. 인플레이션 이론의 장점은 빅뱅으로 인하여 발생하는 지평선 문제와 우주의 평탄성 문제를 해결하여 준다. 즉 초기 조건의 문제를 해결하여 준다. 초기 우주 공간은 열적 평형 상태이다. 우주의 크기가 930억 광년 정도인데, 아주 멀리 떨어진 두 공간은 정보를 주고받을 수 없지만 인플레이션 이전에 가졌던 상호작용으로 인하여 정보를 통일할 시간이 있으므로 같은 밀도와 온도를 가지는 것이다. 그러므로 오늘날에도 같은 우주 배경 복사온도를 측정하게 된다. 또한 가속 팽창을 하는 동안에 우주가 평탄해지기 때문에 현재 상태인 평탄함을 유지할 수 있도록 인플레이션을 통하여 우주는 매우 평탄하게 바뀌었다.

최초의 우주는 아주 높은 진공 에너지를 지니고 있으므로 에너지는 위쪽에서 아래로 변하려는 성질을 갖게 된다. 이 과정은 상전이로 인한 팽창의 에너지를 공급하게 된다. 진공에너지는 우주를 팽창시키는 효과를 가진 것으로 보이며, 진공 에너지의 상전이 전의 모든 소립자는 질량이 영이며, 광속이지만 상전이가 일어난 후, 소립자는 질량을 가지고 일반 상대성이론에 의하여 초기 우주는 무시무시한 힘으로 팽창한다. 태초에서 플랑크시간까지의 대통일 힘(강력, 약력, 전자기력, 그리고 중력)의 시대는 약력과 전자기력 그리고 강력의 분리가 시작된다.

인플레이션이 끝나고 진공 에너지 상전이에 의해 한꺼번에 생긴 에너지는 우주를 순간적으로 불덩어리로 만들었다. 물질도 빛도 존재하지 않는 우주는 탄생과 거의 동시에 인플레이션을 일으켰으며, 인플레이션이 끝남에 따라서 물질과 빛이 태어나고 불덩어리 상태의 우주가 되었다. 즉 시간이 영인 그 순간부터 우주 공간이 팽창을 시작하는 것이다. 이것이 바로 빅뱅 우주이다. 드디어 시간과 공간이 존재하지 않는 무에서 원자핵보다도 더 작은 우주가 태어났다. 우리가 현재 살고 있는 우주가 생성되기 시작한 것은 바로 대폭발 이후이다.[7] 에너지의 변화에 따라서 질량으로 전환될 수 있는 이유는 등가 원리에 의하여 에너지와 질량은 동등하기 때문이다. 아인슈타인의 상대성 이론에서

[7] 최승언, 『우주의 메시지』(서울: 시그마프레스, 2008), 344-345.

잘 알려진 식 $E = mc^2$이기 때문이다. 질량은 에너지를 속도의 제곱으로 나누면 되고, 에너지는 질량과 빛의 속도의 제곱을 곱한 식으로 나타나는 것이다. 소립자에 질량을 부여하는 입자, 힉스입자라는 진공에 보이지 않는 입자가 가득 차 있었으며, 폭발에 의해 물질의 기본이 되는 소립자들이 많이 만들어졌다. 전자 등의 물질과 빛을 만들고 이때 생성된 소립자들은 모두 소립자와 반입자 쌍으로 만들어졌으며, 대부분 충돌로 인하여 소멸을 겪으며 에너지를 발산하지만 소멸되지 않은 일부 소립자들이 오늘의 우주를 만들게 되었다는 것이다. 이것이 쿼크라는 입자이다.

우주 초기에는 광자, 렙톤, 반렙톤, 쿼크 그리고 반쿼크 등이 존재했다. 그리고 대폭발 후 어느 순간에 우주의 온도는 약 1,000억 K(캘빈온도)가 되고, 이 온도는 별의 중심 온도보다 더 뜨거운 온도로서, 양성자의 한계 온도보다 낮아서 양성자는 생성되기 어렵지만 양성자의 기본 구성 입자인 쿼크의 생성 이후에 일부 양성자가 존재하게 된다. 백만분의 1초 때는 원자의 구성이 어려웠으며, 가장 많은 것은 전자와 반입자인 양전자이다. 양전자는 현재 우주의 방사선에서 혹은 고에너지 실험으로 방사성 물질로서 생성시킬 수 있으며, 초신성과 같은 현상에서 나타날 수 있다. 그러나 초기 우주에서는 양전자 수와 전자 수는 거의 같았다. 동시에 같은 수의, 질량이 거의 없으며, 전하도 없는 뉴트리노라는 입자도 존재하고 있었다. 그리고 빛으로 채워져 있었다. 이 빛은 광자라는 입자로서 파장에 따라 결정되는 에너지와 운동량을 가지고 양전자 뉴트리노 그리고 전자의 수와 평균에너지가 같았다. 이때의 우주 수프의 밀도는 물의 약 40억 배였을 것이다. '초기 우주'인 처음 3분이 될 때는 10억 K가 되었다. 우주가 충분히 냉각하여 양성자와 중성자들이 한 개의 중수소핵을 비롯하여 복잡한 핵을 구성하기 시작했다. 이 온도에서는 양성자와 중성자의 비율은 88대 12로 알려져 있다. 즉 온도가 내려가면 무거운 중성자에 비하여 가벼운 양성자의 수가 더 많이 생겨났기 때문이다. 그리고 12개의 중성자와 12개의 양성자가 결합하여 6개의 가장 안정한 가벼운 핵인 헬륨 핵으로 결합될 수 있었다. 일반적으로 10,000K 이상이면 전자는 원자핵과 분리되어 플라즈마 상태가 되고, 중심 온도가 1,000만 K이면 양성자는 핵융합 반응을 한다. 시간이 지나면서 온도는 계속 떨어지고 헬륨 핵들은 영원히 분해되기 어려워졌으며(새로 만들어지기도 어려웠다), 우주의 내용물은 주로 빛, 뉴트리노, 약 3:1의 수소(양성자)와 헬륨으로 된 소량의 핵물질과 전자와 양전자의 쌍소멸 후에 나타난 같은 개수의 전자들이 있었다.[8]

이후 계속하여 우주가 팽창하여, 식어가고 밀도가 작아졌으며 고온의 플라즈마 상태인 음전하를 가진 전자가 양전하의 원자핵에 잡혀서 원자를 형성하게 된다. 원자핵이 전자와 결합하여 원자가 되었을 때, 우주는 '우주의 맑게 갬'을 이루어 투명해졌다. 전기적으로 중성인 원자들로 이루어져 있기 때문이다. 일반적으로 모든 물체는 물리적으로 열복사선을 방출한다. 그러므로 우리는 빛으로 볼 수 있게 된다. 그러나 아직 천체가 탄생하지 않았다. 수십만 년 후에도 3,000K 정도로 매우 뜨거웠으므로 물질은 밝게 빛나고 있다. 천체가 존재하는 공간보다 더욱 멀리 떨어진 곳을 바라보면 우주공간 전체가 빛나 보일 빛이 그 시대의 우주에서 현재의 지구로 오기까지 우주는 길이로 따져 100배 정도 팽창했다. 광자(빛)가 우주 팽창에 의하여 온도가 낮아지고 에너지가 줄어듦과 동시에 빛의 파장도 늘어나 3K인 극저온의 약한 전파가 되었다. 이 전파는 우주 공간의 배경을 이루며, 모든 방향에서 같은 세기로 들어오는 파이다. 폭발 후 남은 흔적의 복사선이 눈에 보이지는 않지만 전파 망원경에 의해 벨 실험실에서 1965년에 발견되었으며, 그것은 라디오 파장의 빛을 관측하려고 하다가 더 낮은 온도에서 발생하는 잡음 신호 파장에서 방향에 무관한 초단파였다. 이것이 바로 '우주배경복사'라고 하는 것이다.[9]

표준 대폭발이론에 따르면 우주가 폭발하고 약 38만 년이 지났을 때를 '초기우주'라고 하는데 이때 우주의 온도는 약 3,000K였다. 시간이 지나면서 우주는 크게 팽창하였고, 우주 공간은 상당한 고온에서 뜨거웠다가 냉각되어야 한다. 이를 계산하면 절대온도 약 3K이다. 우주의 온도를 측정할 때는 우주 내

[8] 스티븐 와인버그, 『최초의 3분』, 신상진 역(서울: 양문, 2005), 20-22.

[9] 사토 가쓰히코, 『인플레이션 우주론』, 『진공과 우주론』, 강금희 역(서울: 뉴턴코리아, 2011), 16-19; 김강수, 『현대과학이 보는 우주』(서울: 아카데미서적, 2012), 200-205.

의 전자기파를 측정해야 한다. 열을 가진 모든 물체는 그 온도에 맞는 적외선 등의 전자기파를 외부로 방출하기 때문이다. 뜨거운 난로가 빨간색을 보이는 이유와 같다. 난로가 식으면 내보내는 전자기파인 적외선은 빨간색이 점점 옅어진다. 이런 원리에 따라 우주는 전자기파 중에서도 절대온도 3K와 동일한 극초단파로 가득 차 있어야 한다. 따라서 빅뱅이 이론물리학자의 추론에서 우주의 실체로 인정받기 위해서는 우주배경 복사파인 극초단파 측정이 필수적이었다.

정상 우주론은 허블의 측정에 의하여 우주가 팽창함을 밝히면서 사라지게 되었다. 허블은 외부 은하의 선 스펙트럼을 측정하여 흡수선들이 일정한 비율로 파장이 붉은색 방향(적색편이)으로 더 길게 나타났는데, 도플러 효과로부터 전자파를 내는 물체는 우리에게 다가오면 실제로 내는 주파수보다 더 긴 주파수가 관측되고, 우리에게서 멀어지면 더 짧은 주파수를 측정하게 된다(파장은 이와 반대이다). 그러므로 이것은 은하가 지구로부터 멀어짐을 의미하는 것이다. 이것을 기초로 허블법칙을 만들었으며, 후퇴 속도 v는 은하의 거리 d와 허블 상수 H의 곱으로 나타난다는 것이다. 이 의미는 은하만의 움직임이라기보다는 우주 공간 자체가 팽창한다는 것이다. 우주의 시작과 함께 팽창했다면 역으로 우주는 한 점까지 수축되어질 수 있음을 의미하며 허블의 법칙으로 우주의 나이를 계산하게 되면 우주의 나이는 약 138억 년이 된다. 세 가지, 즉 허블법칙, 우주 초기의 핵융합으로 인한 수소와 헬륨의 구성비 그리고 우주배경 복사는 우주의 진화에 대한 직접적인 증거이다.

시간이 한참 지나서 수억 년쯤 되면 수소와 헬륨이 중력 때문에 모여서 천체를 만들기 시작하게 된다. 우주 안에는 '별사이의 물질-성간물질', 즉 주성분이 수소와 헬륨, 그리고 일부 탄소 원소인 먼지 같은 성분이 넓게 퍼져 있는데, 모여서 별 구름을 만들기도 하면서 서로의 중력에 의하여 밀도가 주변보다 높아지고 짙어지는데 이것을 '성운'이라고 한다. 처음에는 주변 온도가 매우 낮기 때문에 기체 분자들이 중력을 이기고 달아날 정도의 운동이 활발하지 않을 정도로 느리며 모여서 별을 이루기 위한 정도로 낮다. 중력장에 의하여 열에너지로 변하게 되며, 성운으로 되면서 온도가 올라가고 계속하여 응축되며 밀도가 충분히 높아지면 중력이 강해지고 중심부 온도와 압력이 상당히 높아진다. 거리가 수 광년(빛의 속도와 365일 시간의 곱)에 이르는 먼 거리의 먼지가 응축하여 별 정도로 크기가 작아지면 매우 온도가 높게 되고 검붉은 색의 거대한 기체 공 뭉치이다. 이것을 원시별이라고 하며, 계속 수축하면서 별의 중심부는 온도와 밀도가 매우 높아서 1,000만 K에 이르면 핵융합반응인 수소가 헬륨으로 바뀌고 핵융합으로 생기는 약 0.7% 질량 결손에 의한 에너지가 스스로 빛을 내며 별이 되는 것이다.[10]

별의 중심부가 별이 된다면 밖의 기체들은 튕겨져 나가서 행성이 되고 행성은 별의 자전하는 방향으로 공전하게 된다. 더 이상 핵융합을 하지 못하면 자체 중력을 이기지 못하고 급격히 중력 수축을 하게 되고 바깥쪽은 반작용으로 부풀면서 기존의 별보다 훨씬 커지며 적색거성이 된다. 또한 별은 중심부의 수소가 없어지면 헬륨은 탄소로, 탄소는 산소로 핵융합을 하다가 급격히 중력 수축하며 고온($\sim 10^9$K)의 핵융합을 통하여 규소, 마그네슘, 네온 끝으로 철이 만들어진다. 자체 중력을 이기지 못하고 급격히 중력 수축을 하게 되어 초신성 폭발을 하게 되며 폭발의 높은 온도로 인하여 다시금 핵융합을 하면서 철보다 더 무거운 원소를 수 초 동안에 만든다.[11] 별의 폭발로 인하여 만들어진 원소들은 우주에 퍼뜨려지고 이로부터 지구에는 생명이 탄생하였다는 것이다. 이후에 별은 더 이상 수축을 할 수 없으면, 중심부는 백색 왜성이 되고 밀도가 높은 원래 지름의 100분의 1 정도가 된다. 이 별들 중에서 질량이 태양의 두세 배가 되는 별은 중력이 너무 커져서 원자핵 외부의 전자가 양성자와 합쳐지며 중성자만 남아 있는 아주 작은 크기(지름이 수십 킬로미터 정도)의 중성자별이 된다.

또한 별의 중심이 훨씬 수축하여 질량이 태양의 다섯 배 이상이 되면 블랙홀로 변하고 중력이 너무 강하여 아무것도 빠져 나올 수 없게 된다. 블랙홀을

10 최무영, 『최무영 교수의 물리학 강의』, (서울: 책갈피, 2008), 384-386.

11 정미영, 『AAAS Project 2061 기준에 의한 고등학교 과학 교과서 우주의 기원과 진화 단원 내용분석』, 132.

알 수 있는 방법은 인력이 워낙 커서 주변의 전기를 띤 물체(기체)가 빨려 들어갈 때 생기는 가속도에 의하여 전자기파가 발생하며 이 파는 X-선 영역으로 측정하게 된다.[12] 즉 중력 수축, 온도 상승, 핵융합 시작, 새로운 원소 생성, 그리고 우주 내의 천체는 핵융합 반응의 중단, 중력수축을 통하여 이루어져 있다. 은하들의 탄생 시기는 우주 탄생 10억 년 정도 후라고 추측한다. 아직까지도 어떻게 은하가 만들어 졌는지는 대략으로만 알고 있다. 일부는 원자핵과 전자구름 속의 밀도가 높은 곳에서 원자들이 한데 모여서 은하를 만들고 그 후에 항성이 만들어졌을 거라고 생각하고 있다. 그러나 다른 이론은 먼저 항성이 생겼으며 후에 항성들이 모여 은하를 형성하였고 마지막으로 은하들의 집합체인 초은하단이 만들어졌다고 생각한다.

은하계의 진화는 우선 성간 물질로부터이다. 항성들이 성간 물질로부터 형성되었으며, 우선 항성들은 내부에서 핵융합 반응을 거쳐서 중원소들을 성간 공간에 공급했고, 원초적 기체 또한 은하면에 유입되기도 했다. 은하에는 내부의 전리수소 영역(광자에 의하여 중성 수소가 양성자와 전자로 분리된 영역)이 나타나는데, 그 영역에서 수소의 재결합과 중원소의 함량 비는 은하면상의 분포, 즉 화학적 진화를 결정하게 된다. 이때 전리수소 영역 안의 성간 티끌은 중앙부의 강력한 복사 장으로 인하여 증발하므로 고려하지 않아도 된다. 그리고 초기 성운의 공간 분포와 운동 및 천체들 사이의 역학적 상호작용에 의한 역학적 진화과정을 거치게 된다. 또한 구성 천체들의 종족 및 공간 분포는 시간에 따라 변화하는 측광학적 진화된다.[13]

우리가 사는 태양계의 생성은 47억 년 전 은하에서 초신성 폭발로 주위의 기체를 수축시키고 그 수축되는 영향으로 기체는 회전을 하게 되며 원반형으로 되는 성운으로부터 시작되었으며, 중력에 의하여 중심부의 밀도는 높아지고 회전을 하며 수축하게 된다. 수백만 년 동안 변하지 않다가 성운 한가운데 덩어리로 갑자기 수축하여 오늘날의 태양계를 형성했다.[14] 이 성운이 내부 온도가 1,000만 K 이상 되면 수축이 멈추고 핵융합을 통하여 빛을 내게 되었다.

[12] 이석영, 『모든 사람을 위한 빅뱅 우주론 강의』(서울: 사이언스북스, 2009), 265-268.

[13] 이시우, 현정준, 윤흥식과 홍승수, 『은하계의 형성과 화학적 진화』(서울: 민음사, 1996), 157-179.

[14] 브라이언 콕스와 앤드류 코헨, 『태양계의 놀라운 신비』 최세민 역(서울: 21세기북스, 2011), 78-79.

그리고 바깥쪽의 규산염 알갱이는 응축되었다. 이 알갱이들은 정전기력에 의하여 응집되었고, 원시 행성으로 되었다. 이 행성은 태양 성운으로부터 기체를 끌어들이고 빨려든 물질이 소용돌이치면서 태양 성운과 같은 원반을 형성하면서 태양으로부터 가까운 곳에서는 행성끼리의 충돌과 합쳐짐에 의하여 수, 금, 지구 그리고 화성은 암석과 철로 만들어지고, 목성과 토성은 기체 행성으로 되었다. 천왕성과 해왕성은 얼음 행성이 되었다. 이것은 태양의 탄생 이후 1억 년 이내에 대부분의 행성으로 되었으며, 진화를 하면서 현재의 모습의 태양계가 된 것이다.

원시행성의 하나인 지구는 뜨거운 암석 덩어리로부터 시작했으며, 지구가 냉각하는 동안 암석에 갇혀 있던 기체들이 지표 위로 흘러 나와서 대기를 형성했으며, 이 기체들은 이산화탄소, 메탄 암모니아 그리고 증기 형태의 물 등이다. 지구의 표면이 섭씨 100도 이하로 냉각되면서 대기는 비로 변하여 지표에는 바다가 생기고, 대기의 이산화탄소는 물에 용해되어 석회암을 형성했으며, 바다는 하늘의 대기를 정화시켰다. 산소 원자들은 세 개씩 결합하여 오존이 형성되면서 태양의 자외선으로부터 지구를 보호하였으며 생명의 탄생이 시작된다.[15]

덧붙이면 진공에너지의 상전이 후에 우주에는 기본 입자들이 생겨났다. 이전에는 입자가 점으로 생각되었으나, 현재는 초 끈 이론의 새로운 이론에 의하여 크기가 플랑크 길이(10^{-35} m) 정도인 끈으로 구성되어 있다는 생각이다. 기본 입자는 쿼크라는 입자로 구성하는 것들, 렙톤 계열의 입자, 그리고 게이지 입자의 세 가지로 나눈다. 양성자나 중성자를 구성하는 쿼크, 그리고 전자와 뮤온이 속한 렙톤은 여섯 가지 종류가 있으며, 광자, 중력자가 속한 게이지 입자는 기본 입자들의 상호작용을 전해주는 입자이다. 우주가 시작될 때 플랑크 시간인 10^{-43}초에는 모든 힘이 하나였다고 한다. 그러나 우주의 팽창이 계속되면서 힘은 나누어졌으며, 힘이 상호작용하는 데는 네 가지가 있다. 핵력이라고 불리는 강력, 핵 안에서 입자들과 작용하는 약력, 전자기력, 그리고 중

[15] 마크갈릭, 『우리 태양계』, 변용익 역(서울: 비룡소, 2005), 34–82.

력이다. 강력은 원자핵 안의 크기 10^{-15} m에서 양성자와 중성자들을 구성하는 쿼크끼리, 바리온(핵 안에서 쿼크로 구성된 양성자나 중성자들)과 중간자에 작용하고 있다. 약력은 10^{-17} m 이내에서 게이지 입자나 렙톤에 주로 작용하고, 전기를 띤 입자들이 있으면 어디서나 작용하며, 광자에 의하여서도 전달되는 전자기력이 있고, 질량이 존재하면 항상 작용하는 네 힘들 중에서 가장 약한 중력이다. 그 크기는 강력, 전자기력, 약력, 그리고 중력의 순이지만 우리가 항상 크게 느끼는 것은 중력이다. 그 이유는 강력과 약력은 아주 짧은 거리에서만 작용하고 있고, 전자기력은 일반적으로 양전하와 음전하 입자 수가 같아서 상쇄되므로 우리가 느끼지 못하지만 중력은 항상 당기는 힘으로 모든 입자에게 적용되기 때문이다.

초기의 우주는 빛으로부터 시작해서 물질이 만들어졌다. 처음에 만들어진 소립자들은 소립자와 반입자 쌍으로 만들어졌고, 대부분 충돌로 소멸을 겪지만 일부 소멸되지 않은 소립자들이 남아 오늘의 우주를 만들게 되었다. 이때 에너지 보존과 운동량 보존 법칙에 의하여 물질과 반대 물질이 만들어졌으며, 전자와 반입자인 양전자가 붕괴하여 물질의 구성요소인 쿼크를 만들었다. 헌데 양전자는 쿼크를 만들고, 전자는 반 쿼크를 만들게 되었는데, 변환될 때 대칭성이 깨져서, 쿼크가 반입자인 반대쿼크보다 더 생겨났다. 그리고 입자와 반입자가 충돌하면 에너지로 소멸된다. 우주의 팽창으로 온도가 점차 내려가면서 입자와 반입자들은 소멸해 다시 에너지로 변환되었다. 그러나 서로 만나서 다 없어져도 결국은 쿼크가 남게 되었으며 138억 년 동안의 세월이 지나면서 우주의 물질은 쿼크, 즉 바리온 입자로 구성되게 되었다.[16]

우주의 운명에 대하여는 3가지 설이 있다.[17] 우선 열린 우주 모형이다. 우주의 임계밀도가 있는데 대략 1세제곱미터 안에 수소입자가 5개 정도 존재하는 것으로 그 밀도보다 작게 되면 우주는 계속 팽창할 것이다. 즉 우주에 있는 물질들에 의한 중력 작용으로 당기기보다 관성으로 계속 팽창을 하는 것이다. 이러한 우주는 텅빈 우주가 될 것이 틀림없다. 현재 알고 있는 우주의 밀도

[16] 최무영, 『최무영 교수의 물리학 강의』, 116-144.
[17] 이석영, 『모든 사람을 위한 빅뱅 우주론 강의』, 109-199.

는 1세제곱미터 안에 수소 입자 0.2개 정도에 불과하므로 인간이 만들 수 있는 진공보다 더 낮기 때문이다. 그 다음으로는 임계밀도보다 큰 우주, 닫힌 우주를 생각할 수 있는데 큰 중력장의 효과로 어느 순간부터 수축을 하여 처음의 빅뱅이 일어난 순간으로 가고 다시 팽창 우주를 만들어 갈 것이다. 마지막으로 편평한 우주인데, 공간에 임계밀도와 같은 밀도를 가진 우주이며 관측에 따르면 이러한 우주라는 것이다. 우리의 우주는 팽창하고 있으며 가속되고 있는 것이다. 지금 약간 가속 팽창하고 있는 이유는 아인슈타인의 중력에 반대되는 힘, 즉 우주 상수와 연관이 있는 시공간에 의존하는 우주공간이 가지는 에너지이며, 어둠의 에너지라는 반발력을 지닌 음의 압력인 에너지가 우주 전체에 퍼져 있기 때문이다. 즉 팽창을 가속시키는 힘은 암흑 물질이 가진 중력에 반하는 서로 밀어내는 힘을 가진 어둠의 에너지였다. 우주 전체의 73퍼센트를 차지하고 있고 지구에도 존재하지만 일상에서 느끼지 못할 정도로 미약하다.[18] 우주 상수는 우주가 팽창을 해도 일정하다. 그러나 시간이 지날수록 에너지를 증가시킴으로서 우주 상수가 차지하는 비중이 커지기 시작하면 우주의 팽창을 돕게 되는 것이다. 즉 과학자들에 의하여 측정되는 가속 팽창우주가 가능하다.

인플레이션이 일어나는 영역은 '가짜 진공'이며, 끝난 영역은 '참 진공'이다 우주는 '가짜 진공' 안에 참 진공의 거품이 생기고 그 거품은 커지며 '참 진공'은 가짜를 밀어내고 찌부러져 밀린 가짜 진공은 우주가 된다. 그러므로 여러 개의 우주가 가능하다.[19] 그리고 우리는 단지 지적으로 생명체가 살기에 적합한 조건을 지닌 우주에서 우연히 살게 되었다는 것이다. 인플레이션 우주론은 앞서 말한 바와 같이 균질한 온도로 편평한 우주와 우주의 팽창이 너무나 커서 홀극의 밀도가 상대적으로 작다는 것을 가정할 수 있는 좋은 이론이다. 그러나 구스의 다중우주론 제안은 일반 상대성이론에 의하여 가능하다고 하지만 아직 증명되지 않았으며, 검증할 방법도 없다. 우주의 나이에서 서로 정보교환이 가능한 범위를 우주의 지평이라고 한다. 빛보다 빠른 것을 우주 안에서

[18] 최무영, 『최무영 교수의 물리학 강의』, 411.

[19] 사토 가쓰히코, 「인플레이션 우주론」, 『진공과 인플레이션 우주론』, 6-36.

정의하지 않았기 때문에 빛의 도달 한계까지를 정의해야 함에도 그 이상에 대하여 지평의 한계라고 한다. 그 이유는 밝혀지지 않았지만 그보다 큰 범위에도 온도와 온도 변이가 같기 때문에 이것을 설명할 방법은 아직 부족하다.[20] 또한 통일된 힘이 존재할 당시에 엄청난 질량을 가진 자기 홀극의 원시입자가 탄생했다고 한다. 이 입자는 우주의 팽창 과정에서 비교적 안정되게 존재해야 함에도 불구하고 그리고 그 수도 충분히 많고 넓게 퍼져있을 것으로 예상하지만 아직 실험을 통하여 발견되지 않았다. 아마도 이 입자가 존재하지 않을 가능성이 있는 것이다.

[20] 이석영, 『모든 사람을 위한 빅뱅 우주론 강의』, 132-134.

빅뱅 우주론을 온전히 신뢰하기에는 아직 이른 감이 있다. 빅뱅의 시작에 대한 정확한 이해를 할 수가 없다. 어떻게 시공간이 무에서 시작되었는지 명확한 설명을 할 수 없기 때문이다. 그리고 자연의 본질에 대한 설명은 아니지만 입자와 우주의 4가지 힘을 합치려는 대 통일장이론의 경우 초 끈 이론은 더 나아가 M-이론은 끈 대신 막 이론으로 11차원의 이론으로서 4차원의 세계인 우리에게는 아직 낯설기만 하다. 실험적으로 증명은 아직 불가능하고 통일된 기본 상호작용을 설명할 수 있을지는 아직 불투명하다. 이것의 의미는 스티븐 호킹이 말했던 인간원리로써 설명이 가능한데,

"우리가 보는 세계는 우리가 보고 있는 그 모습 그대로 이어야만 한다. 다른 가능성은 전혀 없을 것이다. 왜냐하면 만일 세계가 다르게 존재할 수 있다면 그 세계를 보고 있는 우리 자신은 있을 수 없기 때문이다."[21]

[21] 이성휘, 「하나님과 시간, 스티븐 호킹의 인간원리와 과학신학」, 『기독교 사상』(서울: 대한 기독교서회, 2007.9), 226.

우리는 우주의 임계밀도가 같은 현재의 우주를 살고 있다고 간주하며, 우주는 계속 팽창하므로 우주의 끝을 볼 수도 없기 때문에 언제나 우리는 우리가 생각하는 우주의 중심에 서있다고 말할 수 있을 뿐이다. 우주는 처음부터 팽창만 했으므로 우주의 중심을 말할 수 없다. 그리고 우주의 진화에 대한 진실은 완전히 알지는 못하고 있다.

22 고 김희준 교수는 서울대학교 화학과를 졸업하고 미국 시카고 대학교에서 물리화학으로 박사학위를 받으셨다. 하버드 대학교와 MIT 공과대학에서 연구원을 거쳐서 서울대학교 화학과 교수로 재직한 후 은퇴하였다.

23 철학적 질문 과학적 대답, 빅뱅 우주론의 세 기둥(생각의 힘 출판사) 참고

다음은 서울대학교 고 김희준 교수님[22]이 같은 해 2월에 처음 시작하는 모임을 축하하고 격려하시면서 본인의 저서[23]인 『철학적 질문 과학적 대답, 빅뱅 우주론의 세 기둥』을 바탕으로 세미나에서 발제하신 내용이다.

화학은 물질, 물질의 특성, 구성, 구조, 그리고 화학 반응 동안 일어나는 변화에 대한 연구를 다루는 과학의 한 분야입니다. 그것은 원자, 분자, 그리고 이온에 대한 연구와 그것들이 새로운 물질을 형성하기 위해 서로 어떻게 상호작용하는지에 대한 연구를 포함합니다. 화학은 우리가 숨쉬는 공기와 마시는 물의 구성에서부터 새로운 약, 재료, 기술의 개발에 이르기까지 우리 주변의 세계를 이해하는 데 중요한 역할을 합니다. 그것은 의학, 공학, 재료 과학, 그리고 환경 과학을 포함한 많은 분야에서 사용되는 중심 과학입니다. 고 김희준 교수님은 서울대학교 화학과 졸업후 시카고 대학교에서 박사학위를 마치고 MIT와 하버드 연구원을 거쳐서 서울대학교 화학부 교수였습니다.

성서는 하나님이 말씀으로 세상을 창조하셨다고 말합니다. 말씀 또는 로고스는 이성 내지 합리성으로 이해할 수 있습니다. 자연에서, 특히 초기 우주에서 찾아볼 수 있는 우주 진화의 인과관계를 이해하면 세상이 말씀으로 창조되었다는 말의 깊은 뜻을 실감할 수 있습니다. 그러니까 과학을 통하여 성서의 성부 혹은 삼위일체 하느님의 마음을 읽는 셈입니다. 한편 로고스이신 예수는 빛으로 세상에 오셨습니다. 그런데 우리는 빛을 조사해서 우주의 기원과 창조의 방식을 알게 되었습니다. 빛은 138억 년 동안 빅뱅에 대한 정보를 가지고 우리를 찾아왔으나 인간은 불과 100년 전에 비로소 우주의 팽창, 우주배경복사, 그리고 우주의 원소 분포를 통하여 창조의 순간을 되돌아 볼 수 있게 되었습니다. 모두 빛을 받아들이고 조사해서입니다.

…

고갱의 그림 제목에는 a. 우리는 어디서 왔는가, b. 우리는 누구인가, 그리고 c. 우리는 어디로 가는가의 세 가지 중요한 철학적 내지 종교적 질문이 들어 있

습니다.

성서가 말하는, 아담을 만드는 데 사용된 흙이 무엇인지, 그 흙은 언제 어떻게 만들어졌는지 등 창조의 과정을 빅뱅 핵 합성과 별의 핵 합성을 통해 기본원리에 따라 합리적으로 이해할 수 있습니다. 말씀으로 창조되었다고 하는 것을 구체적으로 논리적으로 설명하는 것은 과학이 종교에 깊이를 더하는 하나의 상생 과정으로 볼 수 있습니다.

a. 우리를 포함한 우주 전체는 빅뱅으로부터 왔습니다. 138억 년 전에 빅뱅으로 우주가 출발했다는 사실은 빛의 스펙트럼을 조사해서 알게 되었습니다. b. 우리 몸을 구성하는 핵심 원소 중에서 수소는 모두 빅뱅 우주에서 왔고, 탄소, 산소 등 무거운 원소는 별에서 왔습니다. 그리고 이런 원소들이 결합해서 단백질, DNA 등이 만들어지고 세포를 기반으로 생명이 탄생했습니다. c. 우주의 가속팽창은 우주가 절대 0도로 향해 나아가고 있다는 암울한 시나리오를 말해줍니다.

창조가 인과법칙에 따라 일어나는 일련의 사건들(causally connected sequence of events)의 결과로 이루어진 것을 가장 잘 볼 수 있는 경우는 바로 우리 몸을 이루는, 성서가 흙이라고 부르는, 물질의 생성 과정입니다.

입자물리학에서 밝힌 바로는 빅뱅의 순간에 생겨난 기본 소립자는 무거운 쿼크와 가벼운 렙톤의 두 그룹으로 나눌 수 있습니다. 그중에서 지금까지 살아남아서 현재 우주를 만드는 데 사용되는 입자에는 업 쿼크와 다운 쿼크, 그리고 렙톤의 일종인 전자가 있습니다. 한데 업 쿼크는 +2/3의 전하를, 다운 쿼크는 −1/3의 전하를 가지고 태어났습니다. 그런데 쿼크들이 생긴 것은 우주의 나이가 10^{-34}초 정도밖에 안 되는 그야말로 빅뱅의 순간이었습니다. 그때에는 업 쿼크와 다운 쿼크가 왜 그런 전하를 가졌는지 이해할 수 없습니다. 10^{-6}초 정도 시간이 흘러 업 쿼크 둘과 다운 쿼크 하나가 조합을 이루어 전하가 +1인 양성자가 만들어지고, 업 쿼크 하나와 다운 쿼크 둘이 조합을 이루어 전하가 0인 중성자가 만들어지면서 쿼크의 전하가 이해됩니다. 쿼크의 전하가 그렇지 않았다면 양성자와 중성자는 만들어질 수 없는 것입니다. 양성자는 −1의 전하를 가진 전자와 만나 중성 원자를 만들 것이 예상되지만, 전하가 0인 중성자의 존재 이유는 아직 이해가 되지 않습니다.

하나님은 자연을 구성하는 수십 가지 화학 원소들을 만들 때 각각 별도로 만드는 대신 기본이 되는 수소, 즉 양성자를 먼저 만들고 양성자들을 합쳐서, 즉 핵융합을 통해 무거운 원소들을 만들 계획을 가진 것으로 보입니다. 1808년에 돌턴은 원자설을 제안하면서 하나의 원소는 다른 원소로 바뀌지 않는다고 말했는데, 1815년에 프라우트는 수소 이외의 원소는 수소 원자가 뭉쳐서 만들어진 것일지도 모른다는 제안을 했습니다. 약 100년 후에 원소들 사이의 차이는 원자핵에 들어 있는 양성자의 수에 있다는 것이 밝혀지면서 결국 프라우트가 맞는 것으로 결론이 났습니다. 그렇다면 양성자들을 합쳐서 무거운 원소들을 만들어야 할 텐데 빅뱅 우주에서 양성자 두 개를 뭉쳐서 헬륨을 만드는 과정에서 문제가 들어납니다. 양성자 사이의 반발력 때문에 둘이 결합할 수 없는 것입니다. 그런데 양성자는 전하가 0인 중성자와 반발력을 느끼지 않고 쉽게 충돌해서 중수소를 만듭니다. 그리고 중수소는 다시 양성자 또 중성자와 충돌해서 양성자의 쿼크와 중성자의 쿼크 사이의 강한 핵력을 통해 헬륨을 만듭니다. 우주의 나이가 3분 정도 되었을 때의 일입니다. 두 번째 원소인 헬륨이 만들어지면서 이상한 쿼크의 전하를 기초로 해서 중성자가 만들어진 이유가 드디어 이해됩니다.

일단 헬륨이 만들어지면 같은 원리를 통해 중성자를 매개로 해서 탄소, 산소, 질소, 인 등 생명에 필수적인 원소들이 만들어질 수 있는 가능성이 보입니다. 그런데 헬륨이 만들어질 즈음 우주는 급히 팽창하기 때문에 더 무거운 원소가 만들어질 기회가 없었습니다. 그래서 수억 년 후에 별이 태어난 이후에 드디어 별의 내부에서 탄소, 산소, 질소, 철 등 무거운 원소들이 만들어집니다. 그리고 철까지 만든 무거운 별이 초신성으로 폭발하면서 별 내부의 원소들이 우주 공간으로 퍼져나가서 후일 태양계를, 그리고 지구상 생명체를 만들게 됩니다. 그리고 보면 우리의 존재 이유는 빅뱅 우주에서 쿼크들이 특이한 전하를 가지고 태어난

데 있다고 볼 수 있고, 위에서 살펴본 원리 내지 인과관계야 말로 조물주가 세상을 만드는 데 동원한 말씀이라고 말할 수 있겠습니다.

3. 생물학적 관점에서의 접근

"변이와 자연도태에 의하여 변화를 가지는 계통의 이론에 여러 중대한 이론이 제시될 수 있다는 것을 확신한다. 그러나 개체적 차이가 있으며 본능으로 유리한 변화를 보존하려는 생존 경쟁, 각 기관의 완성을 위하여 그 종류에 따라서 점진적인 변화가 있다. 많은 종류의 갖가지 식물이 자라며 새는 숲에서 노래하고 곤충은 여기저기 날아다니고, 습지의 벌레들은 기어 다니는 땅을 바라보는 것은 재미있는 일이다. 그와 같은 개개의 생물은 제각기 특별한 구조를 가지고 서로 매우 다르며, 매우 복잡한 연결로써 서로 의지하고 있지만 그런 생물 모두 여러 법칙들에 의하여 만들어진 것임을 생각하고, 그 법칙은 생식이 수반된 성장, 생식과 연관된 유전 그리고 주변 외적 조건의 직, 간접 작용에 의한, 또 라마르크가 주장했던 용불용설에 의한 변이성, 혹은 자연도태를 초래하고 결국 형질의 분기와 열등한 생물을 멸종시키는 바와 같은 높은 증가율 등에 있다. 그래서 직접으로 자연계의 싸움에서 기근과 죽음에서 산출되는 고등 동물로 귀결된다. 생명은 창조자에 의하여 소수의 형태로 혹은 하나의 형태로 모든 능력과 더불어 불어넣어 졌다는 단순한 발단으로 해서 가장 아름답고 경탄할 만한 무한한 형태가 태어났고 또한 진화되고 있다는 견해는 중요할 것이다."[24]

종의 기원에서 찰스 다윈은 앞에서와 같이 결론을 맺는다. 다윈이 제시한 진화론은 생물을 포함한 이 세계가 긴 세월을 두고 변하여 왔으며, 생명체는 공통의 조상으로부터 나왔으며 생존을 위한 투쟁이 일어났다고 주장한다.[25]

[24] 찰스 다윈, 『종의 기원』, 박민규 역(서울: 삼성출판사, 1990), 477, 503.

[25] 종의 기원에서는 인간의 진화에 대한 언급을 하고 있지 않지만 찰스 다윈은 그 이후에 나온 인류의 계통에서 인류가 원숭이로부터 진화했을 것으로 말하고 있다. 현재 일부 과학자들은 침팬지나 고릴라의 97% 이상의 유전자가 인류와 동일한 유전자를 가지고 있다고 하여 침팬지나 고릴라가 인류와 분기되었다고 말한다.

종의 기원은 자연 선택이 거듭되면서 다양한 새로운 종으로의 진화가 집단적으로 변하며 서서히 일어나고 각 세대를 지나면서 유전자 변이를 통하여 잘 적응하는 개체는 생존에 있어서 유리하게 다음 세대로 나아간다는 '자연 선택'의 과정을 거쳐서 진화한 것이다. 그 이유는 모르지만 진화는 더 복잡하게 되는 방향으로 일어났으며 결과를 생각지 않는 자연선택에 의하여 진화한 것이다. 특히 다윈을 지지한 멘델은 다윈의 진화론이 발표된 이후 완두콩 실험을 통하여 '우열 법칙 및 분리 법칙, 그리고 독립의 법칙'을 발견하였다. 그에 따르면 서로 다른 특징을 가진 교배 실험에서 제1잡종은 대립 형질 중에서 우성만 나타나고, 제2대는 우성과 열성이 3:1 비율로 분리되고 두 가지 형질이 유전되면 각각은 서로 독립적으로 나타난다는 것이다. 그의 발표 후 진화는 커다란 이슈화가 되었으며 20세기에는 돌연변이 집단 유전학 그리고 유전자와 DNA 등의 이론으로 발전하게 된다.

1953년에 왓슨과 크릭은 DNA 분자구조를 밝혀냈는데, 집단 유전학에서 예견한 유전자와 같고, DNA에는 단 네 개의 글자(염기)가 있는데, 이 염기들 중 세 개가 조합되어 아미노산들을 이루고(세 염기의 특정 순서는 특정 아미노산에 대응된다) 이것들이 단백질을 만든다. 단 20개의 아미노산의 다양한 길이와 다양한 순서로 가능한 단백질은 수천 가지가 되며, 이 네 종류의 염기들의 다양한 순서로 연결된 DNA의 긴 사슬은 미생물에서 인간에 이르는 모든 생물의 유전자를 형성한다. 알려진 모든 유기체의 DNA로부터 아미노산으로 변화될 때 똑 같은 유전적 암호, 즉 세 염기의 조합이 사용되고 이것은 모든 생물체의 공통적인 조상이 있었음을 의미한다.[26] 영국의 진화론자인 도킨스도 해밀턴의 친족 선택이론을 연구한 후에

"진화를 바라보는 가장 상상력 넘치는 방법, 그리고 진화를 가르칠 수 있는 가장 감동적인 방법은 진화의 전 과정을 유전자의 눈으로 보는 것이다."[27]라고 했다.

[26] 이언 바버, 『과학이 종교를 만날 때』, 이철우 역(서울: 김영사, 2002), 160-161.

[27] 알리스터 맥그라스, 『도킨스의 신』, 김태완 역(서울: SFC, 2007), 46.

진화이론에 따르면 지구의 역사가 약 46억 년인데, 약 35억 년 전에 세포에 핵이 없는 남조세균인 스트로 마톨라이트라는 박테리아가 살았었다. 그리고 그들은 10억 년 동안 번성하면서 에너지원인 이산화탄소를 섭취했다. 이 세포핵이 없는 것은 원시 세포, 즉 원핵세포(막으로만 싸인 세포)이며 원핵 박테리아라고 한다. 세포핵과 세포소기관이 없는 세포막만 있으므로 DNA가 핵속에 핵막으로 보호되어 있지 않고 세포질 속에 있는 원핵생물이라고 한다.[28] 러시아의 과학자 오파린은 "지구의 생성 초기에는 생명이 없는 무기물이 존재하고 있었으며 지구의 생명체는 자연적으로 발생하였다"고 하였다. 이것을 미국의 과학자 유레이와 밀러가 처음 대기에는 물 분자, 메탄, 암모니아, 이산화탄소, 수소, 헬륨 등으로 이루어져 있었다고 가정한다. 가상의 원시 대기로서 무기물질인 물과 메탄, 암모니아 그리고 수소를 함께 넣고 끓여서 혼합 기체에 전극을 통과시킨 다음, 2주 후에 이 물질을 분석한 결과 핵산의 구성 물질인 퓨린과 아미노산 등 1백여 개의 유기물을 생성하며 증명하게 된다.[29] 즉 지구에서 생명은 무기물로부터 유기물로 진화되어 탄생하게 된다는 것이다. 무기물에서 하늘로부터 생성된 유기물들은 스프처럼 진하게 고인 바다에서 결합하여 단백질과 DNA가 우연히 만들어지고 최초의 생명체가 나타난 것이다.[30] 그러나 그의 실험에서 중요한 물질들의 농도는 낮았으며 RNA, DNA의 뼈대를 만드는 리보스 당류는 만들어졌지만 많지 않았으며, 생물체의 세포막을 만드는 긴 고리 지방산도 아예 만들어지지도 않았다.

그러면 생명은 어떻게 정의되는가? 생명에 대한 생각을 하면 할수록 깊은 의심을 하게 된다. 살아 있는 유기체로 말할 수 있을 것이다. 네 가지의 주요 특징들을 생각할 수 있는데, 첫째는 물질대사로서, 세포가 세포 안에 있는 DNA를 통제하며 자기 자신을 유지하고 존속시키기 위하여 외부로부터 에너지와 물질을 흡수하는 작용이다. 둘째는 항상성이다. 유기체의 능력을 의미하는데, DNA의 명령에 따라서 에너지와 물질을 활용하여 주위 환경의 변화에도 쏠림이 없는 일정한 평형 상태를 유지하려는 능력이다. 셋째는 생식 혹은

28 하현구,『창조와 진화의 비밀 2』(서울: 한솜미디어, 2009), 99.

29 조덕영, 『과학과 신학의 새로운 논쟁』, 141.

30 윤실, 『창세기의 과학 창조의 자연법칙』(서울: 전파과학사, 2013), 112.

번식으로 자신을 보존하기 위하여 DNA의 복제본을 만들어서 주변에 계속 존재시키는 것이다. 넷째는 적응이라고 할 수 있다. 여러 세대를 거치면서 환경의 변화에 따른 다양성 그리고 DNA 복제 오류를 통하여 천천히 변화하면서 적응시키는 것이다. 즉 새로운 환경에서 새롭게 일하도록 새로운 종을 만들고 있다.[31] 살아 있는 세포는 같은 크기를 가진 것들 중에서 가장 복잡한 계이다. 생명체에서만 발견되는 분자들은 무척 정밀하게 움직이고 그 어느 것보다 훨씬 정확성을 가지고 있다. 때가 되면 분자들은 움직이고, 선택하며 상대방을 바꾸는 등 자발적으로 유지하고 창조한다. 이러한 분자들은 생명체와 같은 것을 어떻게 형성하고 유지하고 있는가? 일반적으로 생명이란 첫째, 어떤 사물이 이미 지구상에 알려진 생명체와 같은 특성들을 가지고 있으며, 그 예로 성장 또는 자극에 대한 반응을 들 수 있다. 다리나 눈 귀 등이 없어도 물질대사를 하는 것으로 생각한다. 둘째, 자연 선택에 의한 하나의 개체군이 진화에 요구되는 성질을 가지고 있는 것으로 번식, 다양성, 유전성을 가지는 것이다. 그러나 이것은 예외가 많으므로 정확한 정의로 볼 수 없다. 하지만 주변 환경을 포함하는 특징들은 생명이 진화하는 데 반드시 필요한 것이다.[32]

처음의 생명체로서 원시 박테리아는 극한 상황에서도 살아남는데, 물이 끓는 고온에서나 얼음 속에서 그리고 염기성, 산성 화합물들에서도 존재하고 있으며 무기물을 양분으로 하여 환원시키면서 생물화학적 촉매로서 생존과 번성하고 있다. 수억 년이 지난 후에 빛에너지를 흡수하여 광합성 작용을 하는 산소를 내뿜는 파랑 말 단세포 박테리아가 생겨났으며 엽록소를 발생시켰다. 산소의 배출량이 증가하였으며 진화를 거듭하고 암조류, 녹조류, 규조류의 단세포 식물도 생겨나게 되었다. 캘빈회로라 불리는 광합성 작용은 잎에 있는 엽록체(광합성 작용이 일어나는 세포소기관)와 그 안의 엽록소에서 일어나며 외부의 물과 이산화탄소로 포도당과 산소를 배출하는 것이다.[33] 이때의 생명은 단세포 생물이었다. 그러나 다윈의 진화론에 의하면 종은 끊임없이 분화하고 재분화하여 점점 더 구별되어 가는 것이다. 그러므로 계속하여 세포핵이 있는

[31] 데이비드 크리스천과 밥 베인, 『빅 히스토리』, 조지형 역(서울: 해나무, 2015), 193-199.

[32] 존메이나드 스미스와 에올스 스자스마리, 『40억 년간의 시나리오』, 한국동물학회 역(서울: 전파과학사, 2001), 17-18.

[33] 윤실, 『창세기의 과학 창조의 자연법칙』, 114.

세포를 가진 진핵생물이 나타난다. 진핵생물은 원핵생물보다 더 크고 미토콘드리아(세포 호흡을 하는 세포소기관)와 엽록체와 같은 기관을 가지게 되며, 세포막을 통하여 생명의 칩인 DNA를 보호하는 생물이다. 공기 박테리아의 진핵세포 속에 있는 미토콘드리아도 원핵세포에서 유래했다는 것이다. 그 이유는 원시생물과 진핵생물 사이에 중간형의 생물이 알려지지 않았기 때문에 진핵세포 속에 있는 미토콘드리아가 자신의 원핵세포에서 나타난 것으로 보는 것이다. 세포소기관들은 단세포로 되어 있는 원핵세포가 잡아먹히는 과정에서 숙주 생물이 생존하기에 필요했기 때문에 소화시키지 않고 서로 공생관계로 발전되어 세포 속에 머물게 되고 세포소기관으로 되었다는 것이다.[34]

미생물은 발효와 부패 과정을 거친다. 원시 생물은 발효 과정을 통해 신진대사를 하기 때문에 단세포 생물을 잡아먹게 된다. 이때 미토콘드리아나 엽록체는 원형질 속에 남게 되었다. 그러므로 미토콘드리아를 이용했으며, 단일 세포로 된 박테리아들은 장점을 살려서 공생을 하고 상호작용을 하면서 세포소기관으로 발전되었을 것이다. 번식할 수 있는 자신의 DNA를 가지고 있으므로 미토콘드리아와 엽록체는 원핵세포만큼 크고 세포 내에서는 세포에 의해 만들어질 수 없으며, 스스로 분열에 의해서만 번식할 수 있다. 미토콘드리아는 엽록체와 같이 2중 막으로 둘러싸여 있다. 이들의 바깥에 있는 막은 원핵세포에 있는 막과 같으며, 세포막이 숙주생물의 세포 속에서 핵막 역할을 하므로 이들이 숙주생물의 세포 속으로 들어가 이들의 세포막이 숙주세포의 핵막으로 되어 진핵세포로 될 수 있었을 것이다. 세포 속에 있는 마이크로 튜블린도 박테리아와 같은 단백질 구성성분으로 되어 있기 때문에 박테리아에서 유래되었을 가능성이 많다. 공생의 한 예에서 아메바(원핵세포)와 청록 박테리아는 아메바가 박테리아를 잡아먹고 소화시키지만 아메바가 굶주릴 때는 잡아먹힌 박테리아가 소화되지 않고 스스로 분열하게 된다. 오히려 박테리아 10개가 생길 때까지 양분을 공급하며, 그 이후에는 박테리아가 양분을 공급하게 된다. 만일 둘을 분리시키면 둘 다 사멸된다. 역시 인간도 박테리아를 몸

34 하헌구, 『창조와 진화의 비밀 2』, 101-102.

35 같은 책, 102-104.

에서 분리시키면 얼마 안가서 죽어버릴 것이다.[35]

그 이후에 다세포 생물이 발생하였다. 이것은 단세포 박테리아가 합쳐져 여러 세포로 이루어져 있으며 모인 박테리아들 중 내부에 있는 것들은 소화나 번식을, 밖에 있는 것들은 운동이나 양분을 공급하는 것이다. 또한 이때부터 세포들이 모여서 조직이나 기관을 형성한다. 그리고 배세포를 통하여 다음 세대로 증식하게 된다. 이때 배세포는 핵 속의 염색체 쌍을 반으로 분열하여 수정 시에 암수배세포가 녹아 새로운 염색체 쌍을 생성함으로써 번식하게 된다. 유전물질인 DNA가 섞이게 되어 새로운 염기 배열로 부모의 성질과 형질로써 다양한 개체성을 지닌다. 그러나 DNA 복제 과정 중에 오류가 생겨서 모세포와 같지 않을 경우 돌연변이라고 하며 돌연변이를 가지는 세포는 환경에 의하여 좌우되고 이 결과로 나타나는 자연적 변이과정을 자연선택이라고 하며 이것이 진화과정의 기본이 된다. 이후부터는 빠른 속도로 진화가 이루어져서 오늘날의 고등동물로 이루어졌다. 일명 '신다윈주의적 종합설'이라고도 한다. 또한 돌연변이는 생물의 게놈을 구성하는 염기 서열에 있어서의 유전적인 변화를 말하는 데, 유전자 재조합에 의하여 그 생물이 새로운 기능을 할 수 있게 되므로 큰 변화를 나타내기도 한다. 그리고 화학 변화나 자연 방사선 등으로 인하여 게놈 DNA의 뉴클레오티드의 서열이 차이가 생겨서 돌연변이가 일어날 수 있다.[36] 1986년 키드로프스키는 효소 사용 없이 DNA를 최초로 합성하였다.[37]

36 Madigan, Martinko, and Parker, 『대학미생물학』, 민경희외 역(서울: 탐구당, 1999), 11, 378-380.

37 존메이나드 스미스와 에올스 스자스마리, 『40억 년간의 시나리오』, 67.

38 존메이나드 스미스와 에올스 스자스마리, 『40억년간의 시나리오』, 40-43.

진화는 최초의 물질이 복제할 수 있는 분자로서 구획화된 분자들의 집단으로 시작한다. 그리고 독립된 복제가 가능한 물질이 염색체로 되었으며, 유전자와 효소 기능을 가진 RNA에서 DNA 및 단백질로의 유전 암호가 되는 진화가 이루어진다. 원핵세포에서 진핵세포로 그리고 무성생식에서 유성생식으로 전환되고, 원생생물에서 다세포의 동물과 식물 그리고 균주로, 독립 개체에서 집단체제로, 영장류의 사회에서 언어를 구사하는 사회로의 진화를 의미한다.[38] 그 예로, 첫째는 척추동물이 뇌가 커지는 방향으로 진화했다고 보여

진다. 즉 뇌의 크기는 원숭이, 고릴라, 침팬지 사람 순이다. 포유동물에서 영장류로 그리고 사람으로 진화한 것이다. 둘째는 앞발의 형태에 있어서 박쥐와 고래, 개와 사람이 비슷하다. 고래의 지느러미는 포유동물의 손과 비슷하고, 펭귄은 새의 날개 뼈와 비슷한 형질을 가지고 있음은 어류와 조류 그리고 포유류로의 상관관계가 있음을 알 수 있다.[39]

인류의 진화는 아프리카로부터 시작되었는데, 500만 년 전에 털복숭이 동물인 원숭이로부터 인간이 진화하기 시작했으며, 그 이유는 손가락이 발달하며 움켜쥐고, 색을 구별하며 정면을 향하여 보고, 이 때문에 많은 양의 정보는 커다란 뇌를 요구하여 생각하는 능력이 생겼기 때문이다.[40] 네 발로 다니던 인간이 두 발 보행을 하게 된 이유는 우선, 계절적인 요인으로 먹이를 찾는데 많은 시간이 요구되어 시야를 넓혀야 했고, 포식자를 쉽게 발견하고 피하기 위해 신장을 크게 해야했다. 또한 깊은 물속으로 숨는 것이 가능해야 했으며, 성인인 인간은 두 손으로 그들의 가족에게 음식을 공급할 수 있게 됨으로써 가족들이 안전한 곳에서 남아 있을 수 있게 되어 자식과 어미의 관계성에서 사회적 형성을 통하여 자식의 생존을 증대시키게 된다.[41] 다른 이론은 빙하기가 시작되면서 환경 변화에 따라 숲이 사라지기 시작했다는 것이다. 생존에 유리한 곳으로 멀리 떨어진 곳까지 이동하며 먹이를 구해야 했으며, 두 발로 장거리를 쉽게 걷고 뛸 수 있고, 두 손을 자유롭게 사용하여 도구나 무기 제작이 가능했기 때문이다. 최초의 인류는 에티오피아에서 발견된 화석으로, 약 440만 년 전에 유인원 화석인 뇌가 자라나 있는 호미나인이다. 후에 학명이 호모 에렉투스로부터 시작되었으며, 도구를 제작하여 사용할 수 있고, 언어를 구사할 수 있는 40만 년 전에 태어난 현재 인류의 조상인 호모 사피엔스로 진화되어 왔다는 것이다.[42]

그러면 생명체 거주 가능 영역(골디락스 존) 조건은 무엇인가? 첫째, 암석 행성인 지구는 정교한 화학 작용이 일어날 수 있도록 환경이 조성되어 있으며, 또한 유기체에 필요한 다양한 원소들을 가지고 있다. 예로서 수소, 탄소, 산

39 이인구, 『생명의 탄생과 진화』, (서울: 서림문화사, 1996), 124.

40 요한그롤레, 『원숭이는 어떻게 인간이 되었는가』, 박의춘 역(서울: 이끌리오, 2000), 45-47.

41 M. Strickberger, 『진화학』, 김창배외 역(서울: 월드 사이언스, 2004), 470.

42 윤실, 『창세기의 과학 창조의 자연법칙』, 131-132.

소, 질소 혹은 인과 황 등이 해당된다. 둘째, 에너지로서 복잡한 분자들이 터지지 않도록 많지 않은 혹은 분자 결합이 이루어지지 못할 에너지가 적지 않은, 가장 적당한 에너지로써 조건을 가지고 있다. 그 근원은 태양으로부터 적당한 거리로 유지하기 때문에 적당히 에너지를 얻고 있으며, 지구 내부에서 뜨겁고 융해(고체가 액체로 변할 때)된 지구 내부의 핵으로부터 올라온 에너지를 얻으므로 가장 적당한 에너지를 유기체에 공급하고 있다. 셋째, 액체의 존재, 즉 물의 존재이다. 기체 상태에서는 원자들이 빠르게 움직이므로 서로 결합하기 어렵고, 고체 상태에서는 원자들이 거의 정지 상태이므로 조직 속에 갇히게 된다. 그러므로 액체 상태에 의하여 분자들의 화학작용을 쉽게 이루게 만들어 복잡한 형태의 유기체를 만들 수 있다. 맨틀에서 나온 에너지와 많은 원소들이 지각의 틈인 심해 배출구를 통하여 화학작용을 원활하게 만든다. 그로 인해 38억 년 전에 스트로마톨라이트(Stromatolite)라는 최초의 유기체가 생성될 수 있었다. 그 이후 유기분자들의 모임 단백질의 기본인 아미노산 또는 DNA의 핵산들이 수십 개들로 쉽게 이루어지게 되었다. 계속하여 거대한 많은 분자들이 결합하면서 세포막을 가진 세포가 형성되었으며, DNA가 중심에 있게 된다.[43]

다시 말하면 지구가 처음에는 무기물이었는데, 유기물질의 세포질 속에 있는 원핵생물로 시작하여 진화가 시작되었으며 인류는 단세포 생물인 박테리아에서 다세포 그리고 어류와 양서류 파충류를 거쳐 포유류로서 유인원의 조상으로부터 나왔다는 것이다. 다윈 이후에 신다윈론이 나왔는데 그 핵심은 자연 선택과 유전학으로 되어 있다. 즉 자연 선택과 더불어서 멘델의 유전 법칙이 성립하는 개개의 배우자는 열성과 우성을 가지고 있으며, 이것이 생존에 유리하게 작용하면 남아있고, 전체 집단은 계속적으로 이동하는, 즉 유전자 풀의 계속적인 이동의 결과로써 종 분화가 서서히 일어난다는 것이다. 또한 개체에 돌연변이가 일어나 변화를 초래하는 것은 가능하고, 개체 사이에는 좋아하는 개체끼리의 선택적 교배가 이루어지지만 환경에 의하여도 변화는 일

[43] 데이비드 크리스천과 밥 베인, 『빅 히스토리』, 조지형 역(서울: 해나무, 2015), 218–220.

어난다는 것이다. 한 예로 영국의 가지 나방은 산업혁명 전에는 검은색 점이 박힌 밝은 회색 혹은 흰 나방이 지극히 드물었으나 공해로 검댕이가 가득하자 검은 나방이 흔해졌다. 이후에 공기를 정화시키자 회색 나방으로 대체되었다. 그 이유는 새들에 의하여 눈에 잘 띄지 않기 위해서이다.[44]

[44] 강건일, 『진화론 창조론 논쟁의 이해』(서울: 참·과학, 2009), 202-206.

하지만 미국의 과학자 유레이와 밀러는 무기물인 기체들에서 유기물을 발생시킨 실험을 통하여 지구의 생명체가 자연적으로 발생하였다는 이론을 증명하였다. 산소가 없는 환원성 지구에서의 아미노산 성분이 거의 존재하지 않았을 것으로 가정하여, 초기 지구의 대기 조건이 성간가스 조성과 같은 데에서는 유기물 합성이 가능하다고 생각하였다. 그러나 초기 지구의 산소는 태양광에 의하여 지구의 대기에 있는 수증기의 분해로 어렵지 않았을 것이다. 그리고 아미노산이 만들어졌다고 하더라도 생물학적인 단백질로 되기 위하여 세포내에서 정확한 질서를 가져야 하므로 고분자 물질로서의 유기물의 탄생은 불가능할 것이다. 또한 아메바의 경우에는 구조와 기능이 복잡한, 외부에 대한 자극을 받고 운동하는 단세포 생물이다. 단세포에서 서서히 진화하는 다세포의 기관으로서 존재하기보다는 단세포 생물도 이미 다양하게 가지고 있는 기관들로서 나타낸다고 할 수 있다. 한 예로, 물고기의 지느러미가 양서류의 발로 진화했다는 것은 관절이 서로 다르기 때문에 중간 종의 화석이나 현존하는 생물을 볼 수 있어야 한다. 그것을 증명하지 못하면 어류에서 양서류의 진화를 가정하기는 어려울 것이다. 돌연변이에 의하여 새로운 종으로 적응하는 것은 가능할 수 있지만 서로 구별이 가능한 형태적이나 생태적 특징을 갖으며 교배가 가능한 '종'이나 '속' 혹은 '과' 사이에 새로운 종이 현재도 발생해야 하는 단점을 갖는다.

진화론의 가장 큰 단점은 어떻게 무생물에서 유전자를 가진 생명체로의 전이가 일어난 사실을 설명하지 못하며, 생물의 모든 종류가 화석으로 남아있지 않고 화석이 적다는 것이다. 그러나 진화론을 증명하기에는 아직 부족하지만 미래에는 돌연변이에 의하여 게놈의 변화를 주고 이 유전자들이 더 많은

DNA 정보를 갖게 된다면 그리고 '종', 또는 '속' 사이의 중간 종들이 많이 발견된다면 가능성을 배제할 수 없다.

4. 지질학(화석) 방법으로서의 접근

지구 초기에는 태양에서의 복사에너지가 현재의 25% 정도로 작아서 온도가 낮았을 것으로 추정되고 지구의 표면은 60기압에서 물의 대양과 이산화탄소를 포함하는 대기가 있었다. 그리고 화석은 38억 년 된 그린란드의 이수아(Isua)에서 화성암 위에 퇴적암으로 나타난다. 퇴적물들은 자철광과 규산질의 철을 포함하고 있다. 이수아 퇴적물은 물과 이산화탄소가 화성규산질과 알루미노규산질인 방해석 탄산염, 미세 결정 수정 산화규소 및 수화된 알루미노규산질 점토광물들에 작용한 생성물이다. 납은 핵분열을 하지 않으며, 특히 광물질인 방연광에는 방사성으로 생성되어 있는 납이 거의 없고, 우라늄이 전혀 없다. 그러므로 과학자들은 방연광의 동위원소 비를 통하여 이때의 지구의 나이는 46억 년으로 추정할 수 있으며, 가장 오래된 지각 광물들은 지르콘의 결정들로 약 43억 년으로 추정하고 있다.

대륙의 지각과 맨틀 물질의 연대는 18억 년 정도이며, 초기 지각이 형성될 때 빠르게 재순환되었음을 의미한다. 현대 지각의 75% 정도는 25억 년 전쯤에 이미 형성되었다고 여겨진다. 지구는 층 구조이며, 중심핵과 맨틀 그리고 지각으로 구성되어 있다. 그리고 지구의 자기장은 열 잔류자기와 퇴적 잔류자기를 통하여 보면 자전축의 평행한 배열로부터 수백만 년마다 역전이 된다. 그리고 지구는 하나의 대륙으로부터 몇 개의 대륙으로 쪼개어져 현재의 위치로 이동하였다. 그리고 대양 지각과 대륙 지각은 현무암과 알루미노규산염 그리고 지구의 내부에서 나온 마그마와 화산에서 흘러내린 용암으로 구성된 화강암과 알루미노규산염으로 되어 있으며, 철과 니켈의 원시 맨틀로 되어 있었다. 후에는 페로마그네슘 규산염이 주성분이 되었다. 지구는 성장 물질들이 산화를 계속하고 현재의 모습으로 완전히 진화되었다.[45] 지구에 지각 변동이 일어나서 깊은 곳으로 묻히게 되면 처음 상태의 화성암이나 퇴적암은 높은 압력과 열을 받아서 대리석과 같은 변성암으로 바뀌게 된다. 또한 지구 표면에 많이 존재하는 석회석은 대기에 많이 존재하였던 칼슘과 이산화탄소가 바다에서 소라, 조개, 산호 등에 의하여 화학적인 화합물인 탄산칼슘으로 바뀌어 수억 년 동안 퇴적되었으며 지각 변동에 의하여 지각 표면에 나타난 것이다. 물은 지구가 차츰 식어가며 굳어질 때 우주 먼지에 이미 상당량이 포함되어 있었으므로, 처음부터 존재했을 것이라고 생각된다. 또한 지구 표면에서 멀리 떨어져있는 거대한 얼음의 눈덩어리를 포함하는 혜성들로부터 공급받았을 것이고, 화산 활동에 의하여 그 분화구에서 수증기로 분출되었다는 생각이다. 화산 분화구에서 분출하는 기체들은 85%가 수증기이며, 10%가 이산화탄소 그리고 나머지는 질소와 황 화합물로 되어 있다. 초기의 지구는 용암과 화산 기체의 분출이 빈번했으며, 수증기를 뿜어내었고, 이 수증기는 공중에서 식어서 응고된 후 물로 변하여 비를 만들고 지표면을 냉각시켰다. 그 이후 육지로부터 흘러 내려가면서 바다를 구성하는 물로 진화된 것이다.[46]

　지질학에서는 진화에 대한 이론 중 동일과정설이 있는데, 이것은 지층누중의 법칙으로서 첫째, 퇴적암 층이 역전되지 않는 한 아래의 지층이 먼저 생성되었다는 것이다. 둘째, 동물 군 천이의 법칙으로 같은 화석이 나오는 지층은 같은 시대에 발생한다는 것을 지층으로부터 알 수 있는 표준화석을 기준으로 화석군의 변천을 조사하는 것이다. 셋째, 부정합의 법칙으로 두 지층에서 퇴적이 부정합하게 이루어지는 것으로 지층 사이에 시간차가 존재하게 된다. 넷째, 동일 과정의 법칙인데 풍화 침식 퇴적 및 지진 화산활동들과 같은 지각 변화가 동일한 규모와 속도로 일어났다는 이론이다. 끝으로 관입의 법칙이며 마

45 S. F. 메이슨, 「화학적 진화」, 고문주 역(서울: 민음사, 1996), 157-189.

46 윤실, 『창세기의 과학 창조의 자연법칙』, 258-259.

47 양승훈, 『다중격변 창조론』(서울: SFC, 2011), 29-33.

그마가 기존의 암석을 뚫고 굳어진 경우에는 마그마로 인한 화성암은 나중에 생겼다고 할 수 있는 것이다.[47]

동일과정설에 의하면 지질학적으로 볼 때 그랜드 캐니언에 노출된 지층의 연령은 상당히 폭이 넓다. 제일 윗 표면의 지층은 가장 젊은 연령에 속하며, 반면에 협곡의 바닥 쪽으로는 점점 오래된 노령의 지층이 된다. 계곡 북쪽 가장자리(North Rim)의 카이밥 지층(Kaibab Formation)은 가장 젊은 지층으로 석회암으로 되어 있으며, 이 지층은 2억 7,000만 년 전에 형성되었다. 이 암석은 크림색깔이나 회색이다. 약간 낮은 지대인 남쪽 가장자리(South Rim)는 모래 색깔의 사암(Sandstone) 암석인 코코니노 지층(Coconino Formation)으로 5백만 년 정도 더 오래된 지층이다. 그랜드 캐니언의 내부 협곡 중 가장 낮은 곳이 가장 오래된 지층이며, 18억 4,000만 년 전에 형성되었다. 비쉬누 편암(Vishnu Schisit) 절벽 아래 흐르는 콜로라도 강 계곡에 노출된 암석은 크게 세 부류로 나뉜다. 하나는 깊은 곳에서 지열과 높은 압력으로 형성된 암석이다. 두 번째는 화산활동으로 생긴 암석(Volcanic Rock)과 퇴적암(Sedimentary Rock)이 겹쳐있으며 경사진 층으로 되어 있다. 약 7억~12억 년 전 만들어진 암석이다. 세 번째는 가장 많이 노출된 수평으로 겹쳐서 형성된 퇴적암이다. 이 암석은 고생대(Paleozoic)의 얕은 바다 또는 늪지대의 바닥에서 흙이나 모래가 퇴적되어 형성된 것이다.[48] 그리고 양승훈에 의하면 그랜드캐니언 북쪽에서 글렌 캐니언으로 가는 길목의 우각호 말굽 벤드, 즉 콜로라도강 상류이자 유타주 남동부 구스넥 주립공원 근처를 흐르는 산후안강의 예로서 이곳에는 깊이 300 m, 길이 8 km의 강이 흐르는데 이런 심한 자유곡류 지형의 우각호는 오랜 세월 동안 강이 자유곡류한 결과 형성되었다. 또한 그랜드 캐니언의 횡단면도 그랜드 캐니언의 차별침식을 설명하면서 콜로라도강으로부터 북쪽 림까지의 경사는 완만하고 폭이 넓은 반면, 남쪽 림까지의 경사는 급하고 폭이 좁기 때문에 그랜드캐니언이 차별침식을 통해 현재와 같은 계단 모양의 계곡이 되었음을 의미한다.[49] 현재의 비대칭적 침식은 지질학자들 결론과 같이 북

48 위키백과 사전, ko. wikipedia.org/wiki/

49 양승훈, 『다중격변 창조론』, 117-122.

쪽림을 통해 오랫동안 빗물이 협곡으로 흘러들어 가면서 천천히 침식되어 형성된 것임을 보여 주고 있다. 그랜드 캐니언 공원 안내서는 지질학적 연대로 볼 때 협곡 자체가 만들어진 것이 최근의 짧은 순간으로 취급할 수 있는 지난 500~600만 년 동안에 형성된 것으로 보고 있다. 그랜드 캐니언이 만들어진 것은 7,000만 년 전에 시작된 융기현상으로 생각된다. 일명 시조강 이론으로 그 당시 늪지대 혹은 얕은 해안지대였던 지층이 3,000 m 이상 들어 올려져 콜로라도 고원(Colorado Plateau)이 형성된 것이다. 그리고나서 콜로라도강이 이루어졌다. 안내서에 따르면,

"로키 산맥에서 흘러내리는 콜로라도 강물이 계곡의 지층을 깎아서 깊은 협곡을 만들었다. 협곡이 깊고 넓어진 이유는 지층마다 침식에 대한 강도가 다르기 때문에 생기는 차별침식으로 인한 것이다. 빗물에 의한 암석층이 붕괴될 때 부드러운 지층은 빠르게 침식되는데, 더 단단하고 강한 지층이 오래 견디지만 지층의 밑부분인 부드러운 지층이 씻겨 내려가면 받침이 없게 되어 암석이 붕괴되며, 깎아지른 절벽을 만들게 되었다. 붕괴된 돌과 모래는 강물에 의해 캘리포니아만까지 이동하였고 강물로 인하여 이동하는 돌이 강바닥을 깎아서 더 깊은 계곡을 만들었다. 이런 현상의 반복으로 계곡은 깊어지고 폭은 넓어지게 되었다. 또한 콜로라도 강의 위치를 보면 북쪽 계곡의 폭이 훨씬 넓다. 이것은 계곡의 표면 지층이 수평이 아니고 약간 남으로 기울어져 있기 때문에 나타난 현상이다. 남쪽에 내린 비는 계곡으로 흐르지 않고 남쪽 계곡을 등지고 내려가 버리며, 북쪽 가장자리에 내린 빗물은 모두 계곡으로 흘러내리기 때문에 더 많은 빗물이 흐르고 차별침식을 더 많이 받게 되어 계곡의 폭이 남쪽보다는 넓어지며 계단의 경사도 좀 더 완만하게 된 것이다." **50**

하지만 새로운 다중 격변 이론은 그랜드 캐니언을 '댐 파괴 이론'으로 설명하고 있다. 과거에는 현재의 그랜드 캐니언의 동쪽에 자연적으로 형성된 거대

50 그랜드 캐니언; Grand Canyon national Park (Official Website), http://www.nps.gov/grca/index.htm: 위키백과 사전, ko.wikipedia.org/wiki/그랜드 캐니언.

한 호수들이 지각이 완만하게 굽은 케이밥 곡륭(Kaibab Upwarp)으로 콜로라도 강으로 흐르지 못했지만 이 곡륭 댐의 갑작스런 붕괴로 인해 호수의 물이 콜로라도강을 통해 빠른 속도로 방류되면서 현재의 그랜드 캐니언이 생겼다는 것이다. 그 증거는 우선 난 코웹 뷰트에 있는 60마일 층으로 암석들이 부서져서 작은 날카로운 모서리가 있는 암석들인 각력암 층이 번갈아 형성되어 있는데 시간이 오래되면 무디어지지만 시간이 오래지 않았고, 유속으로 한 방향으로만 정렬되어 있으며 이동하지도 않았기 때문이다. 그리고 급속한 퇴적과 침식은 그랜드 캐니언에 있는 30 cm 내외의 작은 표석들(boulders)과 거대 표석들이 다양하게 분포되어 있는데 이것은 대홍수와 같은 수차례의 격변에 의하여 그랜드 캐니언이 만들어졌음을 알 수 있다. 즉 유속이 빠른 저탁류로 인하여 산사태로 진흙과 물의 혼합체가 무게로 인하여 바다로 쏟아져 들어가면서 생겼다는 것이다.[51]

[51] 양승훈, 『다중격변 창조론』, 117-122.

반면에 스티브 오스틴의 '대 격변의 기념비 그랜드 캐니언' 책을 통하여 국부홍수 설을 주장하는 창조과학회 사람들은 다음과 같이 말한다. 그랜드 캐니언의 화석이 들어 있는 수평 퇴적층의 경우, 동위원소법으로는 연대 측정이 어렵다. 또한 연대 측정을 한 사암층 아래에 위치하는 카르나데스 현무암석은 가장 오래된 지층으로 동일과정설에 따르면 5억 년 이상의 선 캄브리아 지층으로 분류되지만 방사성 측정법으로 바닥보다 표면 부근의 나이가 오래된 것으로 보아 화산 폭발로 인한 고원지대로 분출된 현무암질 용암으로서 전 영역에서 나타나고 있다. 그랜드 캐니언이 형성된 이후에 나타난 것으로 원주민의 화산폭발 증언을 인용하여 수천 년 정도의 시간이 흘렀다는 것이다.[52]

[52] 존 모리스, 『젊은 지구』, 홍기범, 조정일 역(서울: 한국창조과학회, 2005), 130-131.

진화의 지질학적 증거 중 다른 하나는 고생물학적 화석 연구이다. 화석 기록은 시간에 따른 생명체의 변화를 보여주기 때문이다. 그리고 화석 기록은 오랜 지구 역사에서 생명체의 종류가 변화했음을 알려준다. 둘째는 종의 자연적·지리적 분포를 알려주는 것이다. 지리적으로 구별된 곳에 대한 생물학적 특징을 연구할 수 있기 때문이다.[53]

[53] 강건일, 『진화론 창조론 논쟁의 이해』, 226-227.

지구의 역사는 태양계에서 폭발이 일어나 운석들과 충돌 후 형성된 반감기가 44억 년인 대격변이 없다는 전제에서 우라늄–납의 방법으로 약 46억 년으로 추정하고 있으며, 상당히 뜨거운 마그마 지면 위에 대기 가스로 이루어졌을 것으로 추정한다. 이미 지구의 바다는 40억 년 이상으로 추정되고, 오래된 바위는 약 43억 년 전의 것으로 보이는 캐나다 아카스타 편마암이 있으며, 이 시기에 생물이 존재하지 않는다. 그 이후 38억 년 된 그린란드의 이수아(Isua) 암석이 있다. 이 암석은 퇴적암, 화산암, 탄산염암으로 퇴적암으로부터 당시 퇴적형의 의미는 액상 수분이 있었다는 증거이고, 물이 존재하였다는 것은 생명체가 존재하였다는 것이다.[54] 그 이후의 암석으로는 35억 년 된 오스트레일리아 Shark만의 와라우나 계인 현대스트로마토라이트가 존재하는 데 이것에 규조류, 남조세균, 녹조류등과 같은 대형 조류들이 부착되어 있으며 지구의 무산소 상태로 인하여 사상형 광합성 세균이었을 것이다.[55] 화석이 어떤 시대인지를 알기 위해서는 암석을 이루는 광물에 결합된 방사성 동위원소들에 의하여 알 수 있다. 방사성 동위원소법은 화성암과 변성암의 경우에는 측정이 용이하지만 퇴적암은 유동체의 이동에 의하여 침전된 침전물로 침식과 용해가 반복되어 이루어진 암석으로 정확한 측정은 어렵다. 방사성 동위원소는 자연 붕괴로 인하여 광물에서 방사성 원소가 얼마나 사라졌는지를 알게 되면 광물의 나이를 반감기를 통하여 알게 된다. 일반적으로 가장 흔히 사용하는 연대 측정방법은 탄소 측정법이다. 탄소 14는 반감기가 5700년 정도인데 시간이 지나면 질소 14가 되고 반으로 줄게 된다. 그러나 이것을 사용하면 탄소 14의 양이 충분치 않아서 10만 년 정도 이상의 연대 측정은 어렵게 된다.

미국 미시건주 철광층의 그리파니아는 21억 년 전의 화석으로 생물체가 산소 흡입으로 인하여 커지고 복잡한 박테리아의 화석이다. 또한 온타리오주에서 나온 건플린트는 세포의 특징과 핵 안에 염색체를 가지는 것으로 산소를 필요로 하는 화석이다. 중국의 더우산퉈 층에는 인산염암이 있는데 그 안에는 원핵생물에서 나타나지 않는 진핵생물의 미화석 세포 모양과 군체를 갖고

54 장순근, 『지구 46억년의 역사』(서울: 가람기획, 1998), 16–23.

55 Madigan, Martinko, and Parker, 『대학미생물학』, 766–768.

56 앤드류 놀, 『생명 최초의 30억년』, 김명주(서울: 뿌리와 이파리, 2007), 206-229.

있으며, 이것은 세포 분열과 분화를 거쳐서 성장했던 것이다.[56] 호주 북부 강인 로퍼의 화석 층에서는 후기 구형을 한 진핵생물의 분포가 넓게 펴져있다. 광합성을 하는 진핵생물은 질소를 필요로 하는 데 몰리브덴이 질소 환원 요소이므로 해수에 넓게 분포하여 있어서 질소 이온의 농도가 증가했던 해안 수역에 많이 분포해 있기 때문이다. 약 12억 년 전인 오스트레일리아의 다세포 분열과정을 보여주는 비터 스프링스 화석과 진핵생물인 스트로마톨라이트 화석이 나타난 다음에는 호주의 에디아카라에서 동물군의 화석이 나타나고 있다. 이 화석은 약 6억 년 전으로 추정되고 비교적 얕은 바닷가에서 살았다고 여겨지며 한 방향 혹은 방사상 방향으로 성장한 화석으로 크기가 약 1 m에 달하는 것이 있다. 고생대 캄브리아기에는 러시아 시베리아에서 발견되는 화석으로 톰모시안이 있는데 이것은 연체동물 등을 포함하고 있으며, 인산칼슘 등을 포함하고 피카이아 화석처럼 인간과 같은 척추동물의 경우도 있다. 이 시기는 동물이 지구의 환경에 적응하였으며, 동물의 종류도 다양해졌다. 오르도비스기부터는 대륙의 이동이 있었으며, 지구는 푸르며 다양한 생물들이 살기 시작했고, 아가미 호흡하는 척추동물과 양치식물들, 파충류도 나타난다. 끝으로 신생대에서 인간이 나타나고 다양한 동물들, 포유류들이 생겨났다는 것이다.[57]

57 장순근, 『지구 46억년의 역사』, 16-23.

최초의 동물화석은 캄브리아기 암석인 나마층군의 퇴적암들로 호주 나미비아 에디아카라에서 나타나는데 좌우대칭 동물군에 속하는 것들이다. 좌우대칭 동물은 척색동물 문, 극피동물 문, 반색동물 문 등으로 나누는데 탈피동물과 촉수 담륜 동물로 불린다. 이것들은 크고 복잡할 뿐만 아니라 기어 다닌 흔적이 있다. 당시에 삼엽충의 화석도 발견되었다. 또한 5억 5천만 년 전의 버제스 셰일로 화석안의 동물들은 얕고 따뜻한 바다의 진흙 바닥을 기어 다니거나 구멍을 파고 들어가서 몸을 반쯤 내놓거나 헤엄치며 살았다. 그 종류에는 삼엽충 해면동물, 다모류, 빗 해파리, 절지동물 등 압축 화석이 이 시기에 몸의 진화를 보여주고 있으며 폭발적으로 생물이 증가하였음을 보여주고 있다.

특히 고생대 바다에서 살았던 삼엽충은 고생대를 알리는 좋은 표준화석이다. 그러나 이들은 멸종하였으며 현재는 남아있지 않다. 이 시기에는 바닷말, 플랑크톤 성 조류와 같은 큰 원생동물도 나타났다.[58] 최초의 거주자는 4억 년 전의 잎이나 뿌리가 없는 이끼와 섬유조직 같은 식물들이었고, 그와 더불어 육지에는 물고기들이 3억 5000만 년쯤에 육지에서 지느러미를 이용하여 기어 다니고, 새로운 생활공간에 적응하여 양서류로 진화하면서 곤충 사냥에 나섰다. 이들은 표피의 건조성과 올챙이같이 물속에서만 성숙해지며 잠시 동안 육지에 머무를 수밖에 없었다.[59]

어류와 파충류의 중간 형태인 양서류의 진화 화석은 캄브리아기 후기인 고생대 지층에서 나타나는데 경골어류 중에서 무악 어류는 가장 오래된 척추동물로서 조직 기관이 단순했으나 진화하면서 복잡하게 되었으며 턱이 있는 어류이다. 또한 이 시기에 가장 적응이 잘된 개체로서 두개골, 지느러미, 비늘 구조 형태가 변화하게 된다. 당시의 척추는 몸의 구조를 유지할 뿐만 아니라 강물에 살면서 칼슘이나 유황, 철 등과 같은 무기물을 저장하여 부족할 때 사용하기도 했다. 지느러미, 내부 콧구멍, 허파 등을 갖게 되고 그중 폐어(lungfish)는 건기에 물 밖에서 한 개의 허파로 공기 호흡을 하는 데 나중에는 초기 양서류로 변하게 된다. 폐어의 분포가 아프리카, 오스트레일리아 그리고 남미에 골고루 퍼져 있었기 때문에 학자들은 대륙 이동설을 주장하게 된다.[60] 이후 양서류는 파충류로 그리고 조류로 진화과정을 거치게 된다. 특히 시조새 화석은 바바리아에서 쥐라기 위층의 석회석 퇴적물에서 발견되었는데, 공룡과 비슷하지만 조류 사이의 전 단계로 나타나며 날개와 꼬리의 비행 깃털 등이 나타난다. 앞다리가 날개로 진화했으며, 깃털은 먹이를 잡는데 사용되고 원래 따뜻한 체온의 공룡으로부터 체온 상실을 조절하기 위한 수단으로 진화되었다고 말할 수 있다. 시조새가 나무를 기어 올라가서 날아다닐 수 있었다는 설도 있다. 나무 위에서 생활하는 동물들은 사체가 땅에 닿으면 분해가 잘된다. 하지만 그들의 시체가 강이나 하천 혹은 바다의 퇴적층으로 남기도 한

[58] 장순근, 『화석은 살아있다』(서울: 가람기획, 2013), 42-45.

[59] 요한 그롤레, 『원숭이는 어떻게 인간이 되었는가』, 38-39.

[60] M. Strickberger, 『진화학』, 339-400.

다. 아다피스라는 신생대에서 초기 고대 영장류의 화석이 나타났으며 이것이 진화를 하여 신세계 원숭이나 구세계원숭이로 되었고, 구세계원숭이는 2,000만 년 전 아프리카의 프로콘슬과 드리오 피테신이라는 유인원으로 진화를 하였다.[61]

[61] 앞의 책, 428-431.

유인원으로부터 분기된 초기 인류의 화석은 여섯 살로 추정되는 5백만 년 전의 오스트랄로피테쿠스이고 남아프리카의 석회채석장에서 발견되었는데, 두개골 앞부분, 아래턱 그리고 젖니와 현재의 인간처럼 복합적인 뾰족 영구 어금니가 있었다. 어금니가 단일 뾰족 부위를 가진 유인원과 다른 이유이다. 이 화석은 두개골 앞면 뼈의 성분이 골반과 척추 뼈와 같고 나무타기를 했으며 두발 직립을 의미하는 척추 허리 만곡 등이 인간과 동일하다는 것이다. 그 이후의 화석은 초식형의 큰 어금니 이빨을 지니고 있으며 뇌의 크기가 커지고, 신체도 큰 형상이다. 현대 인류와 닮은 원시적 화석이 아르피테쿠스 라미두스인데 송곳니의 형성이 퇴화되고 앞면의 큰 후두 구멍이 발견되는데 이것은 직립형으로 간주된다. 인간의 두발 보행은 흉부를 좌우 이동하는 유인원과 다르게 지속적인 보행으로 에너지 소모를 줄이고 털이 줄어 있다.[62] 에티오피아에서 발견된 아르디 여자 화석은 440만 년 전에 살았던 것으로 추정되고 초

[62] 같은 책, 464-468.

원이 아닌 나무 및 숲에서 생활한 것으로 나타난다. 또한 탄자니아 지방에서 발견된 약 390만 년 전에 살았던 화석은 가족이 걸어간 발자국도 남겼으며 직립형으로 팔은 길고 다리는 짧은 것으로 생각된다.[63] 약 200만 년 전에는 동, 남아프리카에서 호모 하빌리스 화석이 발견되었으며 키는 약 135 cm정도이나 뇌의 크기는 600~700 cc 정도로 크며 이들은 도구용 석기를 제작했을 것으로 추정된다. 그 이후 자바의 트리닐, 아프리카, 유럽, 중국에서 호모에렉투스 화석이 발견되는데, 키는 약 165 cm 정도이며, 두꺼운 두개골과 작아진 이빨, 뇌의 크기는 1,000 cc 정도이다. 그 이후에 25만 년 전경 두뇌의 크기는 1,200 cc 큰 아래턱, 작은 뺨, 그리고 사회적, 행동적으로 발달한 호모사피엔스로 불리는 네안데르탈인의 화석이 나타나는데, 그들은 기술적 사냥과 돌 도

[63] 장순근, 『화석은 살아있다』, 209.

구를 만들었다. 현대 인간의 초기 화석은 의사소통과 농경 시작을 한 이스라엘의 갈멜 산에서 발견되었다.[64]

그러나 화석의 기록 중 점진적으로 진화되는 모습을 볼 수 없으므로 진화 생물학자인 굴드는 단속평형설을 주장했다. 오랜 기간 동안에 진화는 이루어지지만 중단되다가 작은 지리적으로 고립된 종들에서 짧은 기간 동안에 대단히 빠른 변화가 온 다음 다시 오랜 기간 동안의 정지기가 온다는 이론이다. 그러므로 중간 종의 화석이 발견되기 어렵다는 것이다. 이것이 새로운 종으로 다수가 되어 우리의 눈에 나타날 때에 확인되므로 중간 화석 형태가 관찰되지 않는 것이다. 도킨스도 "진화가 일어날 때, 점진적이지만 대부분은 시간이 정지 상태에 있다"라고 했다.[65]

화석을 통한 지질학적 측면을 통하여 진화를 살펴봤지만 화석 중에는 멸종한 생물도 있고 현존하는 생물도 있다. 진화를 증명하기 위하여 각 단계별로 점진적으로 발달된 화석이 필요하다. 지층의 나이가 젊을수록 점진적으로 발달한 화석이 나타나야 하는데 선캄브리아기에 없던 생물들이 캄브리아기처럼 오히려 발달된 화석이 갑자기 나타나는 경우도 있다. 또한 수억만 년 전 지구에 발생한 대륙 이동으로 먹이가 감소되었거나 혹은 용암에 의한 대폭발로 온도가 상승하여 고생대와 중생대 사이에 생명체의 95% 이상의 갑작스런 멸종이 있었다는 것은 인류가 미생물로 인하여 점진적으로 시작된 진화라는 사실을 어렵게 하는 것이다. 이러한 사정으로 파충류인 공룡으로부터 조류로 진화했다고 볼 수 없으며, 빙하기에서 공룡의 화석이 나오는 지층과 조류 화석의 지층이 같이 나오기 때문에 구별이 잘 안 되는 것이다. 또한 식물 화석이나 어류 화석들도 갑자기 매몰되지 않으면 화석으로 남아 있기 어렵기 때문에 지층에 의한 진화를 설명하기에 부족함이 있다.[66]

그리고 영장류에서 원숭이와 유인원의 분류 및 네 발로 걷던 유인원과 두 발로 걷는 초기 인류의 뚜렷한 진화를 증명할 중간 화석은 아직 부족하다. 최초의 인류로 가정되는 오스트랄로피테쿠스가 남아프리카의 석회채석장에

[64] M. Strickberger, 『진화학』, 475-477.

[65] 강건일, 『진화론 창조론 논쟁의 이해』, 213-216.

[66] 정병갑, 「왜 창조과학인가?」, 한국 창조과학회 논문집, 『2012 창조과학 국제학술 대회』(서울: 한국 창조과학회, 2012), 28.

서 발견되었는데, 이미 두개골 앞부분, 아래턱 그리고 젖니와 현재의 인간처럼 복합적인 뾰족 영구 어금니가 있었다. 유인원, 침팬지 그리고 고릴라들과 96% 이상의 근사치는 있지만 그들의 중간 단계 화석은 발견되지 않으며 유인원은 현재에도 존재하고 여전히 미토콘드리아 유전자 뉴클레오타이드의 염기 차이가 있으므로 반드시 유인원으로부터의 진화라고 하기는 어렵다. 특히 종 사이의 진화를 나타내는 화석을 많이 발견하는 것도 상당히 어렵다. 또한 양서류보다 어류가 가장 하등한 동물로 정의되지만 송어의 경우에는 연골 상어보다 인간과 더 가까운 경골 척추를 가지고 있으며, 폐어는 인간처럼 폐를 가지고 있으므로 같은 어류인 송어와 다른 종으로 생각할 수 있다. 끝으로 시조새의 화석을 통하여 중간 종으로서 파충류로부터 조류의 진화를 말하지만 시조새가 발견된 지층보다 아래 지층에서 조류의 화석이 발견되고, 시조새의 골격과 특징이 조류와 같다는 학설도 존재한다. 같은 종들 사이에서는 환경에 적응하도록 일부 변이가 생길 수 있지만 박테리아에서 시작되어 인류의 진화를 정의하기에는 현재 발견된 화석으로는 쉽게 말할 수 없을 것이다.

4.1 인류 삶터인 지구 행성[67]

오늘날과 같이 천문학이나 지질학이 발달하지 않았던 고대에는 별, 태양, 달과 같은 천체가 모두 하나의 천장 위에 있으며, 지구의 바다는 끝까지 가면 밑으로 떨어지고, 그 아래는 지하세계가 있다는 우주관을 갖고 있었다. 고대인들은 자신이 사는 자연환경에 영향을 받아 민족에 따라 서로 다른 우주관을 갖고 있었으며, 그들의 우주관은 현대인들의 우주관과는 매우 달랐다.

우리가 살고 있는 지구행성은 도대체 우주에서 어떤 위치에 있으며, 우주는 어떤 모습이고, 또 언제, 어떻게 만들어졌는지 등에 대한 의문은 인류가 갖고 있는 가장 큰 의문 중 하나이다. 오늘날 천문학 및 지질학 등 여러 자연과학 분야의 발달로, 지구환경에 대한 지식이 쌓이면서 인류의 지구관은 서서히 바뀌어 왔다. 이러한 자연에 대한 인식 변화는 인류의 정신면에 많은 영향을 미치고 있다. 중세부터 현대에 이르면서 인류의 지구관 및 우주관은 어떤 변화가 있었는지, 그리고 인류의 삶터인 지구행성은 어떤 모습인지 개략적으로 살펴보자.

4.1.1 지구 중심에서 태양 중심으로 우주관의 변화

해는 매일 아침에 동쪽에서 떠서 저녁에 서쪽으로 지고 있다. 그러나 태양계 내에서 실제로 지구는 태양을 중심으로 공전하고, 또 자전하고 있다. 그러나 우리는 우주 공간에서 지구의 실제 운동을 느끼지 못하고 생활하고 있다. 지구가 태양을 공전하고, 또 자전하고 있다는 사실은 과학의 활동을 통해서 알 뿐이다.

인류는 오랫동안 해가 지구 주위를 돌고 있으며 달, 별 그리고 다른 행성들도 역시 지구 주위를 돌고 있는 우주관을 갖고 있었다. 우주 내에서 별을 포함한 천체는 지구를 중심으로 돌고 있다고 생각했다. 아마 오늘날에도 세계인 중 정상교육을 받지 않은 많은 수는 이러한 지구관을 갖고 있을지도 모른다. 현대 과학의 지식을 갖고 있을 지라도, 지구중심 세계관을 버리지 못하는 교양인도 있을 것이다.

하늘에서 일어나는 여러 천체들의 움직임은 고대부터 많은 호기심을 끄는 현상이다. 오늘날의 많은 인구는 밤하늘의 별들을 볼 수 없는 곳에서 살고 있어, 고대인들보다 오히려 천체에 대한 관심은 적을 수 있다. 밤 하늘에서 천체들을 보는 시간은 우리에게 또 다른 세계로 안내하는 귀한 시간이다. 하늘을 유심히 보던 고대인들 중 몇 명은 천체들의 움직임이 자신들의 생각과는 다름을 발견하기도 한다. 그들은 끈질긴 관찰 활동을 통해 달이 지구 주위를 돌고, 지구가 태양 주위를 공전하는 것을 찾아낸다. 이와 같이 인류는 자연 현상에 의문을 갖고 그것에 답을 찾아가는 끈질긴 활동을 통해 자연 세계에 포함되어 있는 많은 사실을 찾아내어 왔다. 그 결과는 인류의 문명을 발전시키는 큰 역할을 하고 있다.

고대 그리스 문명은 B.C. 650년부터 A.D. 150년까지 약 800년 동안 황금기였다. 이때 유명한 철학자들이 많았으며, 그중 인류 문명사에 큰 영향을 끼친 사람은 아리스토텔레스(Aristotle: 384~322 B.C.)이다. 그는 지구중심적 우주관을 갖고 있었으며 태양, 달 그리고 눈으로 볼 수 있는 5개의 행성들이 동심원상으로 천구를 회전하고 있고, 별들은 가장 바깥쪽의 구에 위치하는 천체 공간을 묘사했다. 별들은 천구에 고정되어 있으나 태양, 달, 행성들이 별들의 앞쪽에서 차츰 움직이며, 별은 천구상에서 가장 바깥쪽에 위치하고, 이 별들 밖에는 인간에게 보이지 않는 신의 세계가 있다고 믿었다.

이러한 지구중심적 우주관(천동설)은 아리스토텔레스가 죽은 후, 1,500년이 더 지난 16세기 중반까지 유럽 세계를 중심으로 넓게 받아들여졌다. 사실 지구중심적 우주관은 주로 기독교에서 수용되어 왔으며, 긴 인류의 정신사에 영향을 주어왔다.

망원경을 통한 천체 관측은 우리가 모르는 천체에 대한 많은 사실을 알려 주는 계기가 되었다. 천체의 움직임을 좀 더 자세히 관측하면서, 지구를 중심으로 생각할 때 일어날 수 없는 천체들의 움직임이 발견되면서, 지구중심적 우주관은 흔들리기 시작하였다. 니콜라스 코페르니쿠스(Nicolaus Copernicus, 1473~1543)는 행성들이 태양 주위를 원형 궤도로 공전하고, 지구는 자전한다는 가설을 제안하였다. 그 당시는 지구가 태양 주위를 공전한다는 생각은 수용하기 어려웠다. 코페르니쿠스가 제안한 태양중심적 체계는 지구중심적 체계에 바탕을 두고 있는 가톨릭교회의 교리에 직접적인 도전을 받았다.

1543년 코페르니쿠스가 발표한 태양중심적 체계는 지식인들에게 호감을 주었으나, 회의론자도 많이 있었으며, 그중에는 덴마크인 티코 브라헤(Tycho Brahe: 1546~1601)가 있었다. 그 후, 태양중심 우주관은 케플러, 뉴튼, 갈릴레오 등과 같은 많은 과학자들의 업적으로 정리되어 오늘날에 이르고 있다.

수성, 금성, 화성, 목성, 토성 등과 같은 천체는 별처럼 보이나, 그것들은 태양을 중심으로 공전하면서 자전하고 있어, 행성이라고 부른다. 한편 태양과 같이 빛을 내는 천체는 매일 하늘을 돌고 있는 것처럼 보이나, 실제로 그들은 공간에서 거의 그 자리에 있어서 항성이라고 부른다. 그러나 태양은 매일 동쪽에서 떠서 서쪽으로 이동하는 것처럼 보인다. 과학적 사고 및 지식 없이 태양중심적 체계를 받아들일 수 있을까?

오늘날처럼 우주공간에 대한 지식이 쌓인 시대에서도, 초등학교 저학년까지의 연령은 밤과 낮의 생김은 태양의 움직임 때문인 것으로 인식하고 있다. 그들은 성인이 되면서 과학지식 및 사고를 통해 그들의 우주관을 지구중심체계에서 태양중심체계로 바꾸어 간다. 결국 오랫동안 인류의 우주관을 지배했던 지구중심체계가 태양중심체계로 바뀌는 데는 끊임 없는 인류의 지성활동이 매우 중요한 역할을 하였음을 알 수 있다.

인류의 우주관이 지구중심에서 태양중심으로 바뀐 것은 단지 공간 내에서 지구의 위치가 바뀐 것만이 아니라, 우주 공간에서 인류 자신의 위치를 인식시키는 큰 사건이었음이 틀림없다.

4.1.2 지구 현상을 보는 두 관점—격변설과 동일과정설

지구 밖에서 촬영한 지구행성의 모습은 정말 경이롭다. 태양계의 여러 행성 중, 오직 지구만이 많은 물과 생명체를 갖고, 푸른 색을 띠고 있다. 그곳의 지표 가까이에는 70억에 달하는 인류가 많은 생명체와 함께 공존하고 있다.

지구 표면의 풍경을 좀 더 가까이 보면, 높은 산과 깊은 계곡과 같은 아름다운 지형들, 깊은 바다의 생명체 모습은 새삼스럽게 이러한 지구 모습이 언제, 어떻게, 어떤 과정을 거쳐서 만들어졌을까? 또 이러한 지구행성 모습은 앞으로 계속 유지해 나갈 것인가? 등의 의문을 갖게 된다.

20세기에 들어와 지구행성에 대한 연구는 지질학을 비롯해 여러 분야에서 매우 활발하게 이루어지고 있으며, 지구 자원에 대한 관심이 커지면서 괄목할 만한 성과를 거두고 있다. 한편, 오늘날 지구환경에 대한 연구는 인류 생활의 풍요로움과 지구행성에 대한 이해에 많은 기여를 하고 있다.

과학자들은 지구 행성의 형성 시기, 방법, 탄생 후 지구가 겪은 사건, 규모, 원인 그리고 그때, 그곳에서의 생명 현상 등에 대한 설명을 하려고 많은 연구를 하고 있다. 그러나 이러한 연구는 인류가 경험하지 못한 세계를 설명하려는 것으로 여러 분야에서 수집한 자료를 해석하는 단계에서 근본적인 문제가 논쟁으로 되기도 한다. 즉 지구의 역사 동안에 있었던 사건의 횟수, 규모, 일어나는 과정 등이 오늘날의 지구에서 얻은 자료를 근거로 해석할 수 있는 것인가? 하는 의문에 근본적인 관점이 격변설과 동일과정설로 갈린다.

고생물학, 암석학, 광물학 및 지구연대학 등 여러 지질학 분야에서는 지구 표면을 비롯해서, 핵 부분까지 과학 기기를 이용하여, 지구의 생성 시기, 지질 시대 동안 지구환경의 변화 및 생물의 변천 등을 밝힐 수 있는 많은 자료를 얻고 있다. 오늘 지구에서 얻은 많은 자료를 근거로, 지구의 역사 동안 지구에서 일어난 여러 사건의 규모, 사건 종류 및 원인 등을 논할 때, 크게 두 관점이 대전제로 대두된다. 하나는 주로 성경을 근거로 한 지구관과 과학적 사고, 즉 이성을 바탕으로 한 지구관으로, 격변설과 동일과정설이 제안되고 있다.

격변설은 오늘날 지구의 모습이 만들어진 과정을 다음과 같은 지구관을 근거로 설명한다. 지구에서는 생성된 후 오늘날에 이르면서 몇 번의 큰 격변이 있었으며, 그때마다 지표 모양은 전체가 완전히 변했고, 다시 새로운 지표 모양이 만들어졌다. 그 과정에서 지표에 있던 생물은 절멸되고, 그 후 새로운 종이 다시 출현한다. 지구는 이러한 여러 번의 격변을 거치면서, 오늘날 지구모습이 되었다고 설명한다. 이와 같이 지구에서 여러 번의 급변적인 사건이 있었다는 생각에 많은 영향을 준 것은 성경이다. 성경에 기록된 노아 홍수는 지구에서 일어난 현상을 기술한 내용 중 하나이다. 지구에서 일어나는 자연현상을 격변적인 것으로 보는 이 관점은 지구의 연령을 6,000여 년 정도로 매우 젊게 본다. 오늘날 지구의 생명체는 여러 격변적인 사건이 있을 때 출현한 것이며, 인류는 다른 생명체와 독립되게 급변적인 사건과 함께 창조된 것으로 설명하며, 생물학에서 설명하는 여러 생명 현상과 대립된 관점을 갖고 있다. 이러한 지구관은 젊은 지구론으로 분류되며, 세계 여러 대륙에 넓게 분포하는 두꺼운 퇴적층의 형성 시기를 성경의 노아 홍수 때로 보는 홍수 지질학의 도움을 받고 있다. 그들은 아시아 대륙, 북아메리카 대륙 등, 여러 대륙에 분포하는 두꺼운 퇴적층이 발생한 시기를 지구 전체가 한때 물에 잠긴 때로 설명하고, 북아메리카의 그랜드 캐니언에 노출된 지질 층서 등을 좋은 증거로 내세우고 있다.

이 설은 고생물학, 암석학, 광물학 및 지구연대학 등 현대 지질학 분야 및 현대 천문학에서 설명하는 우주의 연령 및 기원 등의 학설 등 자연과학의 연구 결과를 대체로 받아들이지 않고 있으며, 그들 나름대로의 지구관 및 우주관을 갖고 있다.

지구현상을 설명하는 데 격변설과 대응되는 관점은 동일과정설이 제안되고 있다. 18세기 말, 격변설은 유럽에서 지질학적 연구 활동이 활발해지면서 도전을 받기 시작하였다. 스코틀랜드의 제임스 휴튼은 주변에서 암석이 부서지고, 부서진 입자들이 이동되는 과정 등을 관찰하면서, 암석 입자들은 유수에 의해 먼 거리로 운반되어 결국에는 바다에 퇴적됨을 인식한다. 즉 그는 산들이 느리게 진행되지만 반드시 침식되고, 침식된 암석 부스러기로부터 새로운 암석이 만들어지며, 이 암석들은 다시 천천히 밀려 올라가 새로운 산맥을 형성할 것이라는 순환 개념을 어렴풋하게 논의한다.

그는 암석이 높은 곳으로 밀려 올라가 산맥을 형성하는 원인을 설명할 수 없었지만, 이러한 일은 반복적이고 끊임없이 주기를 따라 천천히 움직인다고 주장한다. 이러한 그의 생각은 현재 지구에서 여러 현상을 일으키는 과정과 작용들이 지구의 역사 동안에도 같은 율로, 같은 과정으로 작용했을 것으로 설명하는 동일과정설로 발전한다. 즉 아무리 오래된 암석도 현재 주변에서 형성되고 있는 유사한 암석과 비교하여, 그 암석의 성인을 설명할 수 있다는 것이다. 지구가 생성된 후 지구가 거친 지질 역사를 이해하기 위해서는 오늘날 지구에서 일어나는 지질 현상에서 답을 찾아야 한다고 강조하며, '현재는 과거를 이해하는 데 중요한 열쇠'라고 주장한다. 이 관점은 현대지질학의 기반이 되고 있으며, 동일과정원리라고 부른다. 지구의 연령을 매우 길게 보아 오랜 지구론으로 분류된다.

동일과정의 개념은 지질학뿐만 아니라 자연과학의 다른 분야에서 매우 중요하게 적용되고 있다. 예를 들면, 천문학자들은 우주에서 별들이 생성되고 긴 일생의 주기를 겪은 후, 소멸되는 과정을 설명할 때, 동일과정의 개념을 적용한다. 한 별이 태어나 소멸되는 과정은 지구의 역사와 같이 수십 억 년이라는 긴 세월에 거쳐 일어난다. 과학자가 수십 억 년 동안 일어나는 모든 별의 일생을 설명하는 것은 불가능하다. 그러나 수십 억 개의 별 중, 대표적인 별들의 특성을 관찰하여, 동일과정의 이론을 적용하고 각 별들이 별들의 일생 중 어느 단계인지를 예측할 수 있는 틀을 찾아낸다. 이 틀은 천문학자들이 우주의 많은 별들의 탄생, 성장, 소멸의 주기 등을 밝히는 데 도움을 주고 있다.

4.1.3 지구에서 일어나는 격변적 사건에 대한 이해

동일과정이론은 지구는 물론 우주에서 일어나는 여러 현상을 설명하는 데 기반이 되는 강력한 이론이다. 그러면 지구에서는 격변의 사건은 일어나지 않는가? 지구의 역사 동안 지구환경을 짧은 기간에 큰 규모로 변화시킨 격변의 사건이 있었다. 인류는 각자가 경험할 수 없는 시간 간격, 또는 규모의 변화를 맞이했을 때 큰 충격을 받는다. 지질학자들은 지구환경을 큰 규모로 짧은 시간에 일으킨 사건으로 운석충돌, 슈퍼플룸 활동에 의한 용암분출, 초대륙 분열에 따른 화산활동 등을 열거하고 있다. 이러한 활동은 지구의 지표 및 기후환경을 급격하게 변화시켜, 생물의 멸절 사건과 연결해서 설명하고 있다.

세계의 여러 곳에서는 지구행성에서 일어날 수 있는 사건으로는 설명하기 어려운 특이한 암석층이 대규모로 발견되는 예가 있다. 이런 현장을 발견하였을 때, 오늘날 지질학자들은 초자연적인 힘에 의한 결과로 설명하지 않고,

운석 충돌 또는 초대륙의 이동에 의한 결과로 설명하고 있다. 멕시코 유카탄에는 약 6,600만 년 전에 공룡을 비롯한 많은 종류의 생물이 멸종했다는 설을 뒷받침하는 거대한 운석 충돌 흔적이 있다. 운석충돌설은 중생대와 신생대의 경계 시기에 운석이 지구와 충돌하여, 많은 암석부스러기가 기권으로 방출되어 지구의 기온은 급강하여, 대부분의 동물과 많은 식물들이 멸종했다는 것이다. 지구의 역사 동안에는 6,600만 년 전에 있었던 생물 멸종 사건보다 더 극적인 생물의 멸종 사건이 여러 번 있었다. 화석과 지층 연구는 2억 4,500만 년 전에 모든 동식물의 약 90%가 전멸된 시기가 있음을 밝히고 있다. 이 때 운석 충돌 증거는 없으며, 오히려 거대한 초대륙이 분열하면서 느리지만 강력한 기후 변화가 일어나 대규모의 멸종을 불러왔다는 많은 증거가 밝혀지고 있다.

이러한 격변의 큰 사건들은 지구 역사 동안 드물지만 끊임없이 일어났다. 이러한 사건들은 드물게 일어나지만, 오늘날 지구의 모습을 형성하는 데 큰 영향을 준 것은 분명하다. 우리는 지구에서 일어나는 여러 지질학적 사건 중 인류가 직접 경험하지 못한 규모를 접하면 매우 놀라며, 대규모 사건으로 분류한다. 오늘날에 지구에서 일어나는 지질현상 중에는 예상할 수 없는 속도나 규모로 일어나는 현상이 많이 있다.

지구의 자연현상 중에서 빠른 시간에 큰 규모의 에너지가 이동하여 급격한 변화를 일으키는 예로는 태풍, 화산폭발 및 지진의 발생 등이 있다. 이러한 자연현상은 지구가 태양계에 속해 있어 태양에너지를 계속 받고 있고, 또 지구 내부가 태양의 표면 온도와 가깝게 뜨거운 상태이기 때문에 일어나는 것이다. 이러한 자연 활동은 지구의 긴 역사 동안에 계속 일어났으며, 오늘날에도 끊임없이 일어나고 있다. 앞으로도 지구행성에서 계속 일어나 지구 모습을 변화시킬 것이다.

4.1.4 물질 대류가 끊임없이 일어나는 뜨거운 지구

지구 행성 이곳저곳에서는 오늘도 지진과 화산활동이 일어나고 있으며, 지각은 매년 약 1 mm로 융기하거나 침강하여, 해안에는 계단 모양의 해안 단구를 만들고, 내륙에는 하안 단구를 만든다. 약 1만 5,000년 전인 마지막 빙하기 이후, 스칸디나비아 반도를 두껍게 덮은 빙하가 녹으면서 그 지역은 300 m 이상 높아졌으며, 수 km의 높이를 자랑하는 알프스 산맥의 정상부분에는 바다 환경에서 생성된 석회암류가 화석과 함께 분포한다.

지구 행성에서 지진, 화산, 조산 운동과 같은 지질 현상이 끊임없이 일어나는 것은 지구 내부에서 물질이 계속 움직이고 있음을 말해준다. 중세에는 지구 내부에 대한 연구자료가 없었기 때문에 지구 내부 상태를 설명하기 어려웠다. 그래서 지구는 전체가 물에 잠겨 있었던 때가 있어, 지각을 이루는 암석은 퇴적암류가 주류이며, 심지어는 마그마가 지표에 흘러나와 식은 화산암인 현무암층도 수평상태로 분포하는 모습을 보고 퇴적암으로 분류하였다. 그리고 불과 연기를 품어내는 화산활동은 지하에 매몰된 석탄층이 타면서 열을 내품어내는 현상으로 설명하였다.

오늘날은 지구 내부를 깊은 곳, 맨틀 하부까지 컴퓨터 단층(CT)촬영할 수 있는 기술이 개발되어, 지구 내부의 온도 분포와 물질의 이동 상태 등을 쉽게 알 수 있다. 지구 내부는 온도가 중심부로 가면서 높아져, 맨틀에서 물질 대류가 끊임없이 일어나고 있다. 지구행성이 태어난 초기는 내부가 약 1,000℃로서 철을 녹일 정도였으나, 오늘날 지구 중심부는 6,000℃ 정도이다. 과학자들은 이렇게 지구 내부의 온도를 높인 열원에 대해 세 가지를 열거하고 있다. 하나는 원시 태양계에서 우주먼지가 뭉쳐서 만들어진 미행성들이 충돌하면서 지구 행성이 만들어질 때의 충돌에너지이다. 다른 하나는 지구를 구성하는 물질 중, U, Th, K 등 방사성 물질이 붕괴하면서 방출하는 열로서, 이 에너지는 지구행성 내부의 온도를 높이는 데 매우 큰 역할을 하였을 것이다. 또 다른 하나는 고온의 액상 핵이 고상인 내핵으로 상변화를 할 때 방출한 잠열로 설명하고 있다.

고체지구 표면은 두께가 약 100 km이며 단단한 강판과 같은 성질을 갖고 있는 10여 개 판이 덮고 있으며, 지구 위에서 일어나는 화산, 지진 및 조산운동과 같은 지질현상은 이 판들이 움직일 때 판이 충돌하거나 멀어질 때 판의 경계 부근에서 주로 일어나는 현상으로 설명하고 있다. 이러한 설명을 판구조론이라고 한다. 판을 이동시키는 가장 큰 힘은 맨틀 대류이다. 이는 움직이는 벨트 위에 놓인 물체처럼, 맨틀이 대류할 때 그 위에 놓인 여러 개의 판이 함께 이동하는 것이다. 여러 개의 판 중 태평양판이 가장 빠르게 이동하며, 1년에 10여 cm 움직인다. 태평양판 주위에서는 활발하게 활동하는 지진대와 화산대가 둘러싸고 있어 태평양 주위를 불의 고리라고 부르기도 한다.

1980년대에는 맨틀 하부까지 컴퓨터 단층(CT)촬영이 진행되면서, 온도 6,000℃의 핵부분에서 많은 열이 기둥 모양으로 지구 표면 쪽으로 흘러나오는 것을 발견하고, 이것을 플룸 또는 열기둥이라고 부르게 되었다. 이 열기둥이 고체지구를 덮고 있는 여러 개의 판을 서로 이동시키는 동력 중 하나로 제안하여, 이를 플룸구조론이라고 한다. 플룸이 지표에 도달한 곳을 열점이라고 하며, 오늘날 50여 개 열점이 활동하고 있으며, 대표적인 곳이 하와이 열도이다.

4.1.5 대륙지각과 해양지각에 남아 있는 오랜 지구의 증거

중세 이후, 세계 지도와 나침반이 발명되면서 바다를 통한 세계 무역이 더욱 활발해지고, 나라마다 풍물과 지형이 매우 다른 것을 알게 되었다. 한편 산업의 발달과 더불어, 지형−지질의 중요성에 대한 인식이 높아지면서, 19세기 말에는 아프리카와 남아메리카, 인도 대륙, 남극 대륙 등을 직접 탐험하는 역사가 이루어졌다. 각 지역에서 생물의 종류, 산맥의 분포 등에 대한 정보와 대륙 해안선에 대한 지형적 특성 등을 근거로 지각이 수평적으로 이동하는 의견이 등장한다.

19세기에 들어와 지각을 이루는 암석이 한 종류가 아니라, 성인이 각각 다른 화성암류, 퇴적암류, 변성암류 등 다양한 암석이 분포함이 밝혀졌다. 그리고 이러한 여러 종류의 암석은 지표 및 지각 내에서 긴 시간 동안 이동하면서 만들어진다는 암석의 순환개념으로 발전한다. 지각에서 화성암, 퇴적암 및 변성암 등과 같은 다양한 암석이 형성되는 과정을 살펴보면, 먼저 지표에 노출된 암석은 공기, 물, 생물 등과 작용하면서 부스러기가 된 후 바람, 물, 빙하 등에 의해 낮은 곳으로 운반되어 쌓이고 다져진다. 그 후 깊이 1 km 정도, 온도가 대략 200℃ 되는 곳에서 퇴적암이 된다. 이 퇴적암은 지각 변동과 함께 지하 2 km 이하, 온도는 200℃ 정도 이상인 곳으로 밀려들어가 변성암으로 바뀐다. 이 변성암이 다시 더 깊은 곳으로 옮겨지면서 액체인 마그마가 된다. 이 마그마는 다시 지각 내 또는 지표 밖에서 식어서 화성암이 된다. 우리가 지표에서 심성암인 화강암 조각을 보면, 그 암석은 위와 같은 긴 시간 동안 순환되며 만들어진 것이다.

우리는 지각에서 긴 지실 시대 동안에 여러 종류의 암석이 암석의 순환을 거쳐 형성된 현장을 쉽게 만날 수 있다. 아메리카, 아프리카, 유럽, 아시아 대륙 등과 같은 큰 대륙은 지질시대 동안 몇 번의 암석의 순환을 거쳐 형성된 지층을 보여준다. 예로서 북아메리카 대륙을 보면, 캐나다가 위치하는 북아메리카 대륙 안쪽에는 평편한 지형을 보이는 순상지가 있으며, 이곳에는 10억~20억 년의 연령을 보이는 심하게 습곡된 변성암류 지층이 분포한다. 북아메리카 대륙은 이 순상지를 중심으로 하고, 고생대의 아팔라치아 산맥과 중생대, 신생대의 로키산맥으로 둘러싸고 있다. 즉 북아메리카 대륙의 지질은 전체적으로 순상지를 이루는 중심부에서 밖으로 나오면서 지질 연령이 이어지는 모습을 보이고 있다. 이러한 지질 분포는 북아메리카 대륙이 오랜 기간 동안 여러 번의 암석의 순환과정을 거쳐 형성된 다양한 암석층으로 이루어졌음을 알려준다.

한편, 고체지구의 겉껍질인 지각은 대륙지각과 해양지각으로 구분되며, 두 곳에 분포하는 암석은 그 특징이 매우 다르다. 대륙지각은 두께가 평균 약 30 km이며, 연령이 40억 년의 암석부터 수 년의 연령까지, 연령 폭이 매우 넓으며, 화성암류, 퇴적암류, 변성암류 등 오랜 지질 시대 동안에 여러 번의 암석 순환을 거쳐 만들어진 다양한 암석들이 분포한다. 반면, 태평양을 비롯해서 오늘날 바다 밑을 이루고 있는 해양지각은 두께가 약 5~10 km이며, 연령이 1억 8,000만 년보다 젊은 현무암질 암석이 주로 분포한다.

이와 같이 대륙지각과 해양지각이 여러 면에서 서로 다른 특징을 보이는 것은 두 지각의 형성과정이 서로 달랐음을 의미한다. 대륙지각은 초기 지구부터 그 면적이 계속 커지면서 성장해 왔다. 반면, 초기 지구가 형성된 후 대륙지각과 함께 생성된 해양지각은 맨틀의 대류로 지구 표면을 덮고 있는 지각판이 계속 이동하면서 맨틀 속으로 밀려 들어갔다. 오늘날 해양지각을 이루고 있는 현무암층은 중생대 이후에 생성된 것만이 해양에 남아 있는 것이다. 이와 같이 대륙지각과 해양지각이 서로 다른 지질 특징을 보이는 것은 지구행성이 지질시대 동안에 끊임없이 활동하였음을 암시하는 것이다.

4.1.6 오랜 지질의 역사를 갖는 한반도 지층

지리적으로 한반도와 가까이 있는 일본열도에서는 지진과 화산활동이 매우 활발하다. 그러나 한반도에서는 일부 지역에서 지진활동이 있으나, 일본처럼 활동하는 화산이 없으며, 지진활동도 상대적으로 많지 않다. 세계 각 나라의 지질은 암석층의 연령이나 종류가 서로 매우 다르며 다양하다.

우리가 살고 있는 주변의 지질 및 지형에 대한 이해는 모두에게 자연을 심미적으로 대하여 심성을 풍부하게 하는 데 매우 큰 도움이 된다. 먼저 한반도는 어떤 지질의 특징을 갖고 있는 곳인지 간략히 알아보자.

먼저 한반도는 전체 지구에서 어떤 지질학적인 환경에 있는지를 생각해보자. 지구표면은 두께가 100 km 되는 10여 개의 큰 지각판으로 둘러싸여 있으며, 그중 아시아와 유럽을 덮고 있는 지각판을 유라시아판, 태평양을 차지하고 있는 판을 태평양판이라고 한다. 그 외에 북아메리카판, 남아메리카판 등 여러 판이 있다. 세계 어느 곳에서 지진과 화산 활동이 일어나는 뉴스를 접할 때, 먼저 그 곳이 지리적으로 어떤 판 위, 또는 판의 경계에 위치하는지를 확인할 필요가 있다. 왜냐하면 지진과 화산활동은 대부분 판의 경계 부분에서 일어나기 때문이다. 물론 하와이는 맨틀 깊은 곳에서 올라온 마그마가 분출하는 열점이다. 일본열도에서 일어나는 화산은 태평양판과 유라시아판이 서로 충돌하면서, 태평양판이 유라시아판 밑으로 밀려들어갈 때, 두 판이 접하는 면에서 생성된 마그마가 올라오는 현상이다. 마그마가 올라올 때, 지진도 함께 일어난다. 일본열도는 큰 지진과 화산이 자주 발생할 수 있는 조건을 갖고 있는 곳이다.

한반도는 유라시아판 가장자리에 위치하고 있으나, 일본열도보다는 판의 안쪽에 있다. 따라서 일본열도 밑으로 밀고 들어간 태평양판이나 필리핀판이 한반도 하부에까지는 미치지 못하여, 한반도에서는 일본처럼 지진과 화산이 활발하지 않은 것이다. 한반도에서 종종 일어나는 지진은 일본에서의 지진원인과 다른 것이다.

한반도의 지질은 연령이 십수억 년이 되는 변성암류부터 백두산, 울릉도, 제주도, 연천-철원 등에 분포하는, 수십만에서 수천 년의 연령을 보이는 젊은 화산암류까지 여러 연령층의 암석층이 분포하는 것이 특징이다. 다시 말하면 한반도에는 선캄브리아 시대의 지층에서부터 고생대, 중생대 및 신생대의 지층까지, 그리고 화성암류, 퇴적암류 및 변성암류 등 다양한 암석류가 분포한다.

한반도 전체를 보면, 지역에 따라 분포하는 암석층의 종류 및 연령이 서로 다르다. 마치 행정구역을 강, 산맥 분포, 인구 및 산업 분포 등에 따라 나눈 것처럼, 지질학자들은 한반도의 지층을 분포하는 암석층의 종류, 연령 및 지질 구조 등에 따라 나누어, 한반도를 여러 지질 구역으로 나누기도 한다. 따라서 어느 지역의 지질을 대략적으로 파악하려면, 먼저 그 지역이 어떤 지질 구역에 포함되어 있는지를 확인하는 것이 필요하다. 예를 들어 서울과 경기도 및 강원도 북부 지역은 경기 육괴로 불린다. 이곳에는 선캄브리아 시대의 연령을 보이는 변성암류가 주로 분포하며, 서울 화강암, 춘천 화강암 등 중생대 화강암이 분포한다. 물론 연천과 철원 등에는 신생대에 분출한 한탄강 현무암이 분포한다. 물론 경상분지는 경기 육괴와 지층의 연령과 종류가 다른 지층이 분포하는 것이다.

이와 같이 한반도에는 매우 오랜 지질 시대 동안에 여러 번의 암석 순환을 거쳐 형성된 긴 연령을 보이는 다양한 종류의 암석층이 분포한다. 우리 주변에서 볼 수 있는 특이한 지형이나 지층을 찾아가, 자연의 웅장함과 아름다움, 그리고 그것들의 형성과정을 심미적으로 감상하면서, 자연의 원래 모습, 긴 시간의 물질 변화, 변화를 일으키는 에너지, 그곳에서 생활하고 있는 인류, 인류의 미래 등을 함께 생각해 보는 시간은 창조세계를 접하는 인간의 중요하고 귀한 활동이 될 것이다.

진화 과학의 대응으로서의
과학적 창조론

성서에서 창조의 의미는 인간에 의한 창조와는 사뭇 서로 다른 특징을 갖는다. 인간은 물질을 사용하는 창조 행위로서 재료를 변형하고, 이는 기본 물질의 영역 수준에서만 가능한 것이다. 그리고 인간이 만일 문화적으로 어떤 개념을 창조한다면 선험적인 이해를 바탕으로 하여 표현을 할 수밖에 없는 한계이다. 그러나 하나님의 창조는 어떤 것에 의해서도 제한받지 않는 것이며, 이에 주어진 유일한 기본이 하나님의 본성과 의지에 의한 선택이라는 것이다. 이때 '창조'라는 단어는 '무에서 유'로의 개념으로 인식될 수 있는 반면, 인간은 '단순 조직' 혹은 '생산 활동'으로서 창조의 의미가 가능하다. 한편 그리스도인들에게는 교회 및 종교적 가르침과 과학의 발견이라는 두 가지가 있다. 캠브리지 대학 학장인 이론 물리학자이자 성공회 신부인 폴킹혼은 종교와 과학 사이의 대화에서 "우리가 하나의 세계 속에서 살기 때문에 과학과 신학은 같은 세계에 대하여 서로 다른 측면에서 연구한다"고 하였다. 우리는 창조 사건에 대하여서도 마찬가지로 접근하는 것이 바람직하다. 일반적으로 한쪽의 이야기를 들으면 한 방향으로 치우치기 쉽기 때문에 양쪽의 이야기를 듣는 것이 우리가 판단을 하는 데 보다 공평하고 판단의 오류를 적게 할 수 있을 것이다. 제2장에서는 무신론자들에 의한 과학을 통한 진화론적 사고를 기술하였으므로 제3장은 무신론적 진화론에 대응하여 기독교 신학자들의 생각을 말하고자 한다.

<창세기 1장>

세상의 창조(♬ 40, 78)

1:1 태초에 하나님이 천지를 창조하시니라

1:2 땅이 혼돈하고 공허하며 흑암이 깊음 위에 있고 하나님의 영은 수면 위에
     운행하시니라

1:3 하나님이 이르시되 빛이 있으라 하시니 빛이 있었고

1:4 빛이 하나님이 보시기에 좋았더라 하나님이 빛과 어둠을 나누사

1:5 하나님이 빛을 낮이라 부르시고 어둠을 밤이라 부르시니라 저녁이 되고 아
     침이 되니 이는 첫째 날이니라

1:6 하나님이 이르시되 물 가운데에 궁창이 있어 물과 물로 나뉘라 하시고

1:7 하나님이 궁창을 만드사 궁창 아래의 물과 궁창 위의 물로 나뉘게 하시니
     그대로 되니라

1:8 하나님이 궁창을 하늘이라 부르시니라 저녁이 되고 아침이 되니 이는 둘째
     날이니라

1:9 하나님이 이르시되 천하의 물이 한 곳으로 모이고 뭍이 드러나라 하시니 그
     대로 되니라

1:10 하나님이 뭍을 땅이라 부르시고 모인 물을 바다라 부르시니 하나님이 보
     시기에 좋았더라

1:11 하나님이 이르시되 땅은 풀과 씨 맺는 채소와 각기 종류대로 씨 가진 열매
     맺는 나무를 내라 하시니 그대로 되어

1:12 땅이 풀과 각기 종류대로 씨 맺는 채소와 각기 종류대로 씨 가진 열매 맺
는 나무를 내니 하나님이 보시기에 좋았더라

1:13 저녁이 되고 아침이 되니 이는 셋째 날이니라

1:14 하나님이 이르시되 하늘의 궁창에 광명체들이 있어 낮과 밤을 나뉘게 하
고 그것들로 징조와 계절과 날과 해를 이루게 하라

1:15 또 광명체들이 하늘의 궁창에 있어 땅을 비추라 하시니 그대로 되니라

1:16 하나님이 두 큰 광명체를 만드사 큰 광명체로 낮을 주관하게 하시고 작은
광명체로 밤을 주관하게 하시며 또 별들을 만드시고

1:17 하나님이 그것들을 하늘의 궁창에 두어 땅을 비추게 하시며

1:18 낮과 밤을 주관하게 하시고 빛과 어둠을 나뉘게 하시니 하나님이 보시기
에 좋았더라

1:19 저녁이 되고 아침이 되니 이는 넷째 날이니라

1:20 하나님이 이르시되 물들은 생물을 번성하게 하라 땅 위 하늘의 궁창에는
새가 날으라 하시고

1:21 하나님이 큰 바다 짐승들과 물에서 번성하여 움직이는 모든 생물을 그 종
류대로, 날개 있는 모든 새를 그 종류대로 창조하시니 하나님이 보시기에
좋았더라

1:22 하나님이 그들에게 복을 주시며 이르시되 생육하고 번성하여 여러 바닷물
에 충만하라 새들도 땅에 번성하라 하시니라

1:23 저녁이 되고 아침이 되니 이는 다섯째 날이니라

1:24 하나님이 이르시되 땅은 생물을 그 종류대로 내되 가축과 기는 것과 땅의
짐승을 종류대로 내라 하시니 그대로 되니라

1:25 하나님이 땅의 짐승을 그 종류대로, 가축을 그 종류대로, 땅에 기는 모든
것을 그 종류대로 만드시니 하나님이 보시기에 좋았더라

1:26 하나님이 이르시되 우리의 형상을 따라 우리의 모양대로 우리가 사람을
만들고 그들로 바다의 물고기와 하늘의 새와 가축과 온 땅과 땅에 기는

모든 것을 다스리게 하자 하시고

1:27 하나님이 자기 형상 곧 하나님의 형상대로 사람을 창조하시되 남자와 여자를 창조하시고

1:28 하나님이 그들에게 복을 주시며 하나님이 그들에게 이르시되 생육하고 번성하여 땅에 충만하라, 땅을 정복하라, 바다의 물고기와 하늘의 새와 땅에 움직이는 모든 생물을 다스리라 하시니라

1:29 하나님이 이르시되 내가 온 지면의 씨 맺는 모든 채소와 씨 가진 열매 맺는 모든 나무를 너희에게 주노니 너희의 먹을 거리가 되리라

1:30 또 땅의 모든 짐승과 하늘의 모든 새와 생명이 있어 땅에 기는 모든 것에게는 내가 모든 푸른 풀을 먹을 거리로 주노라 하시니 그대로 되니라

1:31 하나님이 지으신 그 모든 것을 보시니 보시기에 심히 좋았더라 저녁이 되고 아침이 되니 이는 여섯째 날이니라.

<창세기 2장>

2:1 천지와 만물이 다 이루어지니라

2:2 하나님이 그가 하시던 일을 일곱째 날에 마치시니 그가 하시던 모든 일을 그치고 일곱째 날에 안식하시니라

2:3 하나님이 그 일곱째 날을 복되게 하사 거룩하게 하셨으니 이는 하나님이 그 창조하시며 만드시던 모든 일을 마치시고 그 날에 안식하셨음이니라

인간의 창조(♬ 21, 32)

2:4 이것이 천지가 창조될 때에 하늘과 땅의 내력이니 여호와 하나님이 땅과 하늘을 만드시던 날에

2:5 여호와 하나님이 땅에 비를 내리지 아니하셨고 땅을 갈 사람도 없었으므로 들에는 초목이 아직 없었고 밭에는 채소가 나지 아니하였으며

2:6 안개만 땅에서 올라와 온 지면을 적셨더라

2:7 여호와 하나님이 땅의 흙으로 사람을 지으시고 생기를 그 코에 불어넣으시

니 사람이 생령이 되니라

2:8 여호와 하나님이 동방의 에덴에 동산을 창설하시고 그 지으신 사람을 거기 두시니라

2:9 여호와 하나님이 그 땅에서 보기에 아름답고 먹기에 좋은 나무가 나게 하시니 동산 가운데에는 생명 나무와 선악을 알게 하는 나무도 있더라

2:10 강이 에덴에서 흘러 나와 동산을 적시고 거기서부터 갈라져 네 근원이 되었으니

2:11 첫째의 이름은 비손이라 금이 있는 하윌라 온 땅을 둘렀으며

2:12 그 땅의 금은 순금이요 그 곳에는 베델리엄과 호마노도 있으며

2:13 둘째 강의 이름은 기혼이라 구스 온 땅을 둘렀고

2:14 셋째 강의 이름은 힛데겔이라 앗수르 동쪽으로 흘렀으며 넷째 강은 유브라데더라

2:15 여호와 하나님이 그 사람을 이끌어 에덴 동산에 두어 그것을 경작하며 지키게 하시고

2:16 여호와 하나님이 그 사람에게 명하여 이르시되 동산 각종 나무의 열매는 네가 임의로 먹되

2:17 선악을 알게 하는 나무의 열매는 먹지 말라 네가 먹는 날에는 반드시 죽으리라 하시니라

2:18 여호와 하나님이 이르시되 사람이 혼자 사는 것이 좋지 아니하니 내가 그를 위하여 돕는 배필을 지으리라 하시니라

2:19 여호와 하나님이 흙으로 각종 들짐승과 공중의 각종 새를 지으시고 아담이 무엇이라고 부르나 보시려고 그것들을 그에게로 이끌어 가시니 아담이 각 생물을 부르는 것이 곧 그 이름이 되었더라

2:20 아담이 모든 가축과 공중의 새와 들의 모든 짐승에게 이름을 주니라 아담이 돕는 배필이 없으므로

2:21 여호와 하나님이 아담을 깊이 잠들게 하시니 잠들매 그가 그 갈빗대 하나

를 취하고 살로 대신 채우시고

2:22 여호와 하나님이 아담에게서 취하신 그 갈빗대로 여자를 만드시고 그를 아담에게로 이끌어 오시니

2:23 아담이 이르되 이는 내 뼈 중의 뼈요 살 중의 살이라 이것을 남자에게서 취하였은즉 여자라 부르리라 하니라

본 장에서는 그리스도인들에게 창조에 대해 이해를 돕기 위하여 네 유형을 살펴보도록 한다. 우선, 보수적 그리스도인이면서 공학자인 헨리 모리스나 스탠포드 대학의 리처드 부브는 전적으로 성서에 대한 문자적인 해석을 하는 학자들이다. 약 만 년 전 하루를 24시간으로 보고 엿새 동안에 하나님이 만물을 창조하셨는데, 명령을 통하여 순간적으로 무에서 온전한 존재를 만드셨다는 것이다. 물론 창세기 1장 1절과 2절은 시간 간격이 존재하고, 겉보기로는 훨씬 오래되어 보이더라도 만 년 전에 창조되었으며,

> "홍수가 땅에 사십 일 동안 계속된지라 물이 많아져 방주가 땅에서 떠올랐고 물이 더 많아져 땅에 넘치매 방주가 물 위에 떠 다녔으며 물이 땅에 더욱 넘치매 천하의 높은 산이 다 잠겼더니... 육지에 있어 그 코에 생명의 기운의 숨이 있는 것은 다 죽었더라." _ 창세기 7:17-19, 22

라며, 대진화로서의 자연선택 과정을 전혀 포함하지 않는다는 것이다.[1]

둘째는, 은유적 비문자적인 해석을 통하여, 문자적 성경 해석을 기존의 과학 이론과 조화시키려고 하는 것이다. 창조 기사의 하루는 하나님의 특별한 명령에 의하여 창조 사이사이는 오랜 기간을 가리키는 연대기적 기간 + 날의 점진적 창조이며, 또는 비 연대기적 날 + 기간 간격론으로 현재의 과학 이론을 감안하여 문자적인 관점보다는 과학과 조화로운 관계로 해석하는 것이다.[2]

셋째는, 하나님의 창조는 완벽한 것으로서 자연 현상의 물리적인 원인을 지배

[1] 모어랜드와 레이놀드, 「창조와 진화에 대한 세가지 견해」, 박희주 역(서울: IVP, 2001), 289-290.

[2] 앞의 책, 290

하는 지적인 원인의 환원 불가능성이다. 한 예로, 우주는 잘 정의된 인과 관계적 배경으로 우주 전체에 대한 설계 및 우주 내부에 있는 설계들이 하나님이 특별하게 개입하신 것이다. 또한 신다윈주의자인 리처드 도킨스의 무작위적인 우연성에 대하여는, 즉 생명체가 기능적으로 특정되어 있음을 인정하는 것에 대하여는 부정적인 입장[3]이다. 생명 원리는 탄소를 기초로 지적인 생명체와 발달이 가능하도록 정밀하게 조율된 것처럼 보이는 여러 물리적 현상을 설명할 수 있는 것이 초월자이신 설계자에 의해 지적 설계가 이루어지고 있다는 것이다.[4]

끝으로 창세기의 기록 목적이 사람들에게 현대 사회의 과학 이론에 대해 알려주는 것이 아니고, 과학과 신학의 입장이 상보적으로 하나님이 신학적 진리를 우리에게 알리시기 위하여 계시하시거나 우화적인 기록으로 보며, 하나님의 창조는 성경에서 보여주지만 수행하신 것에서의 문제는 해결되지 않은 것으로 과학의 발전에 의해 점차 알 수 있을 것이라고 보는 관점이다.[5] 두 부류 중 한 부류는 다윈의 진화를 의심하는 것을 당연하게 여기고, 다른 부류는 자연주의자는 거부하지만 현재의 증거들이 다윈의 진화론과 연관이 있음을 인정한다. 또한 과학적 증거에 대하여는 의외로 많은 것들에 대하여 서로 동의를 하지만 그 증거들을 해석하는 방법에 대하여는 일부 다르다.

1. 성서문자주의 창조론

성서문자주의 혹은 근본주의에 가까운 사람들은 과학적인 설명방식에서는 하나님의 행위가 배제되어 있으므로 과학을 수정해 하나님의 행위에 대한 과학적 설명을 통하여 '유신론적' 과학으로 하나님의 존재를 과학에서도 인식해

[3] 윌리엄 뎀스키, 「지적 설계」, 서울대학교 창조과학회 역 (서울: IVP, 2002), 13-14.
[4] 모어랜드와 레이놀드, 「창조와 진화에 대한 세가지 견해」, 301.
[5] 앞의책, 290-291.

야 한다고 주장하고 있다. 성서문자주의 창조론인 젊은 지구 창조론에 따르면 창세기 1장 1절과 2절 사이에 시간의 간격이 없으며, 창세기 1장 전부는 우주 전체의 창조에 대한 기록이라고 해석하는 것이다. 즉 지구와 우주가 모두 젊다는 것이다. 이전의 종교 개혁자인 루터나 칼빈도 문자적 6일 창조를 생각했었다. 그러나 칼빈은 창조는 창조 주간의 길이가 문제가 아니고 창조의 주체이신 하나님과 창조의 목적, 창조의 의미를 더 중요시 했었다. 칼빈에게 있어서 "성령은 우리와 함께 말을 더듬으시는 분이시고 성령은 스스로 인간의 통속적 오류에 자신을 맡기신다"는 성경관으로 창조에 관한 주간의 길이를 중요하지 않게 생각하였다.[6]

하지만 젊은 지구 창조론자들은 창세기 1장을 문자적 1일설, 즉 오늘날의 태양일을 의미한다는 것을 성경적 올바른 해석으로 본다.[7] 창세기 1:14에서 나타나는 히브리어 '욤'을 날로 인식하고 전체적으로 동일한 서술문구로 생각하여 창조 주간의 처음 3일도 나머지 3일과 같게 전체 6일로 간주한다. 또한 날에는 한 번의 아침과 저녁이 있으며 창세기 1:5의 "빛을 낮이라 칭하시고 어둠을 밤이라 칭하시니라"는 말씀은 빛에 의한 지상에서의 저녁과 아침을 말하고 이에 의하여 첫 날이 경과된 것을 의미하는 것이다. 저녁이 먼저 언급된 이유에 대하여는 창조된 빛에 의하여 지상에 아침이 왔고 지구의 반바퀴 자전으로 저녁이 왔으나 아침부터 저녁까지 24시간이 되지 못하므로 다음 날의 아침이 되어서야 비로소 아침부터 저녁까지 만 24시간의 하루가 된 것임을 의미하는 것이다. 그리고

> "이는 엿새 동안에 나 여호와가 하늘과 땅과 바다와 그 가운데 모든 것을 만들고 일곱째 날에 쉬었음이라 그러므로 나 여호와가 안식일을 복되게 하여 그 날을 거룩하게 하였느니라." _ 출애굽기 20:11

는 말씀은 하나님이 의도적으로 인간에게 일자들의 사용방식을 모범으로

[6] 존 칼빈, 『칼빈의 점성술에 대한 경고』, 김동현 역(서울: 솔로몬 말씀사, 1993), 164.
[7] 유재원, 「첫째날의 창조사역과 날의 문제」, 한국 창조과학회 논문집, 『2012 창조과학 국제학술 대회』(서울: 한국창조과학회, 2012), 196-197.

보였음을 의미하며 6일이 한데 뭉쳐서 이스라엘의 노동 주간으로 설명하고 있다는 것이다. 인간의 날은 하나님에 의해 창조의 날로 계획적인 것이며, 하나님께서 창조의 날을 어떻게 사용하셨는지 그 방식을 인간에게 예로 설명하는 것이다. 한편 벧후 3:8의 하루가 천년 '같다'는 의미는 '이다'가 아니라서 단지 하나님께서는 무한한 능력으로 시간의 제약을 받지 않으심을 나타내는 의미이며, 혹은 시 90:4는 하나님과 인간 사이의 차이라서 성경에서 언급하는 하루와는 다르다는 것으로 해석한다.[8]

[8] 존 휘트콤, 『성경적 창조론』, 최차남 역(서울: 생명의 말씀사, 1993), 31-33.

그러나 창세기의 주된 기록 목적은 기록된 문자를 세분화하기보다는 하나님의 날과 인간의 날을 같이 생각해서 오해가 생긴다. 베른 포이스레스는 첫째, 하나님의 안식일인 제7일은 영원히 진행되며, 하나님의 섭리와 구속사역은 계속될지라도 그 분의 창조 사역은 완전히 끝났다. 그러나 제7일이 하나님의 영원한 안식일이라면 나머지 엿새도 하나님의 날들이며 우리의 것이 아니다. 이 날들이 24시간이어야 한다고 추론할 수 없다. 둘째, 창세기 2:9에 하나님은 에덴동산을 창조하시면서 나무가 자라도록 하셨다. 이것은 창조의 순간이기보다는 성장과정이며 하나님이 에덴동산을 창조하시며 행하신 농업은 인간이 행하는 농업의 기초이고 모델이다. 하나님의 사역과 휴식의 주간은 인간의 주간과 유사하지만 동일하지는 않다. 그 길이를 정확히 잴 수가 없기 때문이다. 끝으로 넷째 날에 하나님은 창세기 1:14에서 "징조와 계절과 날과 해"를 이루시기 위하여 천체를 만드셨다. 별들은 인간이 하루와 1년의 길이를 계산할 수 있는 표식이나 기준으로 사용할 수 있는 것이었다.[9] 만일 젊은 지구창조론자처럼, 별들이 나타나기 전의 사흘 동안의 시간을 부여하는 것이 하나님이 피조물인 인간을 위하여 준비하심을 무시하는 행동이다. 창세기 1장에 나타나는 창조 사건의 배열이 전부 시간 순이 아니라 부분적으로는 주제별로 된 것이라는 가능성을 의미한다. 그리고 성경 기자들이 고대 중근동의 다신론적 배경하에서 이스라엘의 하나님에 대한 신학적 진리를 전달하고자 하는 의도라고 생각해 볼 수도 있다.

[9] 모어랜드와 레이놀즈, 『창조와 진화에 대한 세 가지 견해』, 115.

한편, 1982년에 개최된 국제 성경 무오설 협의회에서는 창세기 1장을 근거로 하는 태양일로 6일간의 창조에 대하여 해석할 필요성에 대한 동의는 하지 않았다.[10] 우리가 성서에 쓰여 있는 창조에 대하여 가장 먼저 할 것이 성서의 본문은 역사성을 가지고 있으며, 역사적으로 해석해야 된다는 것으로, 당시의 이스라엘 민족에게 세계의 창조자이신 그들의 하나님을 증언하는 것이다. 하나님의 창조적 활동에 의하여 피조물들의 생성 과정을 설명하고자 BC 6세기에서 바빌로니아의 지혜를 사용한 과학으로 증언한 것으로 읽어야 할 것이다.

젊은 지구 창조론을 주장하는 사람들은 이언 바버의 과학과 종교의 관계이론에서 과학과의 갈등 관계에 속한다. 즉 종교적 신념에 맞지 않아서 과학적 증거는 어떤 형태의 유신론과 공존할 수 없으며, 진화 과학(진화론자들)은 적대 그룹이다.[11] 그들에게서는 우주론자들의 대폭발설에 대비되는, 전 우주는 오래되지 않은 과거에 순식간에 창조되었으나 다만 오래된 것처럼 보일 뿐이다. 최초의 창조된 상태가 현재의 우주라는 '성년 창조설'을 주장하는 것이다. 현상적인 연대와 참 연대는 다르다고 한다. 과학적이기보다는 성서 해석 때문이다. 1987년 베리 세터필드는 과학자들이 발표한 계속하여 빛의 속도가 줄어들었다고 하는 증거에 대한 자료를 토대로, 이론적인 분석을 통하여 1960년에서야 빛의 속도가 일정한 값으로 변했다는 것을 주장하였다. 또한 그는 역사적 빛의 속도 감소에 대한 연구를 기반으로, 지난 3세기 이후부터 측정된 빛의 속도가 감소하고 있으며 빛의 속도를 외삽하여 보면 우주 초기에는 빛의 속도가 거의 무한하였다. 그러므로 가장 먼 거리에 있는 물체에서 반사된 빛이 우리에게 도달할 수 있음을 보여준다는 것이다.[12] 호주의 지질학자인 스넬링은 태양계와 지구의 나이는 1만 년 이내라고 주장한다. 그리고 로버트 젠트리는

"우라늄 등 모원소가 전혀 없는 운모와 형석으로부터 폴로늄 할로가 발견되었다. 이것은 폴로늄이란 물질이 화강암이 생성되었을 때부터 존재해 있었으며, 이것의

[10] http://www.bible-researcher.com/chicago1.html; Jon W. Greene, "The Days of Creation : A Closer Look at Scripture,"

[11] 이언 바버, 『과학이 종교를 만날 때』, 19.

[12] 강건일, 『진화론 창조론 논쟁의 이해』, 129–131.

[13] Ken Ham and A. Snelling, 『The Answer Book』(El Cajon: aster Book House, 1997), 121-131; 조덕영, 『과학과 신학의 새로운 논쟁』, 155-156.

증거는 지구의 모암이 폴로늄 생성과 동시에 결정화된 것이다. 그러므로 폴로늄 할로의 존재는 지구의 나이가 젊다는 것으로 순간적인 창조를 보여주는 것"을 주장한다.[13]

이것은 어떠한 상대좌표에서도 빛의 속도가 일정할 것이라는 아인슈타인의 상대성 이론과 상이한 내용이다. 만일 빛의 속도가 변한다면 빛의 속도에 기초한 물리 상수들, 즉 전자의 전하에 의한 것이나 플랑크 상수 등이 맞지 않을 것이다. 기존의 양자 물리학은 대폭 수정할 수밖에 없게 된다.

또한 젊은 지구 창조론자들은 물리에서 열역학 법칙에 대하여 다음과 같이 설명하고 있다. 가모프의 우주의 기원과 진화에 입각한 대폭발이론에 대하여 '대폭발의 원초물질에 대한 발생과 대폭발이 어떻게 일어났는가?'에 대한 에너지 보존법칙인 열역학 제1법칙의 모순이라고 지적하며, 창조주 하나님이 초자연적으로 우주에 에너지를 부과하셨다고 한다. 헨리 모리스는 열역학 제2법칙은 모든 실재 과정들의 무질서가 커져가는 좀 더 확률적으로 높은 상태로 향하고 있는 엔트로피에 관한 법칙이라는 것이다. 이 법칙을 물리, 생물에 상관없이 알려진 모든 시스템에서 적용한다. 그러나 살아 숨쉬는 생명체에는 적용될 수 없는데, 반진화적 의미를 가지고 있기 때문이다. 즉 너무도 자명하게 태양에너지가 들어오는 어떤 열린계가 있다 하여도 그것은 저절로 자라지 않는다. 염산과 물, 소금 거기에 어떤 화학 물질이든 넣어둔 비커를 세상이 끝날 때까지 햇볕을 쪼여도 이 화학 물질이 뭉쳐서 살아 있는 박테리아든 혹은 다른 무엇이 되든지 자기 복제를 하는 생명체가 되지 않을 것이다. 에너지 사용 가능성 자체에는 열역학 법칙에 문제가 없다. 문제는 에너지의 양이 아니라 질이다.[14] 그리고 그들은

[14] H. M. Morris, 『The Troubled Waters of Evolution』, (San Diego: Creation Life Publishers) 98, 121-123; 필립키쳐『과학적 사기, 창조론자들은 과학을 어떻게 이용하는가?』, 주성우 역 (서울: 이제이 북스, 2003), 154-160.

"어떤 계를 고립시켜서 외부와의 상호작용을 없애 주었을 때, 그 계의 분자나 원자들은 더 불규칙한 운동, 즉 무질서한 운동을 하게 되는 방향으로 현상이 일

열역학 제2법칙에 근거하여 우주의 질서를 설명할 수 없다고 한다. 그 이유로 진화의 반응은 스스로 창조된 것이 아니며 질서를 유지하기 위하여 진행하는 과정이기 때문이다. 결국 무질서에서 질서를 유지하기 위하여 그 분의 의도대로 설계되어 창조된 것으로 보는 것이다. 또한 물질세계의 전체 질량이 거대하고 생명은 우주에서 가장 복잡한 현상으로 사람은 수백억 조의 세포로, 세포는 적어도 하나의 DNA를 가지며, DNA는 백억 개의 원자로 만들어졌으며, 원소들은 약 100여 종으로 말하면서 이 공간과 물질들은 하나님의 말씀으로만 창조되었다는 것이다.[15]

한편, 열역학 제2법칙이 우주 내의 사용 가능한 전체 에너지는 지속적으로 감소함을 의미하는 것이며, 우주는 원래 사용 가능한 에너지를 궁극적으로 소모하며, 쇠퇴하고 있다고 주장한다. 그 결론으로 우주는 어떤 정해진 시간에 창조되었어야 하며, 그 이후로 닳아 소모되고 있다는 주장을 하고, 에너지가 완전히 충만했던 한 시점인 첫 시작이나 혹은 창조의 순간이 있어야 한다는 것이다. 그러므로 우주가 없던 상태에서 우발적으로 존재하게 되었다는 혹은 마구잡이 기회에 의해 존재한다는 것이 논리적이지 못하다는 것이다. 그리고 생명 이전의 수프라 불리었던 화학 상태 구성으로 생명이 자발적으로 탄생되어 진화하였다는 논리는 우발적 기회에 의하여 유기 생명체가 발생할 확률이 상상을 초월할 수밖에 없으므로, 영국의 과학자 찬드라 웍크라마싱게 교수의 말을 인용하여 "지구의 환경은 유기 스프를 만들어 낼 올바른 환경이 결코 되지 못했으며, 충분한 시간이 없었고 충분한 자원이 없었으며 우발적 자연 발생할 확률은 제로"라고 하면서 진화에 대한 맹신 때문이라고 비난한다.[16]

하지만 물리학에서 열역학 제2법칙은 주어진 계에서 무질서도의 의미를 가진 엔트로피가 작은 상태에서 큰 상태로는 변하지만 그 반대는 발생되지 않는다. 즉 고립된 시스템의 상태는 계의 엔트로피가 감소하는 방향으로는 바뀔

15 허성욱, 「열역학법칙과 창조」, 『2012년 국제학술대회 논문집』, 한국창조과학회(서울: 한국창조과학회, 2012), 64-66.

16 그란트 제프리, 『하나님의 천지 창조』, 안준호 역 (서울: 한국창조과학회, 2007), 94-96.

수 없다는 것이다. 한 예로 이상 기체(분자 간의 상호작용이 일어나지 않는 기체)를 담은 그릇과 완전히 비어 있는 같은 크기의 그릇이 마개를 통하여 연결되어 있고, 그릇 주변과는 단열이 잘되어 있어서 전혀 열의 교환이 없다고 하자. 마개가 열리면 그릇 사이로 기체는 비어 있는 곳으로 퍼져 나가고 스스로 기체가 고르게 분포하게 된다. 이것을 우리는 열평형 상태라고 한다. 아무 일도 행하여지지 않았고, 열도 전달되지 않았으므로 기체의 마개가 열리기 전후의 내부 에너지는 변화가 없을 것이며, 온도도 변하지 않았으므로 기체의 엔트로피는 변하지 않았을 것이라고 생각할 것이다. 하지만 기체는 빈 공간에도 채워지므로 부피는 두 배로 증가하였으며, 엔트로피는 결국 증가하게 되었다. 이 엔트로피의 변화는 우주의 엔트로피 증가에 의한 변화로 생각할 수 있을 것이다. 이때 엔트로피는 에너지와 연관이 있는 것이 사실이다. 그러므로 우리는 실생활에서 증기기관 혹은 내연기관 등이 일을 하기 위하여 그 안에 공급된 에너지 가운데 일부만을 사용할 수 있다. 또한 온도가 다른 두 물체가 있다면 그 물체 중 하나는 다른 하나보다 따뜻할 때 열에너지는 따뜻한 물체에서 차가운 물체로 이동하여 가며 전체 엔트로피는 증가하게 되는 것이다. 열역학 제2법칙에 의하여 이것의 반대 상황은 일어나지 않는다. 무질서도가 증가하는 방향으로 전개되는 것이다.

지구상의 생명체는 태양에서 오는 에너지, 지구와 생명체 주변 사이에서의 열적 교환 등 고립 시스템이 아닌 외부 세계와 끊임없이 에너지 및 물질의 교환이 일어나기 때문에 자신의 엔트로피를 낮출 수 있으며, 주위 환경의 엔트로피를 증가시키기 때문에 생명체의 존재를 위해 엔트로피는 줄어들지만 대신에 주변의 엔트로피를 높이게 되고 결국 전체 시스템의 엔트로피는 늘어나는 것이다. 즉 열역학 제2법칙이 성립하게 된다. 그리고 열평형 상태가 되면 엔트로피가 최대가 되는 상태로써 물질이 모두 균일하게 되어야 하므로 생명체는 존재할 수 없다. 이때는 우주와 작용하는 이 세상과 우주가 열역학 제2법칙이 작용되며 엔트로피가 최대가 되는 열평형 상태의 경우가 되어야 한다.

또한 열역학 제2법칙을 통하여 우리는 과거만 기억하는 것을 생각할 수 있다. 즉 두뇌는 정보를 저장하고 있는데, 뇌에서 에너지를 사용하는 정보가 엔트로피와 관련을 갖도록 한다면, 정보의 축적은 엔트로피의 증가를 나타낼 것이다. 과거의 기억은 엔트로피가 증가하는 것을 의미하고 심리적 상태도 열역학 제2법칙을 적용받을 것이다. 태초에 우주가 대폭발을 통하여 시작되었다면, 이때의 우주는 뉴턴 운동방정식과, 양자 상태방정식을 선택한 초기 조건의 우주가 시작되었다. 또한 우주는 엔트로피가 아주 낮은 상태로 시작했으며 일반 상대성이론의 장 론에 따르면 계속 불어나고 있으면서 엔트로피는 증가하고, 생명체는 존재가 가능하게 된다. 우주가 정지되어 있으면 열평형 상태로써 우리는 존재하지 않을 것이다. 우주의 계속적인 팽창은 아직 열평형에 다다르지 않음을 보여주고 있는 것이다.

그리고 성서문자주의를 주장하는 사람들은 창세기에서 노아의 홍수를 바탕으로 우선 세계적인 대홍수가 있었고 그것은 지구 환경의 대격변을 만들었다. 그래서 지층은 단번에 형성되었다고 주장한다. 그들은 화석의 경우 지층이 서서히 퇴적하면 생기지 않으므로 보통 상태에서는 화석이 안 생기지만, 즉 지층이 몇 십억 년에 걸쳐서 서서히 퇴적한 것이 아니라, '단번에' 겹쳐 쌓은 지층에 동식물이 순식간에 매장된 후 일정하고 안정된 고압력에 의해서만 형성된다는 것이다. 그러므로 대홍수가 가장 좋은 설명이라는 것이다.[17] 즉 양치식물 화석, 작은 고기를 문 큰 물고기 화석, 그리고 수많은 화석이 수평 층에 안정되게 퇴적된 것의 경우는 살아 있는 상태로 순식간에 갇혀서 굳었으며, 높은 압력아래서 남아 있었기 때문이다. 나무 화석의 경우는 똑바로 서있는 것이나 경사로 된 것 그리고 상하가 뒤집힌 것이, 프랑스 상 데지엔, 호주 뉴캐슬, 미국 옐로스톤 등에서 수직 혹은 경사 화석의 여러 가지가 나타난다. 이는 대홍수 때에 수면이나 수중을 떠서 다니다가 가지와 잎 뿌리가 꺾이고 수분을 빨아들여서 무게가 무거워졌으므로 수직 상태로 물 밑에 가라앉게 되었다는 것이다. 창조과학 연구소를 설립한 헨리 모리스는

[17] 구보 아리사마, 『진화는 없었다』, 김순성 역(서울: 쿰란 출판사, 2008), 32-33.

"현재 지구의 지층에서 명확히 구분된 각 지층은 급격한 퇴적을 보여준다. 그것은 항상 일정하게 연속적인 수류가 활동하였음을 보여준다. 그러므로 각 단층은 급속히 퇴적한 것이다. 그리고 캐니언의 경우에 융기나 습곡이 있으며 부정합 지층으로 변형된 것은 단번에 퇴적되었다. 또한 대홍수가 세계를 뒤엎고 그때의 토사가 단번에 퇴적되어서 지층이 단번에 퇴적된 것"[18]을 주장한다.

[18] 앞의책, 35-36.

한 예는, 지질학의 증거로서 그랜드 캐니언의 경우 협곡사이에 층층이 쌓인 퇴적암의 협곡의 두 층 사이의 경계를 하나님이 창조하신 땅과 노아 홍수로 인하여 형성되었던 땅의 경계로 볼 수 있다는 주장이다. 첫째, 카르데나스 현무암이며 캐니언 내에서 가장 오래된 암석으로 간주하는데, 이 층은 사암층 아래에 위치하며 선캄브리아기 지층으로 분류된다. 둘째, 화산 폭발로 분출된 현무암질 용암으로 용암이 그랜드 캐니언이 형성된 이후로써, 수천 년 이내로 간주한다. 카르데나스 현무암의 연대 측정은 K-Ar법에 의하여 이루어졌으며, 동시에 같은 지질학적 단편의 암석 및 광물로부터 채취한 여러 시료에 대하여 병렬 분석적인 등 시간 방법에 의한 것이다. 또한 그랜드 캐니언의 가장자리에 위치한 용암층은 연대 측정 K-Ar법으로 1만 년 이내로 추정하며, 방사성 동위원소 방법이 잘못되었다고 주장을 한다.[19] 한편 캐니언의 지층이 수백 km까지 수평을 보이는 것에 대하여는 지층의 퇴적 역사가 오래지 않았다고 주장을 한다. 지층은 긴 시간 퇴적하는 경우 부드러운 습곡 현상이 일어나지 않으며 지진과 화산 폭발 등으로 인하여 습곡보다 파열 및 압축 현상이 나타난다는 것이다. 홍수, 즉 지하에 잠겨 있던 고압의 물이 지진으로 갈라진 지각의 틈을 뚫고 상승하여 공중으로 확산하여 폭우로 인한 대규모의 퇴적 지층으로 그랜드 캐니언을 형성하게 되었다는 것이다. 홍수에 의한 자연 댐의 붕괴로 현재의 협곡이 생겼고 사암층 안에 동물의 화석이 다수 발견되며, 물에 의한 퇴적 증거인 사층리(Cross bedding)가 전 지층에 나타나고 두 개의 석회암층에도 동식물 화석이 동시에 나타나므로 격변으로 인한 물의 작용으

[19] 존 모리스, 『젊은지구』, 홍기범, 조정일 역(서울: 한국창조과학회, 2005), 130-136.

로 본다.[20]

반면에 그랜드 캐니언의 공원 안내서는, 제2장 2절의 지질학 방법으로의 접근에서 기술한 것과 같이 그랜드 캐니언에 노출된 지층의 연령이 광대역 폭을 가진다. 또한 내부 협곡 중 가장 낮은 곳이 가장 오래된 지층이며, 18억 4,000만 년 전에 형성되었다. 그리고 콜로라도 강물이 계곡의 지층을 깎아서 깊은 협곡을 만들었다. 아주 깊고 넓어진 협곡이 된 이유는 지층마다 침식에 대한 강도가 다르기 때문에 생기는 차별침식으로 인한 것으로 말한다(그림 1 참조).[21]

한국의 창조과학회가 설립되는데 결정적인 영향을 끼친 남 침례교도인 헨리 모리스는 대학에서 공학을 전공했는데, 자신의 서재 창문 틈으로 날아온 말벌을 보고서 우연히 발전된 진화에 의한 것이 아니라 하나님의 정교한 피조

[20] 배용찬, 『태초에 하나님이』 (서울: 예영, 2007), 178-179.

[21] 위키백과 사전, http://ko.wikipedia.org/wiki/그랜드 캐니언: Grand Canyon National Park Official Website http://www.nps.gov/grca/index.htm and http://www2.nature.nps.gov/geology/parks/grca/age/index.cfm.

	두께	나이
카이밥 형성물 — Kalbab Fm	92~122m	2억 7천만 년
토로윕 형성물 — Toroweap	89m	2억 7천3백만 년
코코나노사암 — Coconino	104m	2억 7천5백만 년
허밋 형성물 — Hermit Fm	92m	2억 8천만 년
수파이그룹 — Supai Group	305m	2억 8천5백만 년 ~3억 1천5백만 년
서프라이즈 케니언 형성물 — Surprise Canyon Fm	0~23m	3억 2천만 년
레드월 형성물 — RedwallFormation	153m	3억 4천만 년
Temple Butte Fm	0~15m	3억 8천5백만 년
탬플뷰트 형성물 무압석회암 — Muav Limestone	137m	5억 5백만 년
브라잇앤젤세일 — Bright Angel Shale	104m	5억 1천5백만 년
템핏사암 — Tapeats Ss	0~61m	5억 2천5백만 년
그랜드 캐니언 슈퍼그룹 Grand Canyon Supergroup	946m	7억 4천만 년 ~12억 년
콜로라도 강 비쉬누 기반암 Vishnu Basement Rocks		16억 8천만 년 ~18억 4천만 년

그림 1 그랜드 캐니언의 지질 단면도(출처: ko.wikipedia.org/wiki/그랜드 캐니언)

물이라고 생각하게 되었다. 그는 창조과학 연구소를 설립하였으며, 진화 이론가들이 고대 생물이 태동한 시점을 잡는 방식에 대하여 의심을 가진 젊은 지구 창조론의 초석을 다진 자이다.

> "명백히 위력적인 순환 논법의 체계가 여기 있다. 화석은 돌덩어리들을 연대기적으로 배치하기 위한 유일한 열쇠로 쓰인다. 이 연대기에 화석을 어떤 위치에 놓아야 하는지 알려주는 기준은 생명에 대해 가정된 진화적 발전과정이다. 이 가정된 진화적 발전과정은 그렇게 만들어진 화석 기록에 근거한다. 진화에 대한 중요한 증거는 진화했다는 가정이다."

고 하며, 지질학과 진화이론이 너무 짜 맞추어 있다는 것이다. 즉 자신들이 보는 역사적 전개를 화석 기록과 엮어 보려는 생물학자의 요구를 충족시키기 위하여 지질학은 돌덩어리들의 연대를 고분고분 짜 맞춘다는 것이다.[22] 그러나 지질학자는 과거 생물들이 나타났던 순서에 대하여 암석이 형성될 때 생기는 층을 순서대로 놓기 위하여 진화 이론에서 예견한 생명체 출현 순서를 가정하기 때문이라고 한다. 일반적으로 지질학자들은 화석으로 남은 유기체가 살았던 연대에 대하여 진화적 가정에 의존하는 것은 일부분 사실이다. 이들은 낮은 지층에서 발견되는 생명체들의 화석이 높은 곳에 묻힌 것보다 시기적으로 먼저 발생했다고 생각했다. 하지만 진화적 가정을 기반으로 하는 것은 아니었다. 암석층의 연대를 측정하기 위하여 형성된 암석층으로 나누고 서로 다른 지역에서 나온 암석들과 연계시켜서 사용하는 지질학적 한 가지 방법들이 있다. 다른 하나는 방사성 측정법으로 암석들의 나이를 측정하기도 한다. 그리고 화석 기록도 지질학자들이 닮은 화석을 지닌 암석을 짜 맞추는 방식으로 지층을 연계시키며 화석의 형태의 배열과 지층의 배열 사이에 연관성을 가지고 연대를 정하는 데 도움이 된다. 또한 독특한 화석을 담고 있지만 정밀한 층위학적 분석이나 방사능 연대 측정법을 사용할 수 없는 암석층들에 대하여는

22 필립 키처, 『과학적 사기, 창조론자들은 과학을 어떻게 이용하는가?』, 110–111.

층위학적 순서 및 방사능 측정값을 가진 화석 배열을 연계시켜서 나이를 정한 다. 이 화석을 특정한 시간대에 번성했던 생명체가 남긴 잔해물로 해석하여 그 시간을 지층이 가진 나이로 받아들인다. 즉 화석 기록을 써서 암석에 나이를 매기는 절차는 층위학적 방법, 방사능 측정법, 그리고 생물학적 방법을 활용하여 시간 척도를 따로 떼어 놓고 연계시켜 정당화한다.[23]

잘 알려진 젊은 지구 창조론자인 폴 넬슨과 존마크 레이놀즈의 두드러진 특징은 열린 과학철학이다. 모든 기본적인 형태의 생명체가 창세기 1, 2장인 창조 주간동안에 하나님이 직접 창조하셨고, 창세기 3:14-19의 저주는 자연계의 모든 영역에서 심대한 영향을 끼쳤으며, 노아의 홍수는 역사적 사건이고 그것이 끼친 범위는 전 지구적이다.[24]

우선 열린 과학철학이란 자연 세계에 있어서 방법론적 자연주의의 과학 철학과는 다른 초자연적인 요소를 배제하지 않고 하나님의 직접 개입에 대한 과학 철학이다. 그러므로 진화론은 비과학적인 것으로 만들고 자연주의에 속박된 과학은 비물질적인 영혼을 이해하지 못하는 것이며 그러면서 물리적 증거에 의거하여 하나님의 활동 여부를 직접적으로 판단할 수 있다는 것이다. 즉 시편 104:14에서 하나님이 직접 풀이 자라게 하시는데 그것은 가축을 위해서다. 그 증거는 하나님이 생명의 역사에서 1차적인 원인으로 직접 활동하신다는 것이다. 그리고 아담의 타락은 역사적 사건일 뿐만 아니라 자연 체계 전체에 심대한 영향을 끼쳤으며, 창세기 3:14-19에 기록된 저주가 자연의 질서에 급격한 변화를 초래해 인간을 포함한 모든 생물계에 미친 사건으로서 아담의 타락이 세상에 죽음을 들여왔다는 것이다.[25] 성경에서 노아의 시대에 자연적인 전 지구적 규모의 홍수가 있었다고 말하며 신학적으로 중요하고 교부 시대 때의 교부들의 보편적인 가르침이었으며 그들의 핵심적인 종교적 견해이다. 지구의 연령 문제에 대하여 성경 어느 곳에도 우주의 나이에 대하여 언급된 곳은 없으나 종교적 동기 때문에 성경 본문으로부터 유추할 수 있고, 역대 교부들이 근세 창조를 믿었다는 것이다.

[23] 앞의책, 114-115.

[24] 모어랜드와 레이놀즈, 「창조와 진화에 대한 세가지 견해」, 54.

[25] 같은책, 58-59.

오래된 우주에 대하여도 부정하고 있다. 그들은 젊은 지구 창조론을 믿어야 할 이유를 두 가지로 설명한다. 우선 젊은 지구 창조론이 시간이 지나면서 성장하였고 지적으로 흥미롭다. 그리고 국제 창조 학회에서 발표된 논문들이 많으며 그 예로써 1994년에 발표한 국제 창조론 학회 회보의 '격변적 대륙 이동설: 지구 역사의 전 지구적 홍수 모델'을 통하여 새롭게 이론적 이해를 가져왔으며 비판적인 견해에도 잘 귀를 기울이기 때문이며, 그들이 틀린 것이라면 언젠가는 오류를 바로 잡아 줄 것이라고 한다. 다음은 연구 과제의 범위가 근본적이고 광범위하며 일관성이 있으므로 종교적 믿음에 큰 혜택을 줄 것이라고 한다. 세상과 창조주에 의하여 진리의 전말이 드러날 것이므로 진화에 대한 반론이 성공할 경우에 신앙적 승리를 기대하고 있다.[26] 그러면서 하나님은 우주를 오래된 것처럼 보이게 했다는 것이며 첫째, 하나님이 지구상에서 생명체들이 살 수 있도록 그러한 창조계가 필요했을 것으로 여긴다, 즉 우주가 현재와 같은 크기, 형태를 가지게 하셨다. 창조 주간이 끝난 후 생명을 지속적으로 유지시키기 위하여 이러한 거대 우주가 필요했으며 만일 하나님이 멀리 떨어진 별의 빛이 지구에 도달하기를 원하셨다면 그 빛을 경로 중간에서 창조하셨고, 멀리 떨어진 별들은 우주가 존재하기 위하여 필요하며 밤하늘을 하나님의 행위로 가득히 채우시기 원하기 때문이었다는 것이다. 둘째, 하나님이 우주 역사의 대부분을 구현하시려는 마음이 없었을지도 모른다고 생각하며, '자유의지'를 가진 존재가 창조되기 전까지 우주의 역사는 완전하게 예정되어 있었을 것이며, 따라서 하나님의 겉보기 역사는 실제 역사와 차이가 없다. 이것은 죄나 타락한 인간이 나타나기 전이라고 한다.[27]

신학교 교수인 베른 포이스레스는 창세기 7장의 홍수 사건은 신화가 아니라는데 동의하고 있다. 하지만 노아라는 관찰자가 자신의 관찰 수준 안에서 보인 것을 기록한 것으로 한국이나 일본에 살던 호랑이, 원숭이 등 동물들, 혹은 호주의 캥거루가 노아의 방주를 향하여 가지 않았을 것이며, 창세기 7:19의 "물이 땅에 더욱 넘치매 천하의 높은 산이 다 잠겼더니"에서 '천하'는 하늘

26 앞의 책, 63–64.

27 앞의 책, 66–67.

이 노아의 위에 존재하며, 그가 볼 수 있었던 산이 모두 물속에 잠겼으며, 그 범위의 모든 동물이 죽었던 것으로 노아의 홍수가 전 지구적이라는 언급이 성경에 없다는 것이다. 홍수 당시에 아담의 후손들이 전 지구적으로 퍼져 있지 않았기 때문에 국지적인 홍수를 가정할 수밖에 없다는 것이다. 사도행전 2:5 "그때에 경건한 유대인들이 천하 각국으로부터 와서 예루살렘에 머물러 있더니"에서 '천하'의 의미도 전 지구적이 아니라 그들이 느끼는 넓은 지역을 의미하는 것이며 골로새서 1:23의 '천하'도 마찬가지라고 생각한다.[28]

또한 고든 콘웰 신학교(Gordon-Conwell Theological Seminary) 교수인 존 제퍼슨 데이비스는 열린 과학 철학은 지지하나, 젊은 지구 창조론자들이 포유류와 흡사한 멸종된 대규모 파충류들의 화석에 대하여 언급하고 있지 않으며, 특히 인류의 화석인 오스트랄로피테쿠스, 호모에렉투스, 네안데스탈인 등의 광범위한 화석들에 대하여 언급하지 않는다. 이 화석들은 직립 보행과 두뇌 용량의 증가와 골격 구조의 변화들에 대하여 현대인과 유인원의 중간적 특성을 보여주고 있음에도, 현대인들에 가장 가까운 호모사피엔스가 이전의 화석들에 관한 조상들 없이 등장할 수 없었음에도, 이들에 대하여 침묵한다고 비판한다.[29] 창세기 본문의 기록 목적이 현대 과학의 자연 과학에 대한 질문의 답변에 있지 않다는 것이다. 그리고 아담의 타락과 함께 죽음의 문제에 대하여도 다음과 같이 언급한다.

> "그러므로 한 사람으로 말미암아 죄가 세상에 들어오고 죄로 말미암아 사망이 들어왔나니 이와 같이 모든 사람이 죄를 지었으므로 사망이 모든 사람에게 이르렀느니라." - 로마서 5: 12

의미는 죄에 대한 인간의 형벌을 의미하며 생물학적 죽음으로 보기 어렵다고 생각한다. 만일 아담의 타락 이후에 죽음이 왔다면 아담에게 말씀하신 하나님의 경고인 창세기 2:17 "선악을 알게 하는 나무의 열매는 먹지 말라. 네

28 앞의책, 114.

29 앞의책, 102.

가 먹는 날에는 반드시 죽으리라 하시니라"는 아담에게 어려운 해석으로 남게 된다. 과학자인 월터브래들리는 전 세계에의 화석 기록에서 보이는 대규모 생물들의 죽음이 노아의 홍수 이후라고 생각할 수밖에 없는데, 그렇다면, 한 예로써, 멕시코 만의 퇴적암에서 발견되는 화석의 경우에는 7,500 m 아래에까지 존재하고 조개, 흙, 침전물, 얕은 바다의 증발 화석 등이 다양하게 존재하며, 각 지층에 형성된 지질학적 조건도 다른데, 과연 단 한 번의 홍수에 의하여 생성될 수 있는지에 대한 의문이다. 그리고 인간의 장 내에는 필수적인 세균이 존재한다. 타락 이전에 생명체의 죽음이 존재하지 않았다면, 장 내에는 유익한 세균과 무익한 세균이 적절히 조화되며 존재하는데, 만일 죽음이 없어서 무제한 증식이 된다면 균형이 깨지므로 장에서 소화작용이 불가능할 것이다.[30]

[30] 앞의책, 104-105.

기독교 역사에서 성서는 다양한 양식으로 쓰여 있으므로 다양한 방법을 통하여 인식되어 왔다. 초대 교회 교부들이나 아우구스티누스, 루터와 칼빈을 비롯한 많은 신학자들은 역사적, 은유적 이해 등을 사용하면서 문자주의적인 성서 읽기를 주장하지는 않았다. 그러나 성서문자주의에 기반을 두고 있는 젊은 지구 창조 운동이 등장한 것은 복음주의자들의 직관적인 신앙 때문으로 창조론이 성경을 단순한 가르침으로 구체화한 것이다. 이 운동이 창조론의 최첨단에서 성경과 기독교를 보호하려했던 것은 잘한 일이다. 또한 성경은 하나님의 무오한 말씀이고 피조 세계가 하나님의 흔적이 담겨진 일반 계시라는 것을 피력한 것은 잘한 일이다. 그러나 성서를 과학에 잘못 적용하는 실수를 범하는 경우가 생겼다.

이 운동의 문제 핵심은 한 신학자에 따르면 첫째, 지구와 오래된 나이의 우주의 증거들에 대하여 부정한다. 창조 역사가 단 한번이었으므로 지구와 생명체들이 하루 24시간이고, 6일 동안이며, 6천 년에서 1만 년 사이에 창조되었음을 주장한다. 복음주의 입장에서 본다면 과학도 피조물의 한 부분이므로 과학과 기독교 사이에서 갈등을 일으켜야 할 이유는 없다. 그러나 자신들에게 유리한 과학자들의 연구 결과를 수용하고 일반적인 증거들을 수용하지 않는데 고민이 생긴다. 미시간 칼빈대학교 복음주의 지질학자인 데이비스 영은 대부분의 성서문자주의 창조주의자들은 성서가 지구는 젊다고 가르친다고 생각하기 때문에 그들은 이 같은 주장을 열정적으로 믿고 발전시킨다고 했다. 그의 눈으로 볼 때 이들의 과학적 증거들은 완전하지 못한 정보, 희망적인 사고방식, 실제 지질 상황의 무시, 그들이 원하는 가정들을 위한 선택적인 자료의 이용, 그리고 추론의 잘못 등에 기초를 두고 있으며 지구의 젊은 나이는 전혀 입증하지 못했다고 말한다. 그러므로 그는 헨리 모리스의 '창세기의 대홍수'는 맞지 않는다고 했다.

둘째, 진화론적 과정들이 기계적으로서의 자연주의적이며, 하나님이 하시는 일이 아니라고 주장하기 때문에, 하나님과 자연적 과정들 사이에 이원론적으로 분리를 한다. 핵심증거로는 화석유물로서, 이 유물들은 많은 시간적인 공백이 있기 때문에 진화는 비성경적이고 과학적 근거도 없는 자연주의적 기교로 간주한다.[31] 그러나 어떠한 현상이 기적적이며 초자연적이 아니면 하나님의 것이 아니라는 모순에 빠질 수밖에 없다. 그러므로 신학적 운동임에도 지적 설계에 대하여 우호적인 것은 이러한 이원론적인 사고 때문이다. 이들에게서 하나님은 오직 초자연적인 수단으로만 창조하시고 생물이 지구상에 처음으로 나타날 때 온전히 발달되어 오늘날까지 유지되어 온 것이다. 이는 창조의 의미에 대한 맞지 않는 견해일 것이다. 우리는 대진화와 소진화를 생각해 볼 필요가 있는데, 성서에서는 종들 사이의 진화(대진화)는 부정하는 것 같으나 종들 사이의 변이(소진화)는 가능할 것으로 보인다. 셋째, 복음주의 그리스도인들의 충고에도 들을 귀가 없는 것이다. 복음주의자인 데이비드 영은

"창조주의의 가짜 논의들이 그렇게 많은 책, 논설, 잡지 등에 계속 반복되는 것은 이해할 수 없는 것이다. 창조론자들은 그들이 비교적 잘 알지도 못하는 문제에 대하여 말하고 있다는 비평을 받아들이는 겸손함이 필요하다. 창조과학 운동은 비

31 조덕영, 「과학과 신학의 새로운 논쟁」, 128-129.

판을 겸손히 받아들이며 유능한 그리스도 과학자들의 충고에 대한 귀가 없는 것 같다. 같은 주장이 책마다, 논설마다, 그리고 그리스도인 앞에 놓여 있기 때문에 그리스도인들은 아직 오도되고 있다"고 충고한다.[32]

[32] 앞의책, 129-131.

성서문자주의자들은 성경은 결코 명확하게 말하지 않는 것들에 대하여 자신의 판단을 성경적이라고 주장하는 것은 옳지 않으며 겸손하게 성경에서 말하고자 하는 의미를 생각해볼 필요가 있다. 성서문자주의가 성경의 무오성을 주장하고 하나님의 말씀을 성찰하는 자연 계시를 주목했으나 칼빈의 적용에 대한 이론에 대하여 간과했음을 받아들이지 않을 수 없다. 그리고 세상을 향하여 신자들에게 과학에 의한 사상으로 계도해야 한다는 과학적인 엘리트주의에 빠져서 성경이 창조주에 대한 언급을 하고 있지만 주제가 창조된 사실에 대하여 과학적 관심의 대상으로만 만든 것이다. 성경에서 하나님은 유대인이나 헬라인이나 남자나 여자 그리고 노인이나 어린이 등 모든 이들에게 몸을 낮추시고 말씀하시는 겸손하신 분인 것을 잊은 것이다. 그러므로 우리에게서 하나님께서 만드신 세상을 이해하고 볼 수 있는 폭넓은 능력들을 빼앗은 것이다. 신학자 조덕영의 지적처럼 근본주의적인 사고의 습관은 젊은 지구 창조론의 개별적인 결론보다 더 파괴적인 근본주의적 이데올로기의 편향적 특성과 19세기의 반지성적 특성이 이러한 사고 습관으로 젖어 있기 때문에 기독교 지성에 악영향을 주고 말았다는 것이다. 그리고 이에 대한 문제점이 자연 세계의 지식에 대하여 공격적이며 이원론적이라는 것이다. 일부 과학적인 기만에 대하여 공격을 하고 방어적 정립을 하려고 했음을 인정하지만 기독교와 실증 과학의 접점에 대하여 혼란을 초래했다는 것이다. 그는 서구의 역사 기독교와 과학 사이의 타협이 항상 복잡했고 역설적이었지만 지성적인 전쟁 상태로 갔던 경우는 없었다는 것이다. 또한 성서문자주의자들은 그러한 갈등 때문에 복음주의 기독교 사상가들의 목소리를 경청할 수 없게 되었다는 것이다.[33]

[33] 앞의책, 134-135.

그들은 대화를 거부했으며 직접적인 실증적인 증거가 없을 때도 억측하면

안 되는 것이었다. 실증적 증거가 없는 과학은 불가능하기 때문이다. 그들의 과학이 성경과 관련하여 잘못된 경험주의, 즉 베이컨주의를 고수하고 건전한 베이컨주의를 포기했다는 것은 안타까운 일이다. 그리고 그들의 주장에 의하여 하나님이 태초에 현재의 모습으로 피조물을 창조하였다면, 그래서 모든 피조물들은 전제 조건이 시간에 따라 변하지 않는다면, 기독교의 일반적인 이해와 동떨어지게 만들 수도 있다. 그 이유는 하나님이 세계와 역사 속에서 항상 현존하시고 간섭하시기 때문에, 세계 속에서 개입하지 않는 하나님과 활동하지 않으시는 하나님은 자연 신학 혹은 이신론적일 수가 있기 때문이다. 젊은 지구 창조론은 '태초의 창조'만을 고집하는 것으로 보고 있으며, 하나님은 역사에 더 이상 개입하지 않으시며, 일회성 창조로 끝이 나기 때문에 하나님의 계속적인 세상의 관여를 무시하는 것이라고 하는 것이다. 심지어 그들의 하나님은 더 이상 기독교의 신이 아니며, 제대로 된 신학도 아닐 뿐만 아니라 과학도 아니라고 혹독하게 비평하고 있다.

2. 점진적인 창조론

창세기의 날과 날 사이에 오랜 지질학적 시간을 의미한다는 점진적인 창조론 혹은 오랜 지구 창조론으로서 젊은 지구 창조론과 대비되며 점진적인 창조론을 주장하는 사람들은 창조의 설명방식에 대하여 하나님은 이 세상 모든 것을 기적적인 방법을 통하여 짧은 기간 동안에 혹은 오랜 세월에 걸쳐서 순수하게 자연적인 과정으로 창조하실 수 있다고 주장한다. 하지만, 하나님은 예정된 계획에 따라서 인도하는 방법과 초자연적인 방법이 결합된 것으로 우주의 창조를 생각한다. 그리고 하나님의 창조 사역은 점진적으로 오랜 세월을 통하여 여러 단계로 이루어졌으며, 처음 단계에서 다음 단계를 하기 전에 각각의 창조 단계는 확실히 완성하셨다고 주장한다. 대표적인 사람들로는 찰스 핫지, 웨인 그루뎀 등의 신학자들과 데이비스 영, 앨런 헤이워드, 휴 로스 등의 과학자들이 있으며, 성서문자주의를 고집하지 않으면서 종교적인 구심점을 성서의 기술에 두고 있다. 오랜 지구 창조론은 젊은 지구 창조론자들과 비슷하게 물리적 증거에 의하여 하나님의 활동 여부를 직접적으로 판단할 수 있다고 하며, 그러한 증거는 하나님의 생명을 창조하신 활동에서 1차적 원인으로 직접적 설계를 보여주는 것으로 본다.

하지만 오랜 지구 창조론은 그리스도인들의 전통적인 믿음과는 다르게 지구와 우주의 창조 시점에 대하여는 과학에서 인정하는 지구와 우주의 나이로 인하여 수천 년보다는 훨씬 더 오래전으로 보고 있으며, 지구의 연령은 40억 년 정도 그리고 우주는 100억~200억 년 정도로 본다.[34] 그러나 하나님의 창조를 기술한 창세기에 대하여는 초대 교부인 아우구스티누스는

34 모어랜드와, 레이놀즈, 「창조와 진화에 대한 세가지 견해」, 129-131.

"창조란 시간 속에서의 한 사건이 아니며 시간은 이 세계와 함께 창조되었다고 믿는다. 창조는 시간과 함께 출현하는 무시간적인 행위이자 하나님이 이 세계를 유지시키시는 끊임없는 행위이다. 즉 창조된 세계가 존재하지 않으면 시간은 존재하지 않기 때문에 이 세계를 창조하기 전에 하나님께서 무슨 일을 했는지를 묻는 것은 무의미하다."

또한 토마스 아퀴나스는

"모든 결과에는 원인이 있으며 그 원인은 다시 그 이전 원인의 결과이므로 결국 인과 관계의 사슬이 시작되는 제 1 원인에 다다르게 된다. 인과 관계의 전체 사슬은 그것이 유한하느냐 아니면 무한하느냐에 상관없이 하나님께 달려있다"를 기반으로 주장한다.[35]

35 이언 바버, 「과학이 종교를 만날때」, 94.

즉 시간에 대하여 언급하는 것이 유의미하다고 할 수 없다는 의미이다. 오랜 지구 창조론은 이언 바버의 이론 중에서 부분적으로는 독립이론을 따르는 것으로 볼 수 있다. 독립이론은 과학과 신학의 갈등을 피하면서 제기하는 질문에 대하여, 서로 다루는 영역에 있어서 구별될 수 있다는 것으로 과학과 신학은 인간 생활에서 자주성과 독립적인 별개의 양상을 생각한다. 그러나 오랜 지구 창조론은 과학과 신학의 일정 부분의 중첩을 말하기도 한다. 즉 두 분야는 데이터에 적용하는 것이라고 말할 수 있는데, 데이터는 체계화하며 이해를 넓히기 위하여 이론에 우선해야 하며, 이론을 굳히는 작업이 아니라 진리를 추구하는 것이다. 과학과 신학은 동일선상에서 비교할 수 없고, 신학은 성경적이어야 하고 과학은 하나의 방법과 지식 체계로 이해하는 것이다. 그리고 과학은 일반 계시를 탐구하는 것이며, 신학에서는 하나님의 특별 계시를 연구하는 것으로 판단한다.[36] 한편, 과학과 신학에서 과학은 분명 과학을 초월하는, 그리고 바로 그 때문에 과학을 가능하게 해주는 형이상학적 전제가 있다. 과학은 절대적 진리가 아니라, 특정 형이상학에 기초한, 따라서 가능한 한 가지의 세계 해석에 불과하다. 한편 과학에 대하여 과학 철학자이며 화학자인 M. 폴라니는

> "현재의 실험 관찰 자료에 관한 최상의 설명을 과학 이론화 과정에서 얻을 수 있으나, 지금까지 알려진 사실보다 더 나은 설명이 존재하거나 다른 시각으로 바라볼 수 있는 새로운 정보가 등장한다면 근본적으로 이론의 변화가 일어나며, 또한 우리는 미래를 알지 못하므로 어떤 이론이 옳은지 여부에 대하여는 절대적인 입장을 취할 수 없다. 그러나 과학자들은 옳다고 생각하면서 연구에 매진하고 혹시 나중에 그 이론이 불충분하거나 틀렸다고 판명될 수 있음을 알면서도 말이다"라고 했다.[37]

그러므로 과학적 방법에 대한 올바른 이해는 '과학으로 증명되었다'라기보

[36] 모어랜드와, 레이놀즈, 『창조와 진화에 대한 세가지 견해』, 143-152.

[37] 알리스터 맥그레스, 『과연 과학과 종교 무엇이 다른가?』, 79.

다는 '현재 대부분의 과학자가 믿고 있는 것이다.' 그 예로서 토마스 쿤에 의하면 과학 혁명의 구조를 통하여 '패러다임의 전환'은 새로운 전환으로 급격한 전환이 일어날 수도 있다는 것을 말하고 있다. 그에 따르면 과학자들은 새로운 패러다임의 대안은 독특하고 보편적으로 인정되어진 문제를 해결할 수 있는 듯 보여야 하며, 새로운 패러다임은 그보다 앞선 패러다임을 통하여 과학에 조성된 구체적인 문제 해결 능력을 보전해야 한다면 수용할 것이다.[38]

맥그레스에 따르면 일반적으로 기독교적 신앙 혹은 자연계와의 상호작용에 의한 신앙에 대하여 세 가지 범주가 있다.[39] 그것은 우주론적 증명, 칼럼 증명, 그리고 목적론적 증명이다. 먼저, 우주론적 증명으로서 중세의 신학자 아퀴나스는 다섯 가지 길을 언급한다. 즉 세상 속에서 운동과 변화가 관찰되고, 움직이거나 변화하는 모든 것은 다른 무엇인가에 의하여 변화되고 있으며, 일어난 어떤 사건의 원인이 무한 소급될 수는 없으므로 인과관계의 사슬은 최초의 원인에서 끝나야 한다. 그리고 이 최초의 원인, 즉 부동의 원동자가 다름 아닌 하나님이라는 데 의심의 여지가 없다. 즉 우주는 하나님에게 의존하면서 존재한다는 것이다. 다른 하나는 칼럼 증명으로서 네 가지 명제로 정리가 가능하며, 시작이 있는 어떠한 것도 반드시 원인이 있으며, 우주의 존재에는 시작이 있고, 따라서 우주가 존재하기 시작한 데에는 무엇인가 원인이 있음에 틀림이 없다. 그리고 그 유일한 원인은 하나님이다. 하나님 원인에 대한 지지자인 윌리엄 크레이그는

> "존재하기 시작한 모든 것에는 존재의 원인이 있고 우주의 존재에 시작이 있으므로 우주를 존재하게 한 원인이 있다는 결론이 내려진다. 온 우주를 초월하여 우주가 생겨나게 한 원인이 존재한다"라고 말했다.[40]

마지막으로 목적론적 증명이 있는데 스코틀랜드 철학자인 흄은 세계로부터 설계를 관찰하였다고 해서 그 세계를 창조한 하나님을 곧바로 추론할 수 없다.

[38] 토마스 쿤, 『과학 혁명의 구조』, 김명자 역(서울: 까치, 2013), 238.

[39] 알리스터 맥그레스, 『과연 과학과 종교 무엇이 다른가?』, 80-84.

[40] Craig William Lane and Quentin Smith, 『Theism, Atheism, and Big Bang Cosmology』 (Oxford: Clarendon Press, 1993), 63.

설계의 관찰이 설계자의 존재를 추론하게 만든다는 주장과 그 설계자가 다름 아닌 하나님이라는 주장은 별개다. 그리고 우주의 설계자가 있다는 주장은 무한 회귀로 빠질 수 있다고 한다.[41] 아퀴나스는 원인의 무한 회귀를 분명히 거부했으나 그러한 거부가 듣는 자들에게 옳다고 생각하게 하여 타당성을 입증하지 않았다. 아퀴나스는 자연 질서 내에 분명하게 드러나는 설계, 즉 어떤 목적하에 만물은 설계된 것처럼 보인다고 했다. 신학자이자 물리학자인 로버트 러셀은 하나님의 행위의 문제가 섭리론의 핵심을 이룬다고 한다. 그 행위는 세계 속에서 객관적으로 행위하고 자연 법칙에 개입하거나 그 법칙을 중단시키지 않고서도 가능한 특별섭리이다.

[41] 알리스터 맥그레스, 『과연 과학과 종교 무엇이 다른가?』, 84-86.

"섭리론은 창조론을 전제로 하면서도 더욱 의미를 부여하게 되는데, 하나님이 존재하는 모든 것이 지닌 의미와 목적이 원인이라는 점을 강조하는 것이다. 하나님은 우주를 창조했을 뿐만 아니라 그 우주를 하나님의 목적들이 실현되는 방향으로 인도하고 이끌어 간다. 비록 자연적, 역사적 사건들의 과정 속에서 이 목적들이 부분적으로 드러나기도 하지만 그 대부분은 우리에게 감추어져 있다. 하나님이 그 목적을 이루는 방법 또한 숨겨져 있으며 우주의 역사 전체에 걸친 하나님의 행위는 종말론적 미래에 가서야 비로소 완전히 드러날 것이다"는 것이다.[42]

[42] 로버트 존 러셀, "행위하는 신은 진정 자연 안에서 활동하는가?," 테드 피터스 편집, 『과학과 종교』, 김흡영, 배국원, 윤원철, 윤철호, 신재식, 김윤성 역(서울: 동연, 2002), 147.

한편 맥그레스는 '자연'은 객관적 실체가 아니라 언제나 사회적으로 형성된 개념으로 철학이나 신학의 기초로 삼으려면 자연을 선험적 존재론 위에 두는 일이 선행되어야 한다고 했다. 그러므로 창조교리는 존재론을 제공하고 기독교 신학은 자연을 유익한 지적 개념으로 활용할 수 있으므로 기독교적 접근은 자연을 하나님의 창조 산물로 바라보아야 한다. 그리고 하나님의 자유하심 및 창조주에 대한 피조물의 존재론적 의지를 확인하는 '무로부터의 창조'에 대한 중요성을 인지한다.[43] 과학과 신학에는 공통적으로 세상과 동, 식물 그리고 인간의 기원에 대하여 심지어는 인간들의 죄 문제까지도 생각하고 있다. 인류

[43] 알리스터 맥그레스, 『과학신학탐구』, 황의무 역(서울: 기독교문서선교회, 2010), 47-48.

학이나 심리학으로 인간의 기능 장애 여부를 연구하기 때문이다. 그러나 과학적 지식은 공적 사실이고 실재적인 지식이며 객관적으로 옳다고 하는 시각이 있으며, 기독교 지식을 믿는 사람에게나 주관적으로 진리를 생각하는 것이며 사회의 진보를 방해하는 분열적인, 독선적인 요인으로 치부되기도 한다. 오랜 지구 창조론자들은 학술적 · 일반적 진리 탐구에 모두 필수적인 보편적 상식에 근거한 과정을 사용함으로써 자연 데이터와 성경 데이터 양쪽을 공정하게 해석한다고 주장한다.[44]

[44] 모어랜드와 레이놀즈, 『창조와 진화에 대한 세가지 견해』, 144-149.

일반적으로 젊은 지구 창조론과 오랜 지구 창조론 사이는 많은 부분에서 의견을 같이한다고 하여도 죽음의 문제에는 차이를 보이고 있다. 즉 아담의 죄가 들어오기 전에 죽음이 있었는지에 대한 비판이다. 젊은 지구 창조론자들은 아담 이전에는 죽음을 논할 수 없다고 하지만 오랜 지구 창조론자들은 아담 이전의 죽음은 천사들의 타락으로 인하여 그 결과 동물의 죽음이 오게 되었다는 것이며, 또한 그들은 중간의 입장에 간격론(gap theory)이 있는데, 이는 스코틀랜드의 토마스 찰머스가 주장한 것으로 창세기 1:1-2 사이에는 시간의 간격이 존재한다는 것이다. 현대 과학으로 설명이 어려운 현상의 비어 있는 빈틈에 하나님의 역사를 끼워 넣는 것이다. 또한 간격론은 창세기 1장의 지구와 우주의 창조에 이어서 "땅이 혼돈하고 공허하며"에 암시된 것을 지구상의 생물 서식지 파괴가 일어나는 것으로 본다. 그 후에, 황폐화된 지구는 몇 천년 전 문자 그대로 6일 동안에 회복된 사건을 설명한다. 이 이론은 파괴된 창조 세계의 회복과정에 대하여 관심이 있다.[45] 오랜 지구 창조론자들은 창세기 기사가 지질학 및 우주론으로부터의 데이터와 동일하다고 생각하며 우주, 지구와 그 내부의 모든 것에 대한 창조를 가리키는 것으로 생각한다. 한편, 초대 교부들 중의 키프리안이나 오리겐 이레니우스 등은 창세기 1장을 베드로 후서 3:8의 "하루가 천 년 같고 천 년이 하루 같다는 이 한 가지를 잊지 말라"는 비유를 그대로 적용하여 혹은 아담이 먹는 날 바로 죽지 않고 930세에 죽은 것으로 보아서 날의 의미를 하루 24시간으로 보지 않았을 것으로 추정하고,

[45] 같은 책, 130-131.

하루를 천 년 혹은 그에 상응하는 긴 시간으로 보는 경우도 있었다.[46]

반면에 대표적인 오랜 지구 창조론자인 천문학자이며 신학자인 로버트 뉴먼이 창세기 1장은 특정한 날에 시작하여 계속하여 진행 중이라고 생각한다. 창세기의 하루가 긴 시간을 의미하는 날-시대론, 즉 오랜 기간 및 기간 사이에 있는 24시간이 하루인 단속적 창조론, 혹은 6일 동안 창조를 시간의 순서적이 아닌 문학적 의미로 해석하는 골격 가설 중에서 단속적 창조론을 취하는 입장이다. 태초에 하늘과 지구는 하나님에 의하여 창조되었으며, 이후 이어지는 각 날들은 새로운 창조 기간을 여는 것을 말한다. 그는

> "첫째 날에는 대기와 바다의 형성, 둘째 날에는 육지와 식물의 창조, 셋째 날에는 대기로의 산소 주입과 정화, 넷째 날에는 공기와 해양 동물의 창조, 다섯째 날에는 육상 동물과 인간의 창조, 여섯째 날에는 구원 받은 인간의 창조가 시작되었으며, 마지막 날인 일곱째 날에는 하나님의 영원한 안식이 시작될 것이며 하나님께서 창조한 인간도 새 하늘과 새 땅을 기뻐랜 것"으로 본다.[47]

이 창조 이야기는 관찰자인 우리가 우주 공간의 높은 지점에서 우주 내의 모든 것이 일어나는 것을 보는 것이 아닌 지구 위에서 우리를 둘러싸여서 일어나는 창조를 보는 것으로 생각하는 것이다. 그는 지구 창조에 대한 전개를 우주론자들의 주장에 기초하여 기술한다. 즉 태양을 비롯한 지구는 형체가 없는 가스 덩어리로부터 자체의 중력으로 수축하였으며 이때 주변은 어두웠었다. 그리고 구름 덩어리 전체가 빛이 나기 시작했다. 이 덩어리들은 떨어져 나와서 행성을 이루게 되었으며, 태양의 경우는 낮이며, 즉 관찰자는 어둠으로부터 분리된 낮으로 표현하는 빛과 밤으로 표현되는 어둠을 보게 되며, 지구의 대기는 지구의 내부로부터 형성되었고, 물은 지구의 표면과 대기 중의 물로 구분되었다. 지구는 지각 변동에 의하여 움푹 파인 분지, 바다를 형성했고, 높은 부분은 육지가 되었다. 그리고 식물이 등장해서 대기로부터 이산화탄소

[46] 유재원, "첫째 날의 창조 사역과 날의 문제," 한국창조과학회, 『2012 창조과학회 국제학술대회』(서울: 한국창조과학회, 2012), 205.

[47] 모어랜드와 레이놀즈, 『창조와 진화에 대한 세가지 견해』, 131.

를 제거했으며 이에 따라서 지구의 온도는 낮아졌다. 이것으로 동물들에게 산소를 제공하게 되었고, 하늘을 깨끗이 하여 태양, 달, 별들이 지구 표면의 우리에게 보이게 되며, 끝으로 인간이 창조된 것으로 말한다. 그러므로 빛의 창조에 대하여서는 과학적 증거를 기초로 밤에 하늘의 여러 별들은 여러 광년의 별들을 볼 수 있다는 의미로 시리우스별의 경우는 약 12년 전에 출발한 빛이 지금 우리 눈에 도달한 것으로 생각되고, 안드로메다 성운은 약 200만 년 광년 떨어져 있는데, 그 빛은 약 200만 년 전에 출발한 빛으로 생각된다. 성운과 준성들의 거리에 따라서 우주의 역사를 대략 100억 년 이상으로 추정한다.

지구의 역사에 대하여는 성경을 통하여 직접적으로 언급이 되어 있지는 않지만, 성서는 지구의 탄생이 인간이나 동식물들의 창조보다는 앞서는 수천 년보다 오래되었다고 암시한다. 그 예로 시편 90:4가 모세 오경이 모세의 기록으로 알려주는 구절인데, 초대교부들과 같이 하나님은 하루를 천 년으로 보기도 하시고 심지어 하룻밤의 몇 시간으로 보기도 하신다는 것이다. 또한 요한일서에서 마지막 때를 말하고 있으나 아직 도래하지 않았으며 요한계시록에서는 16:18 "또 큰 지진이 있어 얼마나 큰지 사람이 땅에 있어 온 이래로 이같이 큰 지진이 없었더라"인 의미는 인간 역사보다 더 큰 지진이 있었을 가능성을 언급한 것이며, 시편 102:25-26 "주께서 옛적에 땅의 기초를 놓으셨으며 하늘도 주의 손으로 지으신 바이다. 천지는 없어지려니와 주는 영존하시겠고 그것들은 다 옷 같이 낡으리니 의복 같이 바꾸시면 바뀌려니와"의 하늘이 옷 같이 낡은 것의 의미가 이미 하늘이 오랜 세월 존재했음을 암시하고 있으며 이것을 기초로 별의 노화 과정에 대한 수십 억 년 이상을 의미하는 것이다. 하지만 이 모든 것이 성서가 직접 지구의 연령에 대해 이야기하고 있지 않고 오래되었음을 의미하는 것도 아니지만, 젊은 지구 창조론의 성서문자주의에 기초하는 수 천 년이라는 지구 연령에 대한 지나친 해석이라고 비판을 하고 있다.[48]

반면에 신학자인 베른 포이스레스는 창세기 2장의 일곱째 날에 대한 히브리어 시제가 과거 사건을 묘사하기 위한 규범적 과거 시제이고, 출애굽기

[48] 같은 책, 132-135.

20:11의 "엿새 동안에 나 여호와가 하늘과 땅과 바다와 그 가운데 모든 것을 만들고 일곱째 날에 쉬었음이라 그러므로 나 여호와가 안식일을 복되게 하여 그 날을 거룩하게 하였느니라"는 시제도 하나님이 과거에 안식하셨다는 의미라는 것이다. 그리고 창세기 1장의 창조 사건은 완결된 것으로 창세기 2:1의 천지와 만물은 다 이루어진 것으로 당시의 히브리인들은 생각했을 것이며, 하나님이 만드신 피조물들은 이미 존재하며 완전한 기능과 형상을 가지고 있는 것이다. 또한 각 날이 24시간을 의미한다는 것과 창조 기간의 시작의 표시인 그 날로부터 시작된 오랜 기간을 통한 진행이라는 관점으로부터 출애굽기 20장에 의거하여 이스라엘 백성들이 6일 동안 일하고 7일째는 안식하므로 이 날들은 광대한 창조 사역 기간에 흩어진 것이 아니고 단일 전체 구조로 보아야 한다는 것이다. 즉 6일 동안 창조하시고 마지막 날에는 안식하셨던 것이다. 그리고 빛의 창조에 대하여는 주제별 창조이기보다는 성서에 기록된 하나님의 창조 순서를 따르는 것이 바람직하다. 마지막으로 하나님의 개입은 항상 일관되게 인격적으로 개입하시고 그 분의 계획들은 조화를 이루게 되는 것으로 이사야 46:9-10 "나는 하나님이라 나 외에 다른 이가 없느니라. (중략) 내가 시초부터 종말을 알리며 아직 이루지 아니한 일을 옛적부터 보이고 이르기를 나의 뜻이 설 것이니 내가 나의 모든 기뻐하는 것을 이루리라"와 에베소서 1:10-11에서 "하늘에 있는 것이나 땅에 있는 것이 다 그리스도 안에서 통일되게 하려 하심이라. 모든 일을 그의 뜻의 결정대로 일하시는 이의 계획을 따라 우리가 예정을 입어"로 말씀하셨음을 주장한다.[49]

오랜 지구 창조론자이며 천문학자인 휴 로스는 우주는 매우 정교하게 조율되었으며, 그 이유로는 생명체가 우주에 존재하기 위하여 현재 지니는 우주의 특성과 법칙들을 반드시 가져야 한다는 것이다. 즉 우주의 기본적인 네 가지 힘인 강력과 약력, 전자기력, 끝으로 중력의 크기나 우주가 팽창하는 속도에서 원자들의 특성이 약간만 달라도 우주에는 생명체가 존재할 수 없다는 것이다. 즉 지구 태양 달 그 외 여러 환경은 너무나 정교하게 조율되고 있어서

[49] 모어랜드와 레이놀즈, 『창조와 진화에 대한 세가지 견해』, 179-181.

50 다중 우주론은 1981년 물리학자인 구쓰(Guth)에 의하여 제안되었는데 그는 팽창 우주의 개념으로 부터 우주가 최초로 출현한 순간 1경조 분의 1보다도 짧은 순간에 거대한 팽창을 겪음으로써 여러 개의 우주가 생겼다는 가설로 인류는 어쩌다가 생물학적 친화성을 가진 우리의 우주 안 지구에 살게 되었으며, 생명 친화적이지 않은 다른 우주도 존재할 것이라고 하였다. 예로써 기본 법칙인 전하보존의 법칙에 의하여 전자가 나노미터 이하로 움직일 수밖에 없으며 핵을 포함한 원자에 안정된 상태로 존재하는데 그런 상태의 다른 우주는 이 법칙이 존재할 수 있을까? 현재는 증명이 가능할 정도로 연관된 물리학적인 법칙을 생각할 수 없을 것이다.

51 모어랜드와 레이놀즈, 『창조와 진화에 대한 세 가지 견해』, 138-139.

52 Paul Davies, 『God and the New Physics』 (New York: Simon and Schuster, 1983), 189; 알리스터 맥그레스, 『과연 과학과 종교 무엇이 다른가?』, 192.

53 John Barrow and Frank Tipler, 『The Anthropic Cosmological Principle』 (Oxford: Oxford University Press, 1986) 5; 알리스터 맥그레스, 『과연 과학과 종교 무엇이 다른가?』, 192-193.

창조자이신 하나님 없이는 우주의 단 하나의 행성에도 우리와 같은 고등 생명체가 존재할 수 없다. 그러므로 무신론자들의 우주론인 정지 우주론, 순환 우주론, 다중우주론[50] 등이 틀렸다는 것이다. 단순한 세포도 아주 복잡한 구조로 되어 있으며, 이것의 필요한 부분을 세부적으로 기록하는 것은 불가능하며 이러한 세포들은 지구 역사에서 매우 일찍 발생되었어야 한다. 그런 까닭에 생명체의 복잡성과 갑작스런 출현이 무신론적 진화론자인 도킨스의 '눈먼 시계공'과 같은 우연한 과정이나 생존 경쟁만이 아니라 창조자의 기적적인 개입으로 계획되었다고 볼 수 있다는 의미이다.[51] 그리고 폴 데이비스는 '자연이 자신의 기본 상수에 부여한 수치 값이 불가사의 할 정도로 일치하는 것은 여전히 우주 설계 요소를 가장 강력하게 입증하는 증거로 삼아야한다'라고 하였다.[52] 물리학자인 프랭크 티플러는 인류 우주 철학의 원리에서

"20세기 물리학의 대표적인 성과 중 하나는 자연 세계가 갖는 불변의 속성 그리고 자연을 이루는 모든 구성원의 거대한 크기와 조직에 필연성을 부여하는 기본적인 구성 요소가 있음을 점차적으로 깨달은 것이다. 항성 및 행성 그리고 인간의 크기는 무작위적이지 않으며, 다윈설에서 주장하는 대로 무수한 가능성 중에서 선택된 결과도 아니다. 이러한 요소와 기타 우주의 거대한 특징은 필연성의 결과로 서로 경쟁하는 인력과 강제력 사이에 존재할 수 있는 평형 상태를 나타낸다. 이러한 자연의 통제력에 내재된 힘은 우리가 자연 상수라고 부르는 순수한 숫자의 신비로운 조합에 의해 결정된다"고 주장한다.[53]

한 예는 강 결합 상수(strong coupling constant)가 우주 생성 때보다 조금 더 작으면 가장 작은 원소인 수소는 우주의 유일한 원소가 된다. 생명체에 중요한 탄소의 화학적 속성이 없는 수소가 탄소로 바뀌지 않으면 생명체의 존재가 나타나지 않을 것이다. 강 결합 상수가 우주 생성 때보다 커진다면 수소는 헬륨으로 바뀌었을 것이며 항성이 형성되기 어렵기 때문에 항성으로 인하여

존재하는 생명체는 나타나지 못했을 것이다. 또한 미세 구조 상수(weak fine constant)가 우주 생성 때보다 조금 더 작다면 우주의 초기 역사 과정에서 수소는 전혀 생성되지 않을 것이며 항성 또한 존재할 수가 없었을 것이다. 혹은 조금 더 컸다면 초신성에서는 생명에 필요한 더 무거운 원소를 분출하지 못했을 것이고 생명체는 나타나지 못했을 것이다. 그리고 전자기 미세구조 상수가 조금이라도 더 크다면 항성은 생명체를 유지할 수 있을 온도로 행성을 덥힐 수 있는 온도가 아니라서 없었을 것이고, 더 작다면 항성은 행성에서 생명체가 나타날 수 없을 만큼 빠른 속도로 타버렸을 것이다. 중력 미세구조 상수가 조금이라도 더 작았다면 항성과 행성은 그 구성 물질의 응집에 필요한 중력 구속으로 인하여 나타나지 않았을 것이고 더 컸다면 생명체가 나타날 수 없을 만큼 빠른 속도로 타버렸을 것이다.[54]

결국 우리의 우주는 양방향 게임 같은 것이라고 할 수 있으며 비인격적인 것들, 예를 들면 별, 돌, 나무 등과 대비되는 인격체, 즉 하나님, 인간, 천사 등의 대표적인 특성은 행위를 발전시킬 수 있는 자유인데 자연 법칙의 지식으로는 설명할 수 없는 것이다. 즉 전자기파에 대하여 단순히 아는 것으로는 전파의 전달 정보는 이해할 수 없는 것이기 때문이다.[55] 그러므로 우리의 세계는 자신이 늘 존재해 왔다거나 우연히 존재하게 되었다는 메시지가 아닌 특별한 법칙들에 의하여 가장 중요하게 창조되었다는 메시지를 전달하고 깨달아야 할 도덕적 의무가 있다는 의미이다.

또한 뉴먼은 창세기 2장에 대하여 진화론적 유신론자들의 문제가 비유나 우화적 설명이라고 말하는 것은 인간이 유인원으로부터 점진적으로 진화되어 왔고, 중간 종이 성립하며 결국에는 아담과 하와는 존재하지 말았어야 한다는 의미로 해석된다는 것으로 비판하면서, 하나님의 기적적 개입에 의하여 생기를 불어 넣으시어 사람이 살아있는 존재가 되는 아담과 하와가 창조되었음을 지적한다. 그러나 또 다른 진화론적 유신론자들이 성서에서 두 가지 기적적 개입에 대하여 말하고 있다는 것을 이야기한다. 즉 우선 아담은 섭리에 의한

[54] 알리스터 맥그라스, 「과연 과학과 종교 무엇이 다른가?」, 193-194.

[55] 모어랜드와 레이놀즈, 「창조와 진화에 대한 세가지 견해」, 158.

결과라기보다, 직접적으로 흙으로부터 창조된 기적적 피조물이다. 혹은 원숭이를 개조하여 흙으로 빚어 만든 피조물이다. 그리고 아담으로부터 하와를 창조하신 일인데, 인간의 타락이라는 성경적 입장과 잘 들어맞지만 환원 불가능한 기원의 복잡성에 대하여 설명을 못한다는 것이다.

뉴먼은 마이클 베히의 글을 인용하면서 어떤 생체 기관이나 화학적 과정이 제대로 작동하기 위하여 많은 부분적 요소가 필요하고 기관이나 화학적 과정이 여러 세대에 걸친 작은 연속적인 변화들로 이루어졌다고 볼 수 없다. 그 중 하나라도 없으면 그 기관이나 과정은 작동하지 않는다. 그 이유는 모든 부분이 갖추어져서 특정 기능을 가진 기관이나 과정이 형성되기 전에는 그것들은 쓸모없는 것이며, 오히려 무로부터 일시에 만들어진 것처럼 보인다. 조직된 DNA가 작동하거나 수많은 변이는 가장 좋을 때 가장 좋은 지점에서 갑자기 발생한 것이기 때문이다. 그리고 지질학적으로 화석 기록상 중간 종이 거의 없기 때문에 유신론, 무신론적 진화론은 틀렸다. 5억 년 전에 캄브리아기 대폭발로 인하여 동물의 모든 주요 문이 500년 혹은 1,000만 년 사이에 갑자기 폭발적으로 등장한 처음이자 마지막으로 대규모의 발생이었던 것이다. 하나님이 유전자에 새로운 정보를 더했다는 설명 또는 새로운 유전자 프로그램이 작동하였다는 설명이 이러한 현상을 잘 표현하는 것 같다. 소수의 공통 조상으로부터 유래했을 수도 있지만 순수한 자연현상이 아닌 것으로 보인다. 또한 화석 기록에서 발견되는 종간의 간격 외에도 진화론과 맞지 않으며 진화론에 따르면 생물의 다양성은 가장 단순하고 원시적인 생명체로부터 퍼져 나아가며 이것은 마치 나무 줄기로부터 사방으로 가지가 뻗어 나가는 피라미드 형태를 띠게 된다. 최초의 생명체는 여러 종으로 분화되고, 다시 뚜렷한 구분으로 속을 형성할 것이고, 계속하여 과목강을 거쳐서 문을 형성할 것이다. 그러므로 진화론의 생명의 나무는 바닥으로부터 위를 향하는 모습이어야 하는데 문이 캄브리아기 대폭발 때 갑자기 나타나며 그 후 다양한 하위 범주로 나눠진다는 것으로 생물학적 분류 체계가 문으로부터 아래로 형성되고 이것이 오랜 지구 창조론이 맞는 이유로 설명한다.[56] 하지만 그는 우리는 보이지 않는 영적 세계(기적)에서 무슨 일이 진행되고 있는지 알기 위하여 비밀의 장막 속으로 들어가 볼 수 없다. 하나님이 직접 하시는 행위는 어떤 것이고 다양한 도구나 대리자를 통하여 일어나는 일이 어떤 것인지도 모른다. 그러나 자유를 부여받은 인간으로서 책임을 지녔고 우리의 행위로부터 칭찬이나 정죄를 당한다는 것이다.[57]

[56] 같은 책, 140-143.

[57] 앞의 책, 143.

전통적으로 생물의 진화에 관한 두 가지 주요 과학 분야는 지질학과 생물학이다. 지질학에서는 지질 주상도를 얻을 수 있다. 층서표라고도 하는 지질 주상도는 수백만 년 동안에 걸쳐서 아래에서 위로 연속적으로 암석이 형성되면서 지각이 이루어지는 전체 과정을 나타나는데, 이때 과거에 살았던 화석 기록의 표시가 되는 것이다. 그런데 이 기록을 보면 단순 동물에서 복잡한 생물의 인간으로 발전하는 경향이 드러난다. 그리고 생물학적 현상으로 '상동'이라는, 즉 형태와 기능은 종마다 다르지만 비슷한 부위에서 상응하는 기관이 만들어짐을 알 수 있다. 그 예로 인간의 팔과 물고기의 지느러미를 들 수 있다. 이러한 화석 기록은 젊은 지구 창조론자들은 진화가 일어났다는 가정하에 이루어진 순환 논법의 중요한 사례와 연관의 가능성이 있다고 비판한다.

그러나 성공회 목사이자 옥스퍼드 지질학자인 버클랜드는 고 생물학자인 조르주 퀴비에의 지층표가 암석의 광물학적 조성과 실제 지층의 역사적 사실을 증명하였으며, 그러므로 지층의 아래에 존재하는 화석일수록 하등하고 최근 지층으로 올라올수록 점차 고등한 생물의 화석이 나타나는 것이지만 다른 암석층에서는 다른 화석의 무리가 있다는 것이다. 이 의미는 지구가 점차 고등한 동물과 식물이 살기 적당한 곳이 되었으며 결국에는 인간이 살게 되었다는 것으로 지구가 더 젊고 뜨거웠을 때는 파충류가, 시간이 흐르면서 지구는 식어갔으며 결국 포유류가 지배하였고, 그리고 가장 최근에 만물의 영장인 인간이었다는 것이다. 그러므로 현재에도 생물은 주어진 물리적 환경에 이상적으로 적응해 온 것이며, 하나님이 세상을 설계하신 증거라고 주장하기도 한다. 즉 지질 시대에 파국이 일어나서 당시에 살던 모든 피조물이 멸망하면 하나님은 새로운 지구 환경에 적응한 새로운 종들을 살게 하셨다는 것이다. 또한 그의 제자인 생물학자 오언은 생물학적 현상으로 '상동'은 척추동물의 원형이 모든 척추동물의 골격을 일반화하고 단순호한 형태를 나타낸다고 하였다. 즉 인간의 골격은 가장 복잡한 부분에서 단순한 곳까지 다른 포유류 혹은 파충류, 조류의 골격에서도 흔적을 찾을 수 있는 것이다. 종을 특별히 창조된 것이라기보다 하나님의 설계에 대한 자연스런 변화의 산물이라며 오랜 지구 창조론을 비판한다.[58]

[58] 니콜라스 루프케, "유기적 진화는 순환 논법에 기초한다?," 로널드 넘버스, 『과학과 종교는 적인가 동지인가』, 김정은 역(서울: 뜨인돌, 2010), 209-212.

그리고 신학자인 존 제퍼슨 데이비스는 그의 논평을 통하여 창세기 1장의 '날'을 문학적 골격으로 말한다. 즉 24시간인 하루가 아니고 하나님의 창조 사역을 묘사하는 문학적 골격으로 날의 의미는 시간적 의미라기보다는 주제별 혹은 신학적 순서로 이해해야 한다. 창세기 1장의 메시지는 다양한 동식물을 하나님께서 창조하셨으며 그 과정에 대하여는 구체적인 언급이 없기 때문에 생물 사이의 전이의 증거인 유신론적 진화를 보게 된다. 그러므로 창세기의 설명을 영장류의 화석 기록과 연결짓고 이에 대하여 다양한 중간 종들(예를 들면 현존하는 동물인 호주산 오리너구리는 알을 낳는 포유류이고, 포유류와 파충류 사이의 키노돈트 화석, 파충류와 조류 사이의 시조새화석 등)이 화석에서 존재한다. 특히 오스트랄로피테쿠스, 호모이렉투스, 네안데르탈인 그리고 다른 멸종 영장류의 화석 기록이 현대의 호모사피엔스의 조상이라는 점이다. 인간과 유사한 이들은 두발로 걷기 혹은 직립보행, 뇌 용량의 증가, 골격과 이빨 구조의 변화, 석기 사용 기술의 점진적 발전 등이 수백만 년에 걸쳐서 일어났기 때문으로 주장한다.[59]

[59] 모어랜드와 레이놀즈, 『창조와 진화에 대한 세가지 견해』, 168-170.

또한 러셀은 하나님이 스스로 행위를 통하여 섭리적으로 생물학적 진화를 만들며 나타내신다. 그리고 이때 하나님의 행위는 특정한 유전적 돌연변이의 기초가 되는 양자역학적 과정 안에서 효과를 발휘한다는 것이다. 하나님의 이 행위를 객관적이면서도 비개입주의적인 것으로서 그리고 DNA 분자에서의 특정한 양자 사건들 안에서 이루어지는 하나님의 행위는 특정한 유전자 돌연변이들을 현실화시키는 효과를 지닌다. 생식선에 존재하며 복제에 의해 확대되고 표현형 속에서 나타나는 유전자 돌연변이들은 적응에 유리한 잠재적 자질들을 자손들에게 남긴다. 이러저러한 방식으로 하나님은 자신의 목적을 향해 진화를 이끌어 간다.[60] 그는 양자적 관점으로 하나님의 창조를 말한다. 즉 하나님은 세계의 구조를 혼돈으로부터 질서있게 정리함으로써 고전적 세계를 만들어 내는 양자 과정을 창조하시므로 우리가 볼 수 있는 고전적 세계를 창조하는 것이라고 말하고 있다. 그에 의하면

> "신학적 관점에서 볼 때, 우리는 하나님이 창조하신 질서가 어떤 의미에서 양자적 혼돈의 질서라는 주장에다가 하나님은 우연과 법칙을 통하여 우주를 창조한다는 관점이다. 우리는 하나님이 혼돈을 대신하여 질서를 창조한다고 말하는 대신에 양자적 관점에서 보아 하나님이 질서를 창조하는 방식 중의 하나가 바로 혼돈의 속성들을 계속적으로 창조하는 것이라고 말할 수 있을 것이다."[61]

바이올라 대학 신학자인 모어랜드는 과학 이론이 간단해야 하며 관찰에 의하여 이론의 정확성이 밝혀져야 한다. 성공적인 예측도 가능하고 생산성이 있어야 할 뿐만 아니라 광범위하게 응용할 수 있으며 내부와 외부의 개념 문제들을 해결해야 한다는 것이다. 창조론자들과 진화론자들이 화석의 중간 종의 부재에 대하여는 같은 형태의 인식을 갖거나 같은 방법으로 해결할 필요는 없지만, 오랜 지구 창조론자는 생산성 있는 새로운 연구를 갖는 해결방법보다는 신학이나 철학적인, 즉 내부나 혹은 외부의 개념적인 방법으로 문제 해결을 하고 있다. 다시 말하면 자연주의적인 진화론이 철학이나 성경적 해석 등으로 틀렸음을 입증하여야 한다고 말한다. 오랜 지구 창조론이 생산성 있는 경험적인 관점보다는 외부의 개념적인 문제로 해결할 수 있는 생명의 기원 모델에 대한 고민을 하여야 한다는 것이다. 그러므로 생명의 기원이나 화석 기록상의

[60] 로버트 존 러셀, 『행위하는 신은 진정 자연 안에서 활동하는가?』, 테드 피터스, 『과학과 종교』, 김흡영, 배국원, 윤원철, 윤철호, 신재식, 김윤성 역 (서울: 동연, 2002), 165-166.

[61] 앞의 책, 164.

빈틈 등은 창조론의 관점에서는 하나님의 1차원 인자로 설명이 가능한 것으로서, 이 현상은 더 이상의 해결책이 있을 필요가 없는 근본적인 것으로 하기 때문에 진화론자들의 생산성 있는 새로운 메커니즘의 발견에 대한 연구가 요구될 필요가 없는 것이다. 신학적으로 예측한 현상을 과학적으로 검증하기 위한 방안을 찾기 위해서는 신학적 개념을 사용하는 것으로 충분하며, 하나님의 기적적인 창조 행위는 자연적인 메커니즘에 대한 연구를 방해하지 않을 것이라고 충고한다.[62]

[62] 모어랜드와 레이놀즈, 『창조와 진화에 대한 세가지 견해』, 173-177.

3. 지적 설계론

지적 설계론은 탐구 대상의 기원이 지적인 존재가 의도를 가진 설계인지 혹은 아무 의도가 없이 자연 발생적인지를 밝히는 것으로, 의도적 존재 설계이면 의도적인 설계자가 있는지를 찾는 것을 의미한다. 신학자인 윌리엄 페일리는 생명이 있는 유기체에서 발견되는 어떤 목적에 대한 놀라운 적합성이 전체 유기체의 수준에서 혹은 여러 관점에서든 유기체가 지성의 산물임을 증명하려는 시도라고 한다. 마이클 베히에 의하면 연속적으로 여러 번 약간의 수정을 하여도 복잡한 구조는 생길 수 없다. 즉 '환원 불가능한 복잡성'을 과학적으로 증명하려고 하는 시도로서 '종의 기원' 이후로 지금까지 생물학적과 화석학적 증거들로부터 자연선택과 돌연변이의 신다윈주의 진화 메커니즘이 생물학적인 기원이나 생명체의 복잡성 모두를 설명할 수 없다는 과학적인 비판으로 시작한 것이다. 즉 다양성을 가지며, 복잡한 생명체에 대한 대진화 메커니즘의 결정적인 증거가 발견되지 않았다. 이에 따라 신다윈주의와 다른 여러 소수 의견들이 진화론자 사이에 제시되어 왔으나, 자연선택 및 돌연변이를 주장하는 신다윈주의는 단순히 자연주의 과학에 기초하기 때문에 복잡하게 진행되는 진화의 필요조건인 생명 정보의 기원과 진화된 생명체로서 갖는 정보에 대한 증가를 설명할 수가 없다.[63]

19세기 초 윌리엄 페일리는 '자연신학'에서 먼저 우주의 설계자로서 신성의 존재에 대한 증명을 제시하고, 그 다음으로, 설계자로서의 신의 속성에 대한 증명을 언급하고 있다. 첫째, 설계자로서 신 존재는 사물에서 특징을 알 수 있으며, 원인과 결과의 관계가 유비에 의하여 얻어진다면 그 사물은 설계가 되었다는 것을 인식할 수 있는 것이다. 즉 사물을 구성하는 부분들이 함께 결합하고 협력하여 하나의 목적을 이루는 것으로서, 이때, 그 사물은 사려 깊은 설계의 산물로 생각할 수 있고, 그러므로 설계자의 존재를 주장할 수 있다. '시계공 논증'을 통하여, 시계는 이를 만든 시계공이 반드시 있어야 하고, 어떤 시대와 장소에 한 사람이나 여러 사람의 제작자가 반드시 존재해야 한다. 의도적으로 그것을 만들었으며, 그는 시계의 제작법을 알고 있고 그것의 용도로 설계했다. 제작된 시계에 존재하여야 하는 설계의 증거와 그것이 설계된 모든 증거는 자연에서의 제작물에도 존재한다. 자연에서 발견되는 피조물은 시계의 장치에 대한 복잡성, 정교함 등보다 훨씬 능가한다. 페일리는 동물의 신체에 대한 다양한 부분들이 끊임없이 어떻게 서로 조정되는가에 주목한다. 인간의 신체의 뼈와 근육, 포유류의 혈관, 피의 순환, 식도와 심장의 박동 등 또한 자연, 새, 물고기, 곤충, 사물의 세계를 보면 자연에 존재하는 독창적인 설계의 증거인 것이다. 특히 사람의 '눈'은 정교하고 복잡하므로 설계나 계획 없이 우연히 생길 수 없다. 설계의 표식을 부정하기에는 증거가 너무 많으므로 설계자 없이 설계가 있을 수 없으며, 반드시 그 설계자는 인격을 가져야만 한다. 그 인격이 바로 하나님이라고 주장한다.

둘째, 설계자의 특성은 자연에서 발견되는 설계의 산물에 대한 '관찰'을 토대로 결정될 수 있다는 것이다. 자연에서 설계자의 본성은 발견되며 그 발견된 속성들이 일반적으로 기독교에서 주장하는 신에 대한 술어들과 일치한다

[63] 이승엽, 「지적설계론: 진화론 논쟁 및 콜린스의 유신 진화론 비판」, 「본질과 현상」, 26(2011) 135-136.

면 자연의 설계가 기독교의 하나님이어야 한다는 것이 증명된다는 것을 주장한다. 그 속성은 목적을 인식하며, 수단을 사용하고 그 수단을 목적에 맞도록 통제하는 능력인 하나님의 인격에 대하여 말하고, 가장 중요한 속성은 하나님의 선함이라고 주장한다. 그 선함의 증거는 피조물에 대한 설계가 유익하고, 고통으로 영향받을 때를 위해서 동물의 감각기관에 필요 이상으로 즐거움을 부여했기 때문이다.[64] 즉 페일리의 하나님에 대한 이미지는 설계자이다. 이 설계자는 전지전능하고 지적이며 인격적인 존재로 선한 의도를 가지고 특정한 목적에 따라서 세계 속의 모든 피조물들을 설계했으며 설계된 피조물들은 하나님의 뜻에 따라서 조화와 질서의 행복한 세계에서 살아가고 있다는 것이다.

[64] 신재식, 『다윈진화론의 자연신학 비판과 다윈 이후 진화론적 유신론 연구: 기독교 신학의 신-담론 변화를 중심으로』, 94-96.

화학자인 삭스턴은 『생명의 기원의 미스터리: 현 이론들에 대한 재검토』라는 저서에서 무 생명체로부터 생명체가 탄생하는 과정의 화학적 진화에 대한 문제점을 언급한다. 그리고 그의 저서 『판다곰과 사람』을 출판하면서 화학 진화와 대진화의 문제점과 지적설계론의 당위성에 대하여 알리고 있다. 밀러의 화학 실험에서 앞의 생물학적 진화에서 기술한 대기 기체에 전극을 통과시킨 후에 핵산의 구성 물질인 퓨린과 아미노산 등 유기물을 생성함에 의한 '원시스프'로 시작하는 생명 탄생의 가능성을 주장한 것은 문제가 있다. 그러므로 이러한 '화학 스프의 자연주의적인 화학진화'가 아닌 DNA, 설계 그리고 생명의 기원이라는 것이다. 페일리의 설계 논증에 기초한 시계공 논증으로부터, 생명 현상은 훨씬 복잡하기 때문에 인간의 지능을 넘어서는 초월적 설계자가 제시될 수밖에 없다고 한다. 즉 생물학적 정보는 우리 몸 안의 DNA 염기 서열에 담겨있으며, 염기 서열로 정의된 유전적 텍스트는 수학적으로 같은 인간의 문자적 텍스트로서 이것이 인간의 지적 활동의 결과라면 유전적 텍스트는 미지의 지적 원인의 결과로써 나타난다.[65]

[65] 박희주, 「지적설계론의 기원」, 『신앙과 학문』, 10 (2005, 1), 55-57.

한 예로써 인간은 인간을, 돼지는 돼지만 낳는 것은 각 생물마다 자신의 독특한 정보가 DNA라는 물질에 있기 때문이다. DNA는 구성단위인 뉴클레오티드가 길게 연결돼 있는 거대한 분자이며, 이곳은 염기의 종류에 따라

ATCG의 네 종류로 되어 있다. 이 네 종류의 뉴클레오티드는 일정한 순서로 배열이 되어 인간이나 돼지에게 필요한 모든 정보를 전달하는 것이다. 자음과 모음을 일정한 순서로 배열해서 문장을 만드는 것과 비슷한 것이다. 한 예는 스마트폰으로 '하나님의 피조물'이라는 문장을 보낸다면, 스마트폰 내부의 기계는 글씨를 전자파로 바꿔 상대편 스마트폰에 전송한 후 정해진 코드대로 바꿔서 '하나님의 피조물'로서 자판에 인식하게 한다. 물질을 받는 것이 아니라 정보 전달뿐이다. DNA는 글씨처럼 정보만 갖고 있는 화학물질로 간주된다. DNA는 살아 있는 세포에서만 그 기능이 나타나게 되고, 우연히 ATCG 뉴클레오티드가 합성이나 결합되는 것이 무의미하다는 것이다. 스마트폰에서 사용자는 문장을 순서대로 기록하면 그 문장이 의미가 있듯이 하나님께서도 생명을 만드시고 모든 정보를 기록한 생물이 있을 때 DNA가 의미 있다. 인간의 몸은 엄청난 양의 세포로 구성되어 있고 하나의 세포 속에 저장된 정보를 인쇄할 때는 1,000쪽의 1,000권 정도로 된다. 하지만 이 정보는 약 2 m 정도인 DNA에 모두 저장되어 있고, 46개의 염색체로 나누어 있으며, 실패처럼 감겨서 아주 작은 세포에 저장되어 있다. 만일 우리 몸에 있는 전체 세포 안의 DNA를 한 줄로 연결할 때, 약 1,500억 km에 달하고 이것이 지구를 3,500만 번을 돌 수 있는 엄청난 길이라는 것이다.[66] 이 엄청난 정보를 가진 인간이 아주 우연히 진화되었다는 가정은 오히려 상상하기 어려운 것이다. 특히 생명 현상은 고도의 질서를 보이는데, 자연적으로 수정을 하거나 눈꽃에서의 규칙적인 질서로 된다면 생명 현상의 발생은 자연적으로 설명이 가능하다는 것을 반박할 수 있다. 질서는 두 가지가 있는데, 하나는 자연적으로 발생하는 것이며 다른 하나는 지능에 의하여 발생하는 질서로서, 이 둘의 구분은 '특정화된 복잡성'이다. 이 단어는 엄청난 정보를 가지는 질서를 의미하며, 만일 수정 같은 단순 질서가 자연적으로 발생이 가능하다면 DNA에 각인된 생명 정보는 고도의 정보를 지닌 특성화된 복잡성이고 이는 지능에 의해서만 생성된다는 것을 주장한다. 삭스턴은 "분자 생물학과 정보 이론의 새로운 발견으로 우리

[66] 윤실, 「창세기의 과학창조의 자연법칙」(서울: 전파과학사, 2013), 119-124.

는 이제 생명의 유래가 지적 원인에 있다고 주장할 수 있게 되었다. 과학적 데이터로만 그 원인자를 알 수 없으며 단지 어떤 지적인 존재가 그것을 만들었다고 말할 수 있을 따름이다"라고 했다.[67]

법학자인 필립 존슨은 생리학자인 마이클 덴턴의 『진화: 위기의 이론』 저서에 영향을 받았다. 도킨스는 『눈먼 시계 공』에서

> "자연선택은 보이는 것들에 목적이 없다는 점에서 눈먼 시계공이며 소경이라도 시계공에 의한 설계와 계획이 있는 것 같은 착각을 심어주듯이, 자연선택의 살아 있는 결과들은 설계된 것 같은 겉모습을 우리에게 보여주고 있는데, 결론적으로 돌연변이와 자연선택의 무목적적인 힘으로 대진화를 설명할 수 있으며, 생명체의 복잡성 및 겉모습이 설계된 것과 같은 오해를 불러일으킬 뿐이라는 것"[68]

에 대하여, 그는 도킨스의 주장이 상상 속의 이야기로 사실과 어긋나는 주장이라고 꼬집으며 무신론에 대한 집요한 주장이고, 과학자들은 선험적인 근본 전제로 유물론을 받아들이기 때문이라고 말하고 있다. 과학이 유일한 진리의 생산자이고, 물질만이 존재하는 모든 것이라면 하나님의 설 자리가 없다는 것이다. 즉 서구 문화의 무신론적 자연주의 때문에 생명의 기원과 다양성을 생각하면 돌연변이와 자연선택의 진화론을 선택할 수밖에 없다는 것이다. 또한 생물학자들이 자연 선택의 창조적인 힘을 믿는 것은 관찰 때문이 아니고 그들의 철학 때문이라고 말한다. 진화론에 대하여는 생물학적 진화가 하나님이 존재하지 않음을 증명하기보다는 자연주의를 전제로 출발했기 때문에 하나님이 어떠한 역할도 할 수 없도록 했으며 과학자들은 자연주의로 진리를 발견하도록 출발했으므로 진화론이 이러한 기초 위에 서있다는 것이다. 그는 과학에는 두 모델이 있는데 유물론적 모델과 경험적 모델로서, 전자를 따르는 신다윈주의 체제에서는 과학이 정의상 물질주의적이고 자연주의적이기 때문에 우연과 법칙의 두 가지 외의 모든 것이 배제되어 있다. 하지만 후자를 따르면 사물의

[67] 박희주, "지적설계론의 기원," 『신앙과 학문』, 10 (2005, 1), 57.

[68] 리처드 도킨스, 『눈먼 시계공』, 과학세대 역(서울: 민음사, 1994), 20-22.

원인이 두 가지가 아니고 세 가지인데, 지성을 의미하는 '작인', 즉 '설계'를 새로운 과학연구 방법에서 지적 원인으로 생각할 수 있는 것이다.[69]

특히 유신론적 진화론자들의 '방법론적 자연주의'를 비판하는데, 과학이 우주의 역사를 설명할 수 있고, 문제의 해답을 자연주의에서 찾는다면 '방법론으로서의 자연주의'와 '세계관으로서의 자연주의'에 대한 구분이 없어지므로 하나님이 생명의 창조에 직접적인 개입의 설 자리가 없어지므로 자연주의자와 다르지 않다는 것이다. 그리고 유신론적 진화론에서 말하는 '방법론적 자연주의'가 하나님의 존재 가능성을 인정하게 되고 하나님을 자연의 지배자로 인정하는 것을 의미한다고 하지만 그에 대한 부작용으로 자연주의가 아카데미에서 지배 철학으로 되는 것 때문에 존슨은 강하게 부정한다.[70] 그의 저서 『심판대 위의 다윈』의 주 내용은 자연선택, 크고 작은 돌연변이, 화석 문제, 진화의 사실, 척추동물 계열, 분자적 증거, 생물 이전의 진화 등이며, 그는 고고학 및 생물학의 과학적인 데이터는 대진화(자연선택)와 화학적 생명의 기원에 대한 가설의 증거가 되지 못하고, 다윈주의가 과학적 증거에 기초하는지, 아니면 유물론적 철학에 기초하는 것인지에 대하여 "단순히 하나의 생물학적 이론을 넘어서 과학적 자연주의라는 종교적 신념의 핵심 요소"라고 주장한다.[71]

생화학자인 마이클 베히(Michael Behe)는 가톨릭 신자이다. 그는 '다윈의 블랙박스'에서 그가 섬모의 과학적 진화 방법에 대하여 설명한 연구 논문을 찾았으나 전혀 없었으며, 복잡한 생화학 시스템이 다윈주의적 방식으로 발달되어 온 구체적인 설명과 만들어지는 구체적인 모델을 제시한 과학 문헌이 전혀 없었다는 것이다. 그리고 도킨스의 출발점만 주어지면 어떤 생물 구조라도 그것이 생성된다는 것은 세부사항을 무시해도 점진적인 방법으로 항상 만들어 낼 수 있다는 것에 대하여 비판한다. 그는 단백질이 살아있는 조직 안에서 구조를 만들고 생명 유지에 필요한 화학 반응을 수행하는 것으로서, 다양한 용도로 사용되는데 그 종류가 50개로부터 20가지, 약 1,000여 개의 종류로부터 20가지인 아미노산을 조합하여 화학적으로 결합하는 것으로 알려져 있다는

[69] 신재식, 「창조-진화 논쟁과 지적설계론, 과학인가 종교인가」, 『기독교사상』, 619(2010, 7) 258-259.

[70] 모어랜드와 레이놀즈 편저, 『창조와 진화에 대한 세가지 견해』, 박희주 역(서울: IVP, 2007), 307-319.

[71] 박희주, "지적설계론의 기원," 『신앙과 학문』, 10 (2005, 1), 62.

것이다. 그러한 조합들의 아미노산과 단백질의 모양은 팀으로 세포에서 다양한 단백질 작용을 하게 한다. 이러한 조합과 모양이 하나만 빠져도 단백질의 세포 내의 기능을 수행할 수 없다. 한 예로 사람이 어떤 목적을 가지고 설계한 쥐덫이 해머, 나무판자, 스프링, 걸쇠, 금속막대로 이루어져 있음에도 스프링이 조금 약하면 쥐덫을 사용할 수 없는 것과 같은 이치이다. 즉 정확하게 조합이 이루어져야 하고 단백질의 모양도 거기에 꼭 맞는 '환원 불가능한 복잡성'의 설계를 하여야 세포작용을 할 수 있는 것이다.

또한 세포의 섬모는 머리카락처럼 생겼으며, 막을 입힌 섬유 다발로 구성되어 있다. 섬모의 막은 세포막이 과다 성장한 것이어서, 섬모의 내부는 세포 내부와 연결되어 있다. 섬모는 가장자리에 아홉 개의 미세소관이라는 막대기 같은 구조를 형성하고 있다. 튜블린이라는 단백질로 구성된 아홉 개의 미세소간은 열 개와 열세개의 가닥으로 구성된 고리가 융합되어 있다. 세포 내의 조건이 좋으면 튜블린은 자동으로 결합하여 미세소관을 형성한다. 튜블린은 아무 단백질이나 결합하지 않으며 반드시 튜블린으로 결합하게 된다. 섬모운동은 튜블린 단백질로 구성된 미세소관과 옆 가닥을 잡아당겨 구조의 이탈을 막고 미끄러지는 운동을 휘는 운동으로 전환시키는 연결부, 그리고 굳어지지 못하게 하는 모터가 있어야 작동하게 되는데, 섬모 운동은 이 세 가지의 복잡한 장치가 반드시 필요한 '환원 불가능한 복잡성'을 지닌다고 할 수 있다. 더불어서 가장 원시적인 생명체인 박테리아 편모는 구조가 섬모와 매우 다르며, 편모의 기저에 붙은 아주 복잡한 구조의 모터는 공학적인 시스템과 유사한 회전하는 기능을 가지고 있으며 막을 통과하여 흐르는 산에 의한 에너지를 이용하여 편모를 움직인다. 편모는 노, 회전자, 그리고 모터로 이루어져 있으며 '환원 불가능한 복잡성'을 가진다. 섬모나 편모는 외견상 간단하지만 내부 구조는 어마어마하게 복잡한 구조물로 된 것으로, 변화의 과정에서 기관이 같은 메커니즘으로 작동을 할 것이라는 진화론에 대한 모순을 나타낸다.[72]

돌연변이와 자연 선택을 통하여 몇몇 생물학인 개량이 이뤄진다는 것은 지

[72] 마이클 베히, 『다윈의 블랙박스』, 김창환 역(서울: 풀빛, 2001), 83-110.

적 설계이론과는 모순이 되지 않는다. 하지만 생물 시스템은 자연 법칙에 의하여 설계되지 않았을 뿐만 아니라 우연이나 필연에 의해서도 설계되지 않았다. 생물 시스템은 계획되었으며 설계자는 그 시스템을 목적대로 만들었을 것이다. 가장 근본적으로 결정적인 구성 요소들로부터 지구상의 생물은 지적인 활동의 산물이다. 또한 우리가 시스템을 형성하는 구성 요소들이 많아질수록 혹은 복잡해질수록 설계되었다는 결론에 확신을 가질 수 있는데, 한 예로 세포의 핵심은 조절이며 세포는 화합물을 얼마나 많이 만드는가를 통제해야 하는 것이다. 세포가 통제 기능을 잃으면 죽는 것이다. 우연히 나타나는 화합물에 대한 상호 작용을 허용하지 않는다. 세포가 생존하려면 부족한 자원을 활용해야 하므로 새롭고 복잡한 대사과정이 우연에 의하여 조직되는 것을 막으려고 할 것이다. 또한 세포에 의한 편모를 만들어 낼 수 있는 한 가지 방법은 세포의 DNA 구조가 이미 암호화되어 있기 때문이며 섬모 운동은 '환원 불가능한 복잡성'이다. 만일 혈액 응고 시스템이 잘못 동작할 때는 생긴 응혈에 의하여 혈류를 막기 때문에 생명을 위험하게 하는데 이때 새로운 단백질을 넣어 응혈을 부수게 할 것이다. 새로운 단백질은 지적 설계의 산물이다. '환원 불가능한 복잡성'을 지니는 시스템으로 향하는 직접적이며 점진적인 진화 과정을 통한 경로는 존재하지 않으며 화학 법칙은 생화학 시스템이 방향성이 없이 발전하도록 허용하지 않는다. 그것은 어떤 것이 설계되었다는 결론을 내릴 수 있다.[73] 윌리엄 뎀스키는

[73] 앞의 책, 259-284.

"지적 설계가 하는 일은 지능의 흔적을 찾는 것으로서 문제가 되는 것은 생체 시스템에서 지능의 흔적을 찾게 되면서이다. 만일 생물학적 시스템에 지능 혹은 설계가 존재한다면 이것은 진화의 결과가 아니다. 즉 다윈주의자들이 주장하는 유물론적이고 맹목적인 과정의 결과로 지능이 탄생한 것이 아니라는 것이다"라고 한다.[74]

[74] 박희주, 「지적 설계론의 기원」, 『신앙과 학문』, 10 (2005, 1), 68.

이것은 지적 설계가 자연 현상인 생체 시스템에 인식된 지능의 흔적을 경험 논리적으로 나타내는 것이라고 할 수 있다. 그리고 그는 어떤 사건이 설계의 결과인지를 결정하는 데 우연성, 복잡성, 그리고 특정성의 3단계 테스트가 필요하며 1단계는 어떤 사건이 우연의 결과인가를 질문하는 것이다. '아니오'라고 하면 이 문제는 법칙에 대한 결과로 설명되며, 예로써 지구상의 물체가 지구 중심을 향하여 자연낙하 하는 것, 그리고 뉴턴이 발견한 사과가 땅에 떨어진다는 것은 우연이 아니며 필연적이고 중력의 법칙으로 설명 가능한 것이다. 만일 '예'라면 2단계로 진행하여 이 사건이 복잡성을 가지고 있는지를 질문하게 된다. 2단계에서 '아니오'라는 것은 우연의 결과로 설명한다. 한 예로써, 단지 앞과 뒷면의 무게가 같은 동전을 던져서 같은 면이 계속 3번 나왔다면 확률적으로 8분의 1밖에 되지 않으므로 의도적인 결과라고 보기 어려우며 이것은 우연의 결과이다. 다시 '예'라고 하면, 즉 단순한 사건이 아니라 훨씬 복잡한 사건이라면 3단계로 넘어가서 이것이 특정성을 지니는가라는 질문을 한다. 다시 '아니오'라고 말하면 그것은 우연의 결과로 설명이 되는 것이다. 일반적으로 쓰레기장의 쓰레기 더미가 복잡하게 쌓여져있지만, 더미는 의도적으로 설계된 것이 아니고 무작위로 쌓아 놓은 것이라고 할 수 있다. 복잡하지만 특정한 구조를 나타내지 않기 때문에 우연의 결과로 설명한다. 하지만 '예'라고 하면, 즉 특정성을 지닌다는 의미로써 설계의 결과로 보아야 한다는 것이며, 이것을 뎀스키가 주장하는 '3단계 설명 필터이론'이라고 한다. 빌딩을 세우려면 이것을 위하여 쓰레기 더미 같은 콘크리트를 사용하여 어떤 구조를 가지게 되고 이것은 설계의 결과가 되는 것이다. 즉 복잡하며, 어떠한 구조를 가지는 경우를 설계의 결과로 말할 수 있는 것이다. 설계에 대한 '3단계 설명 필터이론'은 기존의 다른 분야(예로써, 법의학이나 선사시대에 인류조상이 만든 돌도끼에 대한 판단 등)에서 사용되고 있는 방식을 일반화하고 수학적으로 이론화한 것으로 다윈주의에 대한 비판을 넘어서는 구체적이고 이론적인 대안이라는 것이다.[75] 특히 생물에서 DNA에 대한 염기 서열은 특별한 서열이 필요하므

75 앞의 책, 68-70.

로 '복잡하고 특정화된 정보'이며 진화에 의한 것으로 설명할 수 없고, 지적 원인에 의한 설계로 될 수 있다는 것이다.

또한 물리학자인 로빈 콜린스는 우주의 미세 조정(10^{53}분의 1)에 대하여 근본적인 물리 법칙과 매개변수들 또 우주 초기 조건들의 정확도로 볼 때, 우주는 생명을 보존하기에 최적의 조직을 갖춘 것으로 우연의 결과보다는 지적 존재에 의한 설계로 볼 수밖에 없다는 것이다. 그리고 별들 안에서 생명체를 만들 수 있는 탄소와 산소가 정밀하고 특정한 비율로 만들어지는 과정, 즉 강한 핵력이 1%만 다르더라도 만들어지는 양에 엄청나게 영향을 미치게 한다는 것이다. 또한 중력과 핵을 구성하는 강한 핵력의 크기 차이가 10^{40}이므로 중력 크기의 가능한 설정 범위는 모든 힘의 세기의 범위 정도가 된다. 그러므로 중력의 범위를 아주 미세하게 조정하여도 그 크기는 엄청나게 변할 것이다. 또한 우주 안에 생명이 존재하기 위하여는 물리적 또는 우주론적 매개변수들이 30가지가 넘기 때문이다. 특히 노벨물리학 수상자 스티븐 와인버그의

> "우주 상수가 놀랄 만큼 우리에게 유익하도록 잘 맞춰져있다. 즉 수치가 큰 상수라면 우주 상수는 거리가 멀어짐에 따라서 힘이 증가하는 척력으로 작용하여 그 힘 때문에 초기 우주에서 물질의 응집 과정이 이루어지지 않았을 것이다. 이 과정은 은하계, 별들, 행성, 사람들을 만드는 첫 번째 단계에 해당한다. 수치가 큰 음수라면 우주 상수는 거리가 멀어짐에 따라 힘이 증가하는 인력으로 작용하여 그 힘 때문에 대폭발이 일어나자마자 우주의 팽창을 뒤집어 우주가 다시 수축하도록 만들었을 것이다."

을 인용하며 미세 조정이 우연이라기보다는 지적 설계자의 작품으로 주장한다. 또한 물리학의 조화, 대칭, 비례 등에서 나타나는 법칙들이 우리가 발견할 수 있도록 세심하게 배열시킨 것이 우리의 환경에 대하여 배우고 과학과 기술을 발전시키라는 지적 설계자의 의도라는 것이다.[76] 국내에서는 공학자인 이

[76] 리 스트로벨, 『창조설계의 비밀』, 홍종락 역(서울: 두란노, 2005), 157-183.

승엽이 주축으로 '지적 설계 연구회'를 통하여 공론화하고 있으며, 그들은 다음과 같이 주장한다.

> "창조론과 같은지에 대하여는; 그렇지 않다. 지적 설계에서는 모든 생물학자들이 인정하는 자연에서의 '겉보기 설계'가 실제로 설계된 것인지 아니면 진화와 같은 방향이 정해지지 않는 과정의 산물인지를 경험적으로 탐지하려고 노력할 뿐이다. 그러나 창조론은 창세기의 문자적 해석에 의존하거나 지구나 우주의 연대에 대해서 여러 가지 다양한 (수만 년에서 수십억 년에 이르는) 해석을 사실로서 주장한다. 지적 설계 이론은 창조론이 제기하는 주장에 대해서 불가지론적 입장을 취한다. 사실상 관심 분야가 아니기 때문이다. 이것은 예를 들어 생물학자들이 실험실에서 지구의 연대 측정 방법에 대해서 연구하지 않는 것과 마찬가지이다. 생물학자 개인들이 그런 주제에 대해 개인적인 관심으로 연구하거나 입장을 가질 수는 있지만, 자신의 '생물학' 연구의 일환으로 지구의 연대에 대해서 연구하지는 않는다. 지적 설계에서도 각각의 개인에 따라서 여러 가지 다양한 입장이 있을 수는 있지만, 지구의 연대나 성경의 문자적 해석과 같은 문제는 지적 설계 이론 자체의 관심 연구 분야는 되지 못한다." [77]

[77] 지적 설계 연구회 : http://www.intelligentdesign.or.kr/

[78] 하지만 그에게 있어 지적 설계론은 종교 운동으로서 변형된 창조과학이라고 정의한다. 신재식, 「진화론적 유신론, 그리스도교와 진화가 만나다」, 『기독교사상』, 620 (2010, 8) 264.gentdesign.or.kr/

이는 국내 신학자 신재식[78]이나 윌리엄 뎀스키의 성경적 관점과는 거리를 두고 있다. 많은 기독교인들의 오해 중 하나는 지적설계론이 젊은 지구 또는 오랜 지구 창조론의 또 다른 방법의 표현이라고 생각하지만 국내 지적설계 연구회에서 주장하는 것과 마찬가지로 기본 접근법에서는 차이가 있다. 그 차이는 창조론에서는 우주의 힘과 생명은 무로부터 말씀에 의하여 창조되었으며(창조과학과 현대과학의 큰 차이를 나타내는 것이다), 돌연변이와 자연선택은 단 하나의 생명체로부터 모든 종류의 생물을 태어나게 하는 것이 불가능하고, 동, 식물의 피조물들은 제한적인 변화만 나타나며, 사람은 원숭이로부터 태생한 것이 아니며, 또한 지구의 생물이 최근에 만들어졌고, 전 지구적인 홍수가 일어난 대격변에 의하여 지구의 지질학을 설명할 수 있다는 것이다. 반면에, 지적설계론에서는 우주와 지구의 연대에 대하여 구체적으로 입장 표명을 하고 있지 않지만 지적인 원인이 존재하고 이러한 지적 원인은 생물학적 복잡성이 특정성을 나타내기 때문에 경험적으로 알 수 있다. 그러므로 유신론적 진화론과도 구별되는 것이다. 즉 지적설계론은 유신론적 과학 운동의 바탕에서 기본적으로 학술적인 모든 생명체의 기원을 설명하려는 자연주의적인 진화론에 대한 학술적 비판과 반대 증거를 연구하는 데 초점이 맞춰져 있다고 할 수 있다.[79]

그러나 신다윈주의 생물학자들은 베히의 주장에 대하여 박테리아 편모는 진화적으로 충분하게 우연히 생성될 수 있음을 말한다. 편모는 여러 기능을 가지고 있으며, 박테리아는 진화단계의 끝으로 이 기관을 추진하는 기능을 가질 수 있도록 진화했을 수 있다. 또한 여러 단계로 구성된 혈액이 응고되는 과정은 일단 처음 단계가 시작되자마자 다음 단계로 진행하고, 그 다음은 전 단계에 의하여 발동되는 등 도미노식 진행이 나타난다. 즉, 시작단계부터 최종단계의 혈액 응고까지는 역학적인 과정을 많이 거치게 된다. 더불어 각 단계에서 쓰이는 단백질이 체내에 있는 일반 단백질과는 다르다. 그리고 캘리포니아 대학교의 러셀 F. 두리틀은 체내의 단백질을 일부 변형시켜서 혈액 응고체계에 도입될 수 있다며, 연구로 증명하였다. 또한 뎀스키의 3단계 설명 필터 이론에서 생물체가 명확한 복잡성을 띤다는 것에 대해 비선형체계와 세포 자동자를 연구하는 학자들은 아주 간단히 혹은 무작위적인 과정으로 매우 복잡한 패턴을 형성할 수 있다고 증명하였다. 콜린스의 미세 우주 상수의 우주에 대한 설계가 과학적이 아닌 형이상학적이라는 비판이 있다. 몇몇 과학자들은 다음과 같이 말했다.

> "생명체를 위한 우주의 비현실적인 낮은 확률도 다른 형태의 생물체의 가능성을 무시했다는 논쟁이 있다. 즉, 물리상수들이 조금 다르면 현존하는 형태의 생물체는 발생할 수 없지만 다른 형태의 생물체는 발생할 수 있다는 비판이다. 상

[79] 윌리엄뎀스키, 『지적설계』, 서울대학교 창조과학연구회 역(서울: 한국기독학생회, 2002), 314-319; 이승엽, 「지적설계론: 진화론 논쟁 및 콜린스의 유신 진화론 비판」, 『본질과 현상』, 26 (2011) 137-138.

80 위키백과 사전, http: //
ko.wikipedia.org/
wiki/지적 설계

당수의 과학자들은 현존하는 형태의 생물체가 존재할 확률을 계산하는 과정에서 문제를 제기하였다. 계산에 도입된 여러 물리상수들은 독립적이지 않고 상당히 연관되어 있다. 하지만 계산 과정에서는 이 상수들을 독립적이라고 두고 계산하였기 때문에 계산된 확률과는 다르다." [80]

2005년 펜실베이니아 주 도버 카운티는 '판다와 인간에 관하여'의 과학 교육에 대한 소송에서, 판사는 지적설계론이 초자연적인 인과관계에 의존하고, 즉 창조론의 한 형태이고, 검증 가능하며 자연스러운 설명이어야 하는 과학의 근본적인 핵심 규칙에 부합하지 않으므로 과학이 아니라는 결론을 내렸다. [81] 또한 지적설계론과 젊은 지구 창조론자들은 명시적으로 창조주를 언급하지 않으므로 하나님에 대한 개연성만 제공하고, 타 종교에도 허용된 모습을 보여야 하기 때문에 받아들일 수 없으며, 진화론적 유신론자들은 진화 혹은 창조의 논쟁에서 양자택일을 해야 하는 것이라고 비판한다.

81 로널드 넘버스, 『과학과
종교는 적인가 동지인가』,
김정은 역(서울: 뜨인돌,
2010), 324.

4. 유신론적 진화론

유신론적 진화론 또는 캘빈대학교 하워드 반틸이 제안한 '능력으로 충만한 창조'는 생명의 진화를 과학적 사실로 인정하고 하나님의 창조를 진화론의 관점으로 이해하는 것으로서 다양한 생명을 창조하실 때, 진화하셨다고 믿는다. 즉 빈틈없는 완벽한 형성 체계를 갖고 있지만 또한 하나님이 원하시는 대로 일하시는 데 어떠한 제한도 가하지 않는다는 것이다. 그러므로 수십억 년에 걸친 자연적 선택 과정으로 생명들이 점진적으로 파생되었다는 것이다. 창세기 1~11장은 역사적 사실이기보다는 당시의 문화에 대한 이해로 보아야 하는 것이다. 또한 노아의 홍수 사건도 국지적이었으며, 창조계가 하나님이 주신 능력으로 스스로 진화할 능력이 있다는 것이다.[82] 조직신학자인 신재식은 '진화론적 유신론'이라고 주장하는 데 하나님의 편으로 진화는 과학이 아닌 신학적 입장이기 때문이다. 그는 유신론적 진화론과 진화론적 유신론에 대하여 구분을 하는 데, 유신론적 진화론은 창조-진화 논쟁에서 진화론을 수용하는 유신론적 입장을 가리키고, 오랜 지구 창조론이나 유물론적 진화론 등과 대비되는 것으로 간주한다. 진화론적 유신론은 진화를 수용한 보다 포괄적인 신학적 틀로서, 전통적 유신론 등과 대비되는 것으로 신학 작업에서 일종의 패러다임 역할까지를 포함한다는 것이다.[83] 일단 유신론이 형용사로써 쓰이면 하나님의 창조 행위는 부차적이 되고 '진화'라는 용어가 핵심 개념이 되기 때문에 이름을 바꾸려는 것이다. 그 밖에도 '창조적 진화론', '목적론적 진화론', 유전학자인 프랜시스 콜린스의 로고스를 통한 생명인 '바이오로고스' 등의 이름들을 가진다. 아우구스투스에 의한 '무로부터의 창조'를 바탕으로 그 동안의 신학자들은 계속된 창조 교리를 인정했으므로 다윈의 진화론에 대하여는 하나님의 지속적인 창조로 해석할 수도 있다. 1889년 찰스 고어는 "자연의 진화 과정이 인류의 출현에서 절정에 이르렀다면 인류의 역사는 성육신에서 절정에 이르렀다"고 주장했다. 로이드 모건은 진화에 나타나는 창발적이며 유기적인 특성에 관심을 갖고 동시에 하나님이 역사를 이끄시는 창조력으로 보았다. 그러므로 진화 과정에서 새로운 무엇인가를 생성시키고 작용함으로써 진화가 가능하다고 보았으며, 이러한 창발성이 기존의 이원론의 틀에서 드러나는 하나님의 무기력한 모습의 없앰이라고 하였다.[84] 그 이유는 이신론에서의 하나님의 이해는 하나님이 세계에 처음으로 법칙은 부여할지라도 그 이후에 나타나는 것은 자연 법칙에 따라 인과율적으로 발생되고 역사의 전개 과정에서 하나님의 역할이 최소한으로 이해될 수밖에 없기 때문이다.

유신론적 진화론 혹은 진화론적 유신론에 대하여 루터 신학대 교수인 테드 피터스는 다음의 다섯 가지 조건들을 제시한다. 그것은 심오한 시간, 공동 혈

[82] 하워드 반틸, 「능력으로 충만한 창조」, 모어랜드, 레이놀즈 편저, 『창조와 진화에 대한 세가지 견해』, 박희주 역(서울: IVP, 2007), 191-194, 282. 324.

[83] 신재식, 「진화론적 유신론과 케노시스의 하나님」, 『종교연구』, 32 (2003), 59.

[84] 김기석, 「진화론과 공존 가능한 창조신앙」, 『한국조직신학 논총』, 33 (2012), 407.

통, 자연선택, 하나님의 행동 그리고 신성론인데, 특히 이언 바버의 4가지 이론인 갈등, 독립, 대화, 통합이론 중에서 대화 혹은 통합이론으로 볼 수 있다. 하지만 둘 사이의 구분이 명확하지는 않다. 통합이론은 '자연 신학' 혹은 '자연의 신학' 그리고 '체계적 융합이론'으로 나누는데, 유신론적 진화론은 초창기의 '자연신학'으로 시작하여 오늘날에는 '자연의 신학'에 근접하는 것으로 생각할 수 있으며 '체계적 융합이론'의 형이상학적인 세계관으로서 기여를 생각할 수 있다. 자연신학은 토마스 아퀴나스의 우주론적 증명으로부터 모든 사건에는 원인이 있는데, 무한한 순환 논리를 피하기 위하여 맨 마지막 원인, 즉 제1원인으로 가정을 해야 하고, 유한하거나 무한한 자연적 원인들의 전체가 우연일 수 있지만 그것은 필연적으로 존재하는 하나의 실재에 달려 있다. 그의 목적론적 증명은 자연의 일반적인 특성으로 질서 정연함과 이해 가능성을 꼽고 자연에서 하나님의 설계에 대한 구체적인 증거를 말하는 것이다. 그러므로 현대과학자들은 자연의 조화로운 모습에 대하여 과학적 자료로부터 논의하며 하나님의 작품으로 보는 것이다.[85] 이언 바버에 따르면 '자연의 신학'은 과학이 아닌 종교적 경험과 계시를 바탕으로 생각하며 과학과 종교를 독립적인 지식의 원천으로 생각하고 일부는 중첩된다는 것이다. 그러므로 자연은 놀라운 새로움의 출현이라는 긴 역사를 지닌 하나의 역동적인 진화 과정으로, 즉 우연과 법칙으로 특징지어지는 하나의 진화 과정으로 이해된다. 자연 질서는 생태적이고, 상호의존적이며 다층적이다. 이러한 특성은 하나님, 인간, 자연 등, 서로의 관계에 대한 생각을 수정하게 되며, 자연에 대한 우리의 태도에도 영향을 준다. 그러므로 현대 과학에 맞춘 믿음을 위해 생화학자이자 신학자인 아서 피콕은 하나님은 우연과 법칙으로 설명할 수 없는 곳에 관여하심으로 창조에만 임하시는 것이 아닌 법칙과 우연으로 된 전체 과정에 창조하신다고 말하였다. 더 나아가 지구는 이를 창조하신 하나님께 속한 것이므로 청지기로써 자연에 대한 보존할 책임이 있으며, 창세기 1장은 모든 형태의 생명체를 아우르는 창조된 질서의 아름다움을 긍정 확인하는 것이며, 시편은 기이한 피조

[85] 이언 바버, 『과학이 종교를 만날 때』, 60.

물을 품고 있는 자연의 풍요로운 다양성을 찬양하는 것으로 생태적 상호 연관성을 주장하기도 한다.[86] 몰트만은 하나님의 역사적 창조는 처음 창조된 것의 보존이 아니라, 창조를 완성하는 구원의 완성을 지향하고 있다. 그것은 계속적 창조일 뿐만 아니라 이와 동시에 새로운 창조이다. 그것은 새로운 창조이며 선취적 창조로써 다음과 같이 말한다.

> "하나님의 역사적 창조는 시간 속에서 완성을 앞당겨 온다. 다시 말하여 인간의
> 역사에 있어서 자유와 정의와 구원의 창조와 함께 태초의 창조가 그 자신을 통
> 하여 나타내는 약속의 성취가 시작된다. 하나님의 계속적인 창조의 활동을 우
> 리는 보존하며 혁신하는 행위로 인식하게 된다. 보전하는 행위 속에서는 희망이
> 나타나고 새롭게 혁신하는 행위 속에서는 성실함이 증명된다. 그러나 모든 보존
> 하는 행위는 사실상 혁신적이고 모든 혁신하는 행위는 보존적이다."[87]

하나님은 창조를 태초의 창조로 완성한 것이 아니라 혁신과 보존을 위하여 창조를 계속한다는 것이다. 또한 과정 철학의 화이트헤드에 의하면 '체계적 융합' 방법으로서 변화의 과정들과 사건들 간의 관계는 영속적이며, 독립적인 개체들보다 근본적이다. 진화론적 사유자로서, 자연이란 상호 연관된 사건들이 역동적으로 얽힌 하나의 그물과 같은 것으로 질서 정연함은 물론 새로움으로 특징지어진다. 즉 실재의 기본 구성 요소는 두 종류의 영속적인 존재(정신/물질 이원론) 혹은 하나의 영속적인 존재(유물론)가 아니라 두 형상과 단계를 지닌 하나의 사건이다. 하나님은 새로움과 질서의 근원이고 창조는 오랫동안 계속되는 불완성된 하나의 과정이다. 하나님은 실체가 개별적으로 자기 창조를 이끌어내고, 질서와 구조는 물론 자유와 새로움을 허용하신다. 하나님은 고전적인 기독교의 초월적 주관자가 아닌 현상 세계와 상호 작용을 하며 어떤 사건의 유일한 원인은 아닐지라도 모든 사건에 영향을 끼치시는 분이다. 즉 과정 형이상학은 모든 새로운 사건을 실체의 과거 실체 자체의 활동 그리고 하

[86] 같은 책, 65-66.

[87] 위르겐 몰트만, 『창조 안에 계신 하느님: 생태학적 창조론』, 김균진 역(서울: 한국 신학연구소, 1987), 305-306.

나님의 영향이 결합된 산물로 이해한다. 하나님은 현상 세계를 초월하시고 각 사건의 구조 속에서 특유의 방식으로 이 세계에 내재하신다. 하나님이 홀로 임하시는 짧은 순간들로 단절된 자연적인 사건들의 계열은 존재하지 않는 셈이다.[88] 요약하면 실재를 구성하는 기본요소는 상호 관련을 가진 정신과 물질이라는 영속적 존재이고, 하나님이 새로움과 질서의 원천으로 창조는 계속적인 사건이며 하나님은 현재도 상호작용을 하시는 분이시라는 것이다.

[88] 이언 바버, 『과학이 종교를 만날 때』, 70-72.

진화론적 유신론은 신학적으로 과학적 진화론을 수용하는 입장이다. 즉 우주는 약 140억 년 전 무에서 창조되었으며, 확률적으로는 대단히 희박하지만 우주의 여러 특성들은 생명이 존재하기에 적합하게 만들어졌다. 또한 지구에 생물이 탄생하게 된 이유를 정확히 알 수는 없어도 생명이 탄생한 뒤, 상당히 오랜 세월에 걸쳐서 진화와 자연 선택에 의해 생물학적 다양성과 복잡성이 생겼다. 그리고 진화가 시작되면 초자연적인 존재는 필요가 없으며 인간도 이 과정의 일부이고 유인원과 조상을 공유한다. 하지만 정신적 본성을 지향하는 것이 진화론적 설명을 넘어선 인간만의 특성이다.[89]

[89] 같은 책, 251-252.

과학적 진화론 또는 유물론적 진화론은 최근에 리처드 도킨스나 다니엘 데닛 등에 의하여 주장되는 오랜 시간 동안에 우연과 자연 선택이 다양한 생물종을 설명할 수 있다는 것이다. 다윈 이전에는 앞서 언급한 자연의 질서에 대하여 초자연적으로 설명되었던 설계 논증을 다윈 후에는 자연선택 이론이 결정적으로 비판할 수 있었으며, 이 이론은 무목적적으로 진행한 과정으로서 페일리의 시계공에 비교하여 눈먼 시계공이라는 것이다.[90] 도킨스는 첫째, 설계에 대한 비판과 점진적 진화의 주장이라는 과학적 측면과 둘째, 유물론적 진화론을 가능케 한 인식론적 환원주의라는 형이상학적 측면에서 진행되며, 과학적인 측면에서 눈과 같이 정교한 기관들은 수많은 미세한 작은 변화가 누적되어 만들어질 수 있다. 그리고 자연적으로 만들어진 여러 시스템은 설계상 완벽하지 않으므로 진화적 변화는 기존의 것을 항상 개선해야만 하는데, 이 현상들이 다윈의 비인격적인 진화론으로 설명될 수 있다고 주장한다. 또한 복

[90] 리처드 도킨스, 『눈먼 시계공』, 과학세대 역(서울: 민음사, 1994), 20-22.

잡한 기계나 생명체의 작용에 대하여 할 수 있는 설명은 '단계적 환원주의'라고 부르며, 이는 전 복합체를 설명할 때는, 처음 단계부터 단지 한 단계가 낮은 부품들의 입장으로 설명하고 그 부품들은 다시 그것을 구성한 더 작은 부품들로 설명하는 것으로 진화론과 연관지으면 사물의 생성 과정은 우연히 생길 수 있다. 그리고 충분히 단순한 최초의 물체는 점점 누적되고 시간 순서로 배열된 단계적으로 복잡해 가는 물건으로 변해가는 과정으로 이해되는 것을 주장한다. 그리고 도킨스는 사물을 이해할 때 그 성분들이 어떻게 상호작용하고 있는지 알아보려면, 우리는 이해하고 있는 단순한 것의 차원으로 환원시켜서 이해할 수 있다는 인식론적 환원주의 입장이다. 자연 선택만으로 생명의 역사에 나타나는 모든 창조성을 설명할 수 있으므로 과학만이 진리에 이르며, 신의 개념을 사용할 필요가 없다는 주장이다.[91]

91 앞의책, 21-29

유신론적 진화론의 심각한 문제점이 진화는 자연 선택과 더불어서 개개의 배우고자 하는 열성과 우성을 가지고 있으며, 이것이 생존에 유리하게 작용하면 남아있는, 즉 우월한 유전 인자가 선택에 의하여 진행되어 왔다는 것을 주장하고 있으므로 제2차 세계대전을 일으킨 독재자 히틀러의 우생학적 사유에 대한 위험성을 안고 있다. 생물학적으로 우월한 유전자를 위하여 허용된 결혼법과, 세계 정복을 위하여 사회적 부적격자들로 간주하여 유태인 600만 명을 학살한 독일의 부정적 폐해를 야기했기 때문이다.

유신론적 진화론은 진화론을 수용하지만 생명의 과정을 설명하는 데 하나님을 언급하고 있다. 즉 생명이 진화의 과정을 경험하지만 진화 과정이 자연적인 힘의 결과가 아닌 하나님이 진화의 전체 과정을 주관하신다는 것이다. 즉 전 과정에 하나님의 목적과 의도로 전체적으로 관여하시며, 유신론적 진화론은 하나의 세계관으로서 진화론과 결합된 형이상학적 자연주의를 배격하지만 진화와 유신론적 세계관은 받아들인다. 진화는 하나님이 생명을 창조하실 때 사용하는 방법 중 하나이다. 그러므로 진화에 있는 것이 아니라 진화를 통한 신학 개념을 재구성하는 데 있다. 진화 과학이 제공하는 세계관 속에서 '신학적 개념 혹은 종교적 의미'들을 생각해 보는 것이다. 이들은 진화가 과학적으로 논증된 사실이나, 진화론이 말하는 생명이나 자연의 역사가 성서와 일치하는지에 대한 문제에 관심이 없으며, 오직 진화의 개념이 기존의 신학적인 설명에 어떤 새로운 생각을 줄 수 있으며 하나님, 인간, 세계에 대한 이해를 강화시킬 수 있는 것으로 되어 있다.[92]

[92] 신재식, 「진화론적 유신론과 케노시스의 하나님」, 70-71.

드 샤르뎅은 물질과 정신은 반대되는 것이 아니라 우주의 실체의 외면과 내면에 불과하고 우주는 아주 단순한 '알파점'에서 시작하여 점점 복잡한 체계를 이루었다. 그리고 생물의 진화가 진행됨에 따라서 정신이나 의식의 형태로 확산되어 '정신계'를 이루었다. 이로써 창조가 과거의 어느 한 순간이라는 기존 교회의 입장을 부정했다. 진화론이 보편적 조건으로서 그것은 앞으로 정당화되어야할 조건이라고 주장했다. 즉 진화는 한 순간에 발생이 아닌 물질, 정신이 진화됨에 따라서 물질 속에는 종합적 요소가 있는데 물질의 정신이며 창조된 것이라는 것이다. 모든 사물들은 미래에 있는 가장 새로운 것의 방향으로 움직이고 그 목표는 그리스도이다. 성서는 세계의 모든 사물들이 그리스도 안에서, 그를 통하여 그를 향하여 창조되었고, 그 안에서 통일될 것이다(에베소서 1:10). 모든 사물들은 끊임없이 더욱더 복잡한 구조로 발전되어가며, 그리스도가 모든 사물의 중심으로서 결국 복잡다단하게 진화하는 것은 중심점인 그리스도를 향하여 가는 것이다. 즉 그리스도 안에서 모든 사물이 하나로 통일되고 그리스도의 세계가 생성되는 오메가 포인트를 향한 우주의 진화 과정을 하나님의 창조로 주장했다. 즉 인간 창조는 이 진화 과정 속에서 인간이 생성되었고, 인간의 생명을 진화의 산물로 보는 진화론과 인간의 생명을 하나님의 창조로 보는 성서의 창조 신앙이 종합된다. 그러나 조직 신학자 김균진은 드 샤르뎅의 진화 신학의 문제점으로 그의 진화 과정을 너무 긍정적인 관점에서 다루고 원죄의 문제를 우주의 진화과정에서 단순히 다루며, 인류의 진화와 하나님의 나라, 즉 그리스도를 통한 구원을 동일한 과정으로 여긴다. 또한 세계 역사의 진화 과정이 하나님의 구원과 동일시되는 것으로 잘못 인식되며,

인류의 무분별한 자연의 착취를 가볍게 생각한다고 비평한다.[93]

신재식은 진화론적 유신론이 자연과 생명에 관하여 다양한 차원의 독법이 가능한 설명으로 다원주의 혹은 설명의 계층구조 개념을 인식론적 틀로 삼는 입장이다. 생명의 세계를 하나의 텍스트로 간주하면서 과학적, 혹은 신학적 독법은 생명에 관하여 유일한 읽기이고, 서로 배타적이 아니며 오히려 다른 설명들과 함께 계층 구조를 이룬다고 주장한다. 특히 아서 피콕의 주장[94]을 기반으로 아래와 같이 언급한다.

> "진화론적 유신론이 과학적 창조론이나 지적설계론과 유물론적 진화론 모두를 비판하는 근거는 생명과 존재에서 발견되는 다양한 수준과 가치를 무시하고 창조와 진화 또는 종교와 과학을 동일한 차원에서 같은 수준의 설명을 제시하는 경쟁적인 것으로 파악하는 점이다. 이것은 진화론적 유신론이 환원주의에 반대하면서, 생명현상에서 발견되는 여러 계층 구조를 포괄적으로 이해할 수 있는 틀을 가지고 접근하며 다양한 수준의 설명을 전제하고 있는 것을 의미한다."[95]

이 계층 구조는 1차원이 물리적 세계이며, 시공 속에서 물질과 에너지로 구성되는 모든 사물을 담고 있는 영역, 물리현상, 즉 물리, 화학, 지질학, 천문학 등을 다루는 과학 분야의 초점이다. 2차원은 생명 유기체로서 생물학과 신경과학이며 진화론적 생물학과 생태학 그리고 인지과학과 신경 생물학이다. 3차원은 행동과학을 초점으로 하며 인지 심리학, 언어 심리학 등을 포함한다. 마지막 차원은 인류 문화를 대상으로 하고 논리학, 언어학, 종교학 등이다. 또한 신재식은 진화론적 유신론은 과학보다 더 깊은 차원의 설명에서는 하나님과 같은 지적 존재에 의존하는 것이 생명을 풍부하게 이해하는 데 필수적이라는 사실을 인식하고, 신학은 우주 전체를 신적 지혜의 산물로 보기 때문에 법의 차원이나 설명적 다원주의 그리고 폭넓은 설명의 위계 등에 관한 생각이 무한한 깊이를 지닌 우주를 풍부하게 이해하는 데 필수적이라는 사실을 긍정

[93] 김균진, 『진화론과 창조신앙은 모순되는가?』, 『한국 조직신학논총』, 9(대한기독교서회, 2003), 24-30.

[94] 아서 피콕, 『과학지식의 지도: 유전학, 진화, 신학』, 테드 피터스, 『과학과 종교』, 김흡영, 배국원, 윤원철, 윤철호, 신재식, 김윤성 역(서울: 동연, 2002), 322-358.

[95] 신재식, 『다윈진화론의 자연신학 비판과 다윈 이후 진화론적 유신론 연구: 기독교 신학의 신-담론 변화를 중심으로』, 『한국 기독교신학논총』, 46(2006), 110.

96 같은 책, 110-111.

한다. 그러므로 다원주의적 설명을 특정한 차원으로서의 적합한 것으로 받아들임과 동시에 신학적 설명을 위한 여지를 제공한다고 주장한다.[96] 그리고 성서에 대하여는 '축자영감설'보다는 '유기적영감설'로서 역사 비평적 성서해석 관점을 지니고 있으며, 창세기 1~11장의 창조는 문자적으로 과학적으로 사실이라기보다는 비역사적인 설명으로 간주한다. 성서는 특히 생명이나 우주의 기원에 관하여 과학적인 증거를 거의 제시하지 않는다는 것이다. 창세기 1장에 대하여는 고도의 비유적인 시적 문학적 형식으로 이해하며, 전형적인 찬양 시로서 간주한다. 창조 이야기는 이 세계가 본질적으로 선하고 질서가 있으며 이 세계는 하나님에게 의존해 있고 하나님은 주권자이며 자유로운 존재로서 목적과 의지를 지니고 있다는 것이다.[97] 가톨릭의 교리서는

97 신재식, 「진화론적 유신론, 그리스도교와 진화가 만나다!」, 『기독교사상』, 620(2010, 8) 258-259.

"하나님께서는 자유로이 무에서 창조하셨다. 하나님의 전능은 바로 무로부터 당신께서 원하시는 모든 것을 만드신다는 데서 드러난다. (중략) 그리고 피조물들을 당신의 존재와 지혜와 선에 참여시키고자 하시는 자유로운 의지에서 세계가 태어났으며, 창조 때에 어떤 자료를 사용하지 않으셨다는 것이다. 하나님의 창조는 계속되고, 피조물을 매 순간 존재하도록 지탱해 주시고, 행동할 수 있게 하시며 완성으로 이끄시는 하나님의 끝없는 행동을 말한다."[98]

98 오경환, 「가톨릭교회는 유신론적 진화론을 지지한다」, 『사목정보』, 4(2011, 4), 91.

한편 1997년에 요한 바오로 2세 교황은 하나님의 창조와 진화적 사실들에 대하여 방법론을 검토할 때에 어느 정도는 서로 조화를 이룰 수도 있다고 한다. 그러므로 과학적 창조론에서 주장하는 세상의 것들이 완결된 상태로 창조되어서 변하지 않는다는 것과는 대조적으로 만물은 완결된 상태로 창조되지 않아서 궁극적인 완성을 향하여 진행한다는 것이다. 즉 하나님이 진화의 모든 것을 결정하지 않으며, 우연적인 돌연변이와 환경의 변화도 생명체의 진화에 기여한다고 보지만, 하나님과 피조물이 동일한 수준에서 원인이 되는 것이 아니고 하나님은 1차 원인이기 때문에 하나님과 피조물은 다른 수준에서 원인

으로서 작용한다.[99]

[99] 같은 책, 89-92.

　유신론적 진화론에 대하여 판넨베르그는 창세기에 대하여 성서를 역사적인 해석으로 쓰인 배경과 기록할 당시의 저자들의 관심사, 그들의 지식 정도를 유념하면서 읽도록 권한다. 창세기 1장의 세계 창조는 하나님의 창조적 활동에 의하여 계속되는 피조물들의 생성 과정을 설명하기 위하여 그리스도 이전 6세기의 자연과학, 즉 바빌로니아의 지혜를 사용함으로써 세계의 창조자인 이스라엘의 하나님을 증언하는 것으로 읽어야 하고 이것이 현 상황에 대한 연관성은 오늘날 성서 속에서의 하나님은 우리가 아는 그대로의 우주의 창조자로 증언하기 위하여 우리 시대의 과학을 사용하라고 격려한다는데 있으며 이것이 세계 창조에 대한 성서적 보도의 권위라는 것이다. 그러므로 BC 6세기에서 그 문화들은 상이한 동물과 식물에 대한 종들의 태초의 창조는 변화하지 않는다는 신화적 정신태도로서 세계 질서가 '태초의 시간에' 세워져서 변화하지 않는 것으로 이해되었지만 현대는 자연 세계가 끊임없는 생성 과정의 증거를 제시하고 이것의 의미는 다른 것들의 소멸과 함께 새로운 유형의 피조물들이 출현하고 있다는 것이다. 그 예로써

　　"네가 들었으니 이 모든 것을 보라. 너희가 선전하지 아니하겠느냐. 이제부터 내
　　가 새 일 곧 네가 알지 못하던 은비한 일을 네게 듣게 하노니 이 일들은 지금 창
　　조된 것이요. 옛 것이 아니라 오늘 이전에는 네가 듣지 못하였으니 이는 네가 말
　　하기를 내가 이미 알았노라 하지 못하게 하려 함이라." _ 이사야 48: 6-7

　즉 하나님이 역사 과정 속에서 끊임없이 활동하신다는 것과 아주 새로운 것을 창조하신다는 것을 기록하고 있다는 것이다. 진화론은 서로 다른 종의 동물들이 지구상 생명 역사의 오랜 과정에서 잇따라 나타나는 것인데, 계속적 창조 개념과 갈등을 일으키지 않는다고 주장한다. 또한 창세기 2장에서 인간은 '땅의 흙'으로부터 나왔으며, 하나님이 코로 생명의 숨을 불어 넣었으므로

전도서 12:7의 영이 그것을 주신 하나님께 돌아간다면 동물과 구분이 될테지만 히브리어의 영은 '네페쉬'이다. 이 단어의 어원적 의미가 '목구멍'으로서, 구약에서는 영혼인데 그것은 몸으로부터의 분리가 아닌 몸 안의 생명원리라는 것이다. 이 생명의 기원은 인간의 영혼이 아니고 하나님의 영인 것이다. 창세기 1:30, 땅의 동물들에게 생명의 숨을 가진다는 것은 인간만이 살아 있는 영혼이 아니므로 동물과 유사한 것으로 인식한다면 인간이 동물 생명의 진화로부터 출현했을 수도 있다는 것이다.[100]

'능력으로 충만한 창조'를 주장하는 하워드 반틸에 따르면 주된 목적이 특정 과학 이론의 타당성이라기보다 창조주의 무한한 자비와 형용할 수 없는 창조성에 대한 관심으로서 우선 역사와 성경에 근거를 둔 창조의 기독교적 교리를 받아들이며, 세상에는 단 두 종류의 존재, 즉 창조주와 피조물이 있다. 첫째, 피조물의 특성들로써, 우주 내의 물질들의 화학적 조성, 온도, 크기, 색깔 등이며, 다양한 방식으로 행동하며 상호작용할 수 있는 피조물적 능력을 지닌다. 둘째, 피조물적 능력은 하나님이 주신 선물로서 하나님이 주신 능력 그 이상은 못한다. 셋째, 선물로서 피조물의 능력은 창조로 인식할 수 있다. 즉 생물이 진화에 필요한 능력들을 선물로 부여받았다. 하나님이 피조물에게 자기 조직화 능력과 변환 능력을 풍부히 주셨으므로 연속적인 진화는 무생물로부터 모든 생명체에 이르기까지 가능할 뿐만 아니라 실제로 발생했다는 것이다.[101] 이 경우는 생물 진화 분야에서의 이론적 평가 작업이 자연과학의 다른 분야와 마찬가지로 철저하게 그리고 이성적인 과정을 통하여 수행되었기 때문이다. 또한 창조 교리가 창조주와 피조물 간에 근본적으로 차이가 존재하고, 창조의 핵심은 영원하고 스스로 존재하시는 하나님께서는 태초에 '무에서 창조된' 피조물인 형상을 만드는 초인간적인 장인이 아닌 존재를 부여하신다. 피조물의 존재를 개념화할 때 하나님의 창조성은 인간의 지각을 뛰어넘으며, 존재 부여의 관대하심은 인간의 이해력을 뛰어넘기 때문에 심오한 창조성과 무한한 자비에서 확고한 형성 체계, 운행 체계 같은 능력을 충만하게 부여

[100] 볼프하르트 판넨베르크, "인간의 생명: 창조인가 진화인가?," 테드 피터스, 『과학과 종교』, 김흠영, 배국원, 윤원철, 윤철호, 신재식, 김윤성 역(서울: 동연, 2002), 243-251.

[101] 하워드반틸, 『능력이 충만한 창조』, 모어랜드, 레이놀즈 편저, 『창조와 진화에 대한 세 가지 견해』, 박희주 역(서울: IVP, 2007), 201-202.

받은 창조의 가능성을 발견하는 과학방법론을 지지한다. 그는 유물론적 진화론의 근간인 방법론적 자연주의가 자연주의 세계관을 의미한다는 전제가 되어 있으며 자연주의 세계관의 산물이라는 의미가 내포되어 있고, 자연주의 기초 없이 과학방법론을 취하는 것을 비판한다. 창조계는 처음에 별 다른 형체를 지니고 있지는 않았으나, 시간이 지나면서 다양한 형태를 만들 수 있는 잠재성을 내포했다는 것이다. 그리고 하나님이 창조계를 만드셨으며, 이 창조계는 다양한 구조와 형상을 낼 수 있는 풍성한 잠재성을 은사로 받았다는 것으로 창조계의 형성 체계는 하나님이 피조물에 부여하신 자원과 능력의 조합을 의미한다. 또한 확고하고 빈틈이 없어야 하며, 자기 조직화와 자기 변형을 수행하는 데 필요한 자원이나 능력을 받았고, 창조계는 자기 조직화를 통하여 양자, 중성자, 원자, 분자, 은하계, 성운, 별, 행성, 그리고 행성에 사는 생명체, 또한 복잡한 생태 시스템들로 이러한 잠재성을 구현할 능력을 부여받았다. 그러므로 자연주의 주장처럼 우주를 단순한 우연의 산물이 아니라 설계된 것이고, 사려 깊은 개념적 작업의 산물이라고 주장한다.[102]

[102] 같은 책, 196-236.

이에 대하여 월터 브래들리는 반론을 펼친다. 하나님의 설계에 필요한 것은 생명체 같은 물리적 시스템의 기원을 포함한 자연에서 발생하는 물리적 현상들을 말한다. 그것은 자연법칙, 빛의 속도나 중력 같은 우주상수, 양자의 질량, 단위전하, 화학적인 물질의 특성, 그리고 물질과 에너지의 조합과 연관된 초기 조건들이다. 이전에는 아미노산 분자가 지닌 특성이 단백질의 촉매에 대한 정보를 제공한다고 생각했으나, 복잡한 배열의 풍부한 정보를 가진 무질서한 물질이므로 아미노산의 화학적 특성으로는 설명할 수 없는데, 최초의 생명체가 발생하려면 RNA와 단백질 같은 복잡한 분자가 필요하다. 생명의 기원은 인위적인 초기 원시 지구의 상태로의 단순 세포의 구현이 불가능하다. 이것을 위해서는 '빅뱅'을 통한 분자들의 형성에 적합한 우주가 탄생하기 위하여 빅뱅에 세밀한 초기 조건이 요구된다. 생명의 기원은 우리가 인위적인 초기 원시지구 상태로의 단순 세포도 구현이 불가능하며 캄브리아기 때의 갑작스런 생물들의 출현을 설명하지 못한다. 또한 하나님은 우주 상수나 물질의 특성으로 이루어진 자연법칙과 같은 정형화된 방식을 통하여 대부분의 일을 이루시지만 가끔은 비정형화된 방식으로 일을 하신다는 것이다. 또한 존 제퍼슨 데이비스는 역사적인 기독교의 창조 교리는 히브리어 '바라(bara)', 즉 '창조하다'는 의미로 창세기에서 10회가 나오는데 그 단어는 인간의 능력을 초월하는 하나님의 행위 그리고 창조적인 사역이라는 의미로서 창조된 사물의 새로움에 있는 것이다. 창조주의 주권과 초월성의 불연속성을 강조해야 하는 것이다. 기독교 신학은 일반섭리, 특별섭리, 그리고 기적으로 나타나는 데, 일반섭리는 시편 104장의 하나님이 육축을 위하여 풀을 자라게 하시거나, 임신에 의하여 생육하게 하시는 것, 즉 자연 법칙을 통해 내재적인 역사이고, 특별섭리는 민수기 11장의 이스라엘 백성을 위하여 광야 생활 중에 바람을 일으키셔서 메추라기를 몰아오시는 경우로서 구속사적 목적을 위하여 자연의 힘을 마음대로 사용하시는 것이다. 그리고 기적은 마가복음 6장의 예수의 오병이어 기적 혹은 육체로 부활하시는 것 그리고 열왕기하 6장에서 엘리사가 도끼를 물에 뜨게 하는 사건으로 자연 법칙을 잠깐 멈추거나 초월적으로 사용하시는 것이다. 그러므로 최초의 세포 기원이나 5억 7,000만 년 전 캄브리아기의 대폭발 등 생물 체계의 창조는 진화의 연속성이 아니라 하나님의 특별 창조로 설명하는 것이 좋다고 주장한다.[103]

103 앞의 책, 254-266.

모어랜드는 첫째, 과학자들은 훈련과정을 통하여 철저히 세뇌되어 어떤 현상을 특정한 방식으로만 볼 수밖에 없으며, 다른 사람이 제시하는 대안도 용납하지 못한다. 둘째, 문제의 현상이 종교적이고 윤리적 문제의 핵심인 경우는 자신들이 속한 집단의 정당화에 맹목적이라고 한다. 그러므로 특별 창조론은 과학이 아닌 종교이고, 과학이 지배적인 사회학적 상황에서 과학지상주의에 의하여 기원 문제에 대한 이성적 입장은 진화론으로서 주장하기 때문에 대진화는 이성적인 요인이 아니라 사회적인 요인에 의하여 받아들여지고 있다는 것이다. 즉 유신론적 진화론은 종교학 연구의 역사적 예수에 대한 해석에서 자유주의 해석을 받아들이는 것과 같은 것으로서 정교하게 조율된 우주를 현대 과학이 현상을 설명하지 못하므로 그 한계로부터 설명을 위하여 하나님이 필요하며 동시에 하나님의 지적설계를 고려해야 한다는 것이다.[104] 또한 베른 포이스레스는 유신론적 진화론에 대하여 비평한다. 하나님은 당신이 원하시는 어떠한 방식으로 일하실 수 있으므로, 그 하나는 하와의 창조가 창세기 2장에서 아담을 잠들게 하셨으며, 그 갈빗대로 사용하여 만드셨고 살로 채우셨다. 하나님이 아담과 하와는 다른 동물들과는 다른 예외적인 방법으로 창조하신 것으로 생각해야 한다. 물론 이에 비추어보면 다른 동물들도 특별한 방법으로 창조하셨음을 짐작하게 한다. 진화의 문제가 아니라는 것이다. 또한 두 번째는 유신론적 진화론은 이신론적 관점을 지니고 있는 것으로 하나님은 창조의 시작점을 만드신 후 거기에 관여하지 않으신 모습을 보여주는 것이며, 최초의 창조 시점에서 '시계의 태엽을 감으시고' 그 이후부터는 '시계가 스스로 작동하고'를 나타낸다. 그러나 성서는 시편 104:14에서 "그가 가축을 위한 풀과 사람을 위한 채소를 자라게 하시며 땅에서 먹을 것이 나게 하셔서", 그리고 시편 107:8, 16은 "그가 구름으로 하늘을 덮으시며 땅을 위하여 비를 준비하시며 산에 풀이 자라게 하시며, 눈을 양털 같이 내리시며 서리를 재 같이 흩으시며", 즉 하나님이 통제하시고 이끌고 말씀하시고 접촉하는 방법으로 그 분과 피조물들과 지속적으로 관련을 맺으시는 것이다. 이러한 하나님의 활동을 기계적, 생물학적, 지질학적 등의 과학 법칙으로 묘사하기도 하지만 그것은 인간 한계의 측면에서 보는 것이다. 창조, 예수님의 생애, 재림 등은 하나님의 법칙을 변경하신 것으로 전혀 예기치 못한 새로움을 동반한 사건들이고 그러므로 현재의 독단적인 가정들(진화적 사건)은 합당하지 않은 것이다. 또한 죽음에서의 부활, 물로 포도주를 만든 사건, 도끼를 물에 뜨게 한(열왕기하 6장) 엘리사 등은 유신론적 진화론이 하나님의 직접적 개입의 예외를 허용할 수 있으며 신학적으로 가능하다고 생각하더라도 과학적인 측면의 증명이 불가능할 것이라는 주장을 한다.[105]

104 앞의 책, 267-272

105 앞의 책, 273-277.

CHAPTER IV

과학적 창조론에 대한 비판

하나님의 초월성을 강조하는 바르트나 불트만은 과학과 신학이 서로 관련이 적다고 생각하는 것 같다. 자연 과학과 창조 신학은 처음부터 가정하거나 접근하는 방법이 다르므로 자연 과학이 창조에 대한 신학적 영역의 믿음에 대하여 크게 도움이 되지는 못할 것이라는 주장이다. 하나님의 말씀은 과학과는 전혀 무관한 인간의 심리적인 면으로서 영적인 본성을 충족시키기 때문에 형이상학적 믿음을 강조한 하나님의 말씀을 형이하학적인 사실에 입각한 자연 과학으로 혹은 자연 과학을 하나님의 말씀처럼 바꾸려는 것은 서로에 대한 모욕이 된다. 더불어서 실증주의에 영향을 받은 일부 과학자들 또는 역사학자들에게서 생각되는 성서가 신화적 사건으로 간주되는 것도 받아들이기 어렵다. 그들은 성서가 과학적인 책이 아니기 때문에 성서를 문자적으로 받아들이지 않는 것은 당연하므로 창세기의 기록은 단지 종교적 진리가 담겨진 하나의 신화로서 여기며 성서의 기적들 또한 부정하려고 한다. 창조를 한편의 진화 과정이라고 보기 때문이다. 그러므로 본 장에서 먼저 성서의 창세기는 고대 근동지방에서 발생한 만들어진 신이 아니고, 다신론적인 신화와는 구별된 것임을 논하고자 한다. 창세기를 이스라엘의 유일신인 하나님과 초월자로서 먼저 계신분이며 우주 자체가 그분의 피조물이라는 구별된 창조 신학으로 논의하고자 한다. 그리고 앞장에서 논의된 과학적 창조 이론들, 즉 과학적 유물론자들과 갈등을 유발시키며 특히 성서의 무오함을 증명하고자 독특한 과학적 표현을 사용하여 창조를 주장하는 성서문자주의 창조론이다. 또한 부분적으로 갈등을 피하기 위하여 창세기를 문자적으로 해석할지라도 20세기의 과학을 어느 정도는 인정한다. 우주는 오래되었으며, 지구가 수십억 년 이상이라는 것을 받아들여서 오랜 지구 혹은 간격론으로 수정된 점진적인 창조론, 그리고 과학의 연구방법 및 그 결과를 신뢰하며 성서의 역사성을 무시하지 않는 범위 내에서 과학적 증거를 기반으로 과학과 신학의 통합 방법 중 자연 신학으로 생각되는 지적 설계를 주장하거나, 혹은 기본적으로는 과학과 상호보완적 관계를 인정하며 체계적 융합으로서의 하나님의 창조를 계속적 창조로서 생각하며 또한 연속된 진화를 인정하려는 유신론적 진화론 등에 대하여 비판하고자 한다.

1. 신화와 구별되는 성서의 창조 의미

주전 5000년경 수메르에 신화가 있었다. 전체 12토판으로 되어 있는 길가메시 서사시이다. 선행 연구의 창조 신화 검토에서 기술한 11토판을 제외한 그 내용은 다음과 같다.

수메르의 신화 – 길가메시 서사시

최초의 길가메시 서사시 12토판들에 따르면 아브라함 출생 700년 전에, 길가메시가 3분의 2는 신이며 3분의 1은 인간으로 BC 2800년쯤 전 살았다. 그는 수메르 도시 국가 우르크 왕조의 5번째 왕으로 126년 동안 다스렸다. 아버지가 인간(루갈반다)이며, 어머니는 신(들소의 여신)이었다. 이때 신들의 아버지는 최고의 신, 안(또는 아누)이고 부인은 여신 안툼 혹은 후실인 남무다. 길가메시 서사시 신화에서 인간들은 안의 서자인 엔키(지혜의 신)와 여신인 닌투 혹은 닌후루쌍에 의하여 수메르 신 중 하나의 피와 검붉은 흙으로 만들었으며, 이들은 신들을 위한 노동을 했다. 즉 신들의 노예로 삼았다. 길가메시는 잘생긴 왕이며 멋진 우르크의 왕이었다. 성난 이마, 들소의 눈, 멋진 손가락의 특징을 가지고 있었다. 키는 11척(큐빗)이고, 가슴이 9척, 발은 3척, 보폭은 6척인 거구였다. 그를 황소에 비유하는데, 당시 수메르인들에게 황소는 가장 힘이 센 동물로 여겨졌기 때문이다. 하지만 길가메시는 백성들을 괴롭히고 싸움 좀 한다는 남자들은 다 두들겨 패며 악행을 일삼았다. 젊은 여인들을 괴롭혔으며, 특히 그중에서 가장 악한 짓은 초야권으로, 결혼하는 처녀들의 첫날밤에 자신이 대신 들어갔다.

결국 인간들은 최고의 신 안에게 그들의 고민을 말했으며, 신은 여신(닌후르쌍–아루루)을 시켜서 엔키두를 창조하게 된다. 몸통은 온통 털로 덮여 있었고, 동물처럼 생긴 엔키두는 힘이 센 자다. 이때 길가메시는 음탕한 여인으로 표현되는 샴하트를 엔키두에게 보내어 유혹을 하게 하고 여인에게 반한 엔키두는 샴하트와 일주일 동안 잠을 자면서 자신의 힘을 탕진하게 된다. 하지만 그 이후 그는 이지력을 소유한 인간으로 바뀐다. 이때 길가메시는 꿈을 꾸게 되는데, 엔키두가 자신에게 접근하며, 그가 길가메시의 친구로 될 것을 알게된다. 엔키두는 백성들의 호소를 듣고 분노하게 되었다. 길가메시의 악한 행동에 분개하여 길가메시에게 접근하여 싸움을 하지만 길가메시가 먼저 무릎을

꿇어버리고, 엔키두는 그를 칭송하여, 둘은 화해하고 결국 친한 친구가 된다. 그 이후에 둘은 도끼와 칼을 준비하여 바람의 신 엔릴의 명령에 따라서 삼목산 숲을 지키는 악인 훔바바를 정벌하려고 한다.[1]

태양의 신인 우투의 부탁을 받았지만, 길가메시에게 이 싸움은 상당히 두려운 것이었다. 이때 길가메시는 산이 무너져 내리는 꿈을 꾸게 되는데, 엔키두는 훔바바를 죽이는 것으로 그 꿈의 해몽을 한다. 고대인들에게서 꿈은 신의 소리로 생각하였다. 특히 수메르인들이나 이집트, 히브리 족장들에게서 많이 나타난다. 싸움에서 이긴 길가메시는 신에게 제사를 드린다. 이때 죽음에 대한 두려움으로 죽음을 넘어서려는 의도가 담겨 있었다. 그는 영웅이 되고 싶었다. 그리고 후와와인 다른 산지기가 나타나지만 꾀를 내어 그를 제거한다. 길가메시가 자비를 베풀어줄까 했지만 엔키두의 설득에 마음을 바꿔 후와와를 죽였다고 하기도 하고, 엔키두의 반대에 화가 난 훔바바가 엔키두를 욕하자 엔키두가 그 자리에서 훔바바의 목을 쳐 죽였다.[2]

그 이후 우르크에서 최고의 신 아누의 딸 이쉬타르를 만나게 된다. 그때 하늘과 땅의 여신 이쉬타르는 길가메시에 반한다. 헌데 이 여신은 이전에 엔킴두라는 도랑과 수로의 농부를 사귀지만 더불어서 양치기였던 남신 탐무즈(두무지)와도 사귀게 된다. 그러나 이쉬타르의 잘못으로 두무지가 죽게 된다.[3]

이슈타르는 길가메시에게 구애를 하지만 길가메시는 이쉬타르가 경험한 두무지와 엔킴두의 상황을 말하면서 엄청나게 기나긴 모욕적인 언사와 함께 그녀를 거절한다. 화가 난 이슈타르는 아버지인 최고의 신 아누에게 부탁해 하늘의 황소를 지상에다가 풀어달라고 애원한다. 아누는 하늘의 황소를 내려보냈지만, 하늘의 황소는 대지를 황폐하게 만들고 성을 부숴 많은 백성들이 고생하게 된다. 결국 길가메시와 엔키두가 나서게 된다. 그리고 하늘의 황소는 길가메시와 엔키두에게 협공을 당하여 죽게 된다. 이때, 이슈타르가 저주를 퍼붓자 엔키두는 자신의 친구에게 손끝 하나 대지 못할 것이라며 하늘의 황소 오른쪽 허벅다리를 찢어 이슈타르에게 던지며 그녀를 모욕한다. 길가메시 서

[1] 레바논 삼나무는 수메르의 평지에 목재로 사용할 수 있는 귀한 나무이다. 이 나무를 가져오는 행위는 그 당시에 대단한 능력을 나타내는 것으로 생각되어 진다. 그래서 길가메시는 영원히 자신의 이름을 남기려고 한 것이다.

[2] 김산해, 『최초의 신화 길가메쉬 서사시』(서울: 휴머니스트 출판그룹, 2020), 174-178.

[3] 양치기 두무지가 죽고 농부 엔킴두의 이야기와 창세기 4장의 가인과 아벨의 이야기는 구별해야 한다. 성경의 문맥으로 보면 창세기 4장 '3~4세월이 지난 후에 가인은 땅의 소산으로 제물을 삼아 여호와께 드렸고, 아벨은 자기도 양의 첫 새끼와 그 기름으로 드렸더니.' 가인의 제사들 드리는 마음 가짐이 아벨과 달랐다. 그래서 가인은 제물을 받지 않은 하나님에 대한 원망 때문에 악한 생각으로 아벨을 죽인 것이다. 히브리서 11장 4절 '믿음으로 아벨은 가인보다 더 나은 제사를 하나님께 드림으로써 의로운 자라 하시는 증거를 얻었으니 하나님이 그 예물에 대하여 증거하심이라 저가 죽었으나 그 믿음으로써 오히려 말하느니라.' 귀한 제물의 가치는 제물을 드린 사람의 형편과 반응하는 사람의 중심에 달린 것이다.

사시 12토판에는 기록되어 있지 않지만 강해진 우르크 왕은 수메르 땅에 세워진 최초의 도시국가 키쉬 제1왕조의 마지막 왕 아가와 점토 채굴 문제로 싸워서 이긴다. 고대 수메르에서 점토 채굴은 벽돌을 만드는 재료로써, 신전 건축, 혹은 토판제작 등에 사용되는 중요한 흙으로 생각된다.[4]

그 이후 엔키두와 길가메시는 신들의 노여움(특히 엔릴)을 사서 훔바바와 하늘의 황소를 죽인 벌로 엔키두는 누운 지 12일 만에 죽음을 맞이한다. 길가메시의 품에 안겨서 죽었다. 이때부터 길가메시는 죽음에 대하여 두려워하게 된다.

결국 길가메시는 영생을 얻기 위하여 우바르투투의 아들 우트나피쉬팀 구역을 찾으러 떠난다. 우트나피쉬팀의 구역은 딜문이다.

> "딜문은 수메르 신들의 파라다이스다. 즉 신들의 정원이다. 엔키와 닌후르쌍의 문서에서 기록되어 있는데, 거룩한 도시로 깨끗한 땅이며, 빛나는 낙원이었다. 병도 폭력도 늙음도 없는 그런 곳이었다. 유일하게 살고 있는 인간이 길가메시의 조상 우트나피쉬팀이었다. 이 낙원에 물이 부족했는데, 이를 해결할 유일한 신은 엔키뿐이었다. 그는 물을 공급했고, 딜문을 낙원으로 꾸미었다. (중략) 딜문 동산 입구에는 항상 험상궂은 경비병들이 지키고 있었다. 까마귀가 깍깍 울지 않았고, 닭이 구구 울지 않았고, 사자가 굶주려 잡아먹지 않았고, 늑대가 양을 덮치지 않았고, 개가 어린 염소의 목을 따지 않았고, 눈병 있는 자가 눈을 아파하지 않았고, 늙은 여자가 나는 할미다라고 하지 않았고, 늙은 남자가 나는 할아비다라고 하지 않았고... 도시 변두리에서 곡하는 소리가 들리지 않았다."[5]

길가메시는 고생 끝에 드디어 마슈산에 도착한다. 거기서 산지기 신인 전갈 부부를 만나는데, 그들은 입산을 허락했다. 그리고 계속 여행 중에 여인숙의 지킴이 포도주의 여신인 씨두리를 만나게 된다. 그녀는 죽음의 바다를 건너야 한다고 하며, 궁궐로 돌아가 노는 게 낫다. 신들은 불로불사지만 그런 즐거움

[4] 김산해, 『최초의 신화 길가메쉬 서사시』(서울: 휴머니스트 출판그룹, 2020), 201-209.

[5] 김산해, 『최초의 신화 길가메쉬 서사시』(서울: 휴머니스트 출판그룹, 2020), 259.

은 누리지 못한다라고 현실의 안주를 권한다. 하지만 길가메시의 강력한 영생하고 싶은 욕망으로 씨두리는 죽음의 바다를 건너기 위하여 우트나피 쉬팀의 뱃사공 우르샤나비를 만날 수 있도록 가르쳐 주었고, 그들은 배를 만들어서 죽음의 바다를 건넜다. 드디어 우트나피쉬팀을 만난다. 대홍수에서 살아남은 우트나피쉬팀은 길가메시에게 말한다.

> "너는 인간이다! 범인이든 귀인이든 꼭 한 번은 인생의 종착역에 도착하고, 하나처럼 모여든다…. 신들이 삶과 죽음을 지정해 두었지만 그들은 죽음의 날을 결코 발설하지 않는다."[6]

[6] 앞의 책, 290.

길가메시 서사시 제11토판은 우트나피쉬팀이 겪은 홍수 이야기이다. '우트나피쉬팀', 그리고 신화 엔키의 음성에 대한 대홍수 이야기의 수메르인 '지우쑤드라(수메르 신화, 에리두의 창세기)'와 아트라하시스 서사시의 '아트라하시스'는 동일 인물로 생각된다.[7]

[7] 앞의 책, 295.

참고로 아트라하시스는 바벨론 신화로서 에아(엔키)신이 인구 억제를 위하여 불임, 유아기 사망, 독신 인구 증가 등이 기록되어 있다.[8]

[8] 배철현, "노아 홍수 이야기", 『기독교 사상』, 9 (2002): 193.

그리고 우트나피쉬팀은 6일 낮 7일 밤을 잠들지 말아야 영생을 찾을 수 있다고 알려준다. 일반적으로 수메르에서 7이라는 숫자는 행운의 숫자를 의미한다. 우르크의 기초를 세운 현인들도 7이며, 수메르의 큰 신들도 7이다. 우트나피쉬팀이 홍수 이후에 비둘기를 보낸 날도 7일 후이다.

그러나 길가메시는 대부분의 날들을 자게 된다. 길가메시는 잠에 빠졌던 것에 대하여 무척 실망하였다. 하지만 영생자는 아무 말이 없다. 그리고 길가메시는 떠나야만 한다. 하지만 우트나피쉬팀의 아내는 남편에게 '손에 닿으면 다시 젊은이가 되는 식물'을 길가메시에게 선물하도록 권유한다. 기회를 잡은 길가메시는 바닷속으로 들어가 가시덤불 식물(불로초)을 얻게 된다. 그 식물을 우르크 왕인 길가메시는 돌아가서 노인에게 실험하고 회춘하게 하려 했다. 그러나 샘에 들어가서 목욕하던 중 땅의 명물인 뱀이 불로초를 갖고 달아난다.

결국 길가메시는 빈손으로 우르크로 돌아가게 된다. 그는 영생할 수도 젊음을 유지할 수도 없다. 인생의 진실을 깨닫는다. 성인이라면 누구나 받아들이는 진리를 깨우친다. 인간의 창조주인 엔키가 그에게 죽음에 대처하는 법을 일러준다. 결국 백성들이 보는 앞에서 의연하게 죽음을 맞이하게 되었다.

먼저 길가메시 서사시와 같은 근동 신화에 대한 성서와 구별되는 논쟁적인 시각을 언급하기로 한다. 길가메시 서사시에 기록된 내용과 성서에서의 창조 개념은 다르다. 전능하신 유일 신 하나님이 말씀으로 무에서 우주를 창조하신 주권적이며 비교할 수 없는 존재임을 나타내고 있기 때문이다. 성경 저자들은 창조주 하나님과 고대 근동 신화와의 구분을 명확히 하기 위하여 신화에 대한 이야기들을 사용했다. 특히 창세기 1장 1절 '태초에 하나님이 천지를 창조하시니라'의 태초(베레쉬트)는 수메르 신화처럼 2절, '땅이 혼돈하고 공허하며 흑암이 깊음 위에 있고'가 존재한 이후로써 '하나님이 천지를 창조하기 시작하셨을 때에'로 될 수 없다. 창세기 1장 1절은 2장 4절까지의 전체를 아우르는 독립 절로 보아야 한다. 맛소라 사본에서 붙여진 액센트에 따르면 연계형이 아니라 독립적이고 절대형이므로 1절 "태초에—베레쉬트"는 2절의 종속절이기 보다는 주절로써 보아야 한다.[9] 삼위일체를 처음 사용한 기독교의 교부인 터툴리안은 "무에서의 창조"를 주장하였다.[10] 또한 깊음(테흠)은 수메르 신화에서 파생된 것이 아니고, 각각 셈어에서 파생되었으며, 수메르 신화의 단순히 바닷물을 지칭하는 "티아맛"과는 다른 의미이다. 지하수와 바닷물을 포함하며, 오히려 이집트 신화 헤르모폴리스의 창조가 시작할 때와 같은 질료로 보아야 한다.[11]

창세기 1장 넷째 날의 하나님이 하늘의 궁창에 광명체들을 창조하신 것은 만물의 지배를 의미한다. 반면에 고대 근동 신화에서는 별을 만드는 사건이 신에 대한 기원설로써 의인화된 신들을 창조하는 일부분이다. 그리고 다섯 번째 날에 큰 바다 짐승들과 물에서 번성하여 움직이는 모든 생물을 그 종류대

[9] 김민철, 『창세기 1,2,3 장 꼼꼼히 읽기』(서울: 그리심, 2019), 53.

[10] 히브리서 11장 3절, 믿음으로 모든 세계가 하나님의 말씀으로 지어진 줄을 우리가 아나니 보이는 것은 나타난 것으로 말미암아 된 것이 아니니라.

[11] 앞의 책, 62-63.

로, 날개 있는 모든 새를 그 종류대로 창조하셨다는 의미는 이집트 신화의 뱀 숭상과 우가릿 문헌에서 바알의 주적인 큰 뱀이나 바다 짐승임에 반하여 성서 기자들은 하나님은 피조물인 큰 짐승(뱀, 바다 짐승)을 창조하시는 분으로 근동 신화들과는 구별된다.[12] 또한 창세기 2, 3장 에덴동산의 창조는 고대 근동 신화 '엔키와 닌후르쌍'의 딜문과 유사하지만 신들이 사는 곳이 아니라 사람들을 위하여 하나님이 만드신 동산이다. 에덴 동산을 무대로 모든 것은 인간을 위한 창조이며 경작과 보존의 의미를 지니고, 중앙에 생명 나무와 선악을 알게 하는 나무를 두신 것이 다르다. 에덴이라는 말은 히브리어로는 "기쁨"이라는 단어와 관계가 있다. 성경은 에덴동산에 대해서, 정확한 표현을 사용하지 않는 신화와는 달리, 마치 실제로 본 사람이 기록한 듯이 실제 지명을 들어가며 소상하게 설명하고 있다. 물과 사람이 있어서 경작함으로 먹을 것이 나는 장소이다. 특히 에스겔(28:13)과 이사야(51:13) 선지자는 에덴 동산에 대하여 실제로 존재한다고 묘사하였다. 선악과로 인한 추방은 명령을 내리신 분이 하나님이고, 받아야 하는 대상은 사람이다. 질서를 어긴 사람들의 불순종에 의한 추방으로 생각하여야 한다. 즉 하나님의 창조는 피조세계의 주관자로써 그리고 동시에 관리자로써 인간의 특별성을 강조하고 있다. 더하여 수메르 신화 '엔키와 닌후르쌍'에서 엔키 신이 과일을 먹었기 때문에 닌후르상 여신에게 저주받는 내용과도 구분해야 한다.[13]

성서 저자들은 고대 이교 문화 가운데 신화적 요소를 제거하고 하나님의 위엄을 주입했으며, 탈 신화한 유일한 정통 신앙을 강조하였다. 창세기 3:6 '지혜롭게 할 만큼 탐스럽기도 한 나무인지라 여자가 그 열매를 따먹고 자기와 함께 있는 남편에게도 주매 그도 먹은 후', 뱀의 유혹에 의한 선악을 알게 하는 열매를 먹은 후 에덴동산으로부터 추방은 선악과를 먹은 행위가 인간이 하나님을 더 이상 의존하지 않고 하나님으로부터의 자기 절대화의 분리를 의미한다. 인간이 선악을 알게 된 것은 하나님처럼 지혜로워진 것이 아닌 하나님을 필요로 하지 않으며, 하나님과의 분리되었음을 선언하는 의미로 타락인 것이다.

12 존 D. 커리드, 『고대 근동 신들과의 논쟁』, 이옥용 역(서울: 새물결 플러스 2017), 70-71.

13 박혜숙, "메소포타미아 신화와 성서", 유럽사회문화, 5(2011): 237-238.

즉 창조주에 대한 도전 행위였다.

성서는 하나님의 계시를 기록한 '책'임과 동시에 이스라엘의 주변 문화 환경과 분리되어서는 이해할 수 없다. 지리적으로는 근동지방이며 이스라엘의 조상 아브라함이 메소포타미아에서 팔레스타인으로 옮겨왔기 때문이다. 이스라엘의 문화가 영향을 받았을 것이다. 그러므로 일부는 이스라엘의 고유한 문화를 근동지방의 유사함 때문에 문화적 측면에서 주변의 다른 문화로 오해할 수 있을 것이다. 그러나 그들의 문화를 동일시하는 것은 신앙적으로 문제를 유발할 수 있으며, 또한 이스라엘 고유의 특징적 신앙 형태를 모방으로 간주하는 것은 종교적인 무지에서 온 것이라고 말할 수 있다. 다시 말하면, 성서에서 하나님은 주변 세계와는 구별되는 유일신으로서 하나님의 창조가, 먼저 창조될 때의 상황을 무의 시작을 상징하는 '태초'와 우주를 상징하는 '천지'로 시작하고 있다. 그리고 '땅은 혼돈하고 공허하며 흑암이 깊음 위에 있고 하나님의 영은 수면에 있다'는 것으로 시작한다. 특히 제사장 문서의 창세기 1장은 창조를 육하원칙으로 가장 완벽한 논리로서 기술하고 있다. 무에서부터 시공간의 시작이므로 태초라는 '언제'와 '어디서', 천지—라는 '무엇', 하나님이신 '누가', 창조하시는 행위로서 '어떻게' 그리고 하나님이 보시기에 좋기 위하여 '왜'이다. 반면에 모든 문화와 종교에서 이스라엘에게 영향을 끼친 것으로 생각되는 수메르와 바빌론의 창조 신화는 순수한 신화로서 우주의 발생과 신들의 발생을 한데 엮어서 말하고 있다. 창조의 의미는 오히려 물질의 창조라기보다는 우주 내에서의 신들에 대한 물질적 구성(예: 안의 경우는 하늘, 키 혹은 엔릴은 땅, 티아맛은 물 또는 바다 등)으로 인식된다. 또한 이것은 우주 속의 질료를 의미하기 때문에 바빌론에서는 물질에 대한 영원성을 믿었다는 표시이기도 하다. 또한 당시의 기근, 태풍과 홍수에 대한 두려움 때문에 물의 혼돈 상태를 혼돈 세력의 신적인 존재로 나타냈고, 창조의 신과 신화적 이원론적 대결 구도로 이루어졌다. 에누마 엘리쉬는 일반적으로 중심 주제인 '마르둑' 신이 바빌론의 패권에 대한 주장과 정당성을 찾기 위하여 최고의 신인 유일신으로 만드는 시도의 가능성을 엿볼 수도 있다.[14] 단지, 같은 셈어의 어근으로서 바빌론의 혼돈의 신 '티아맛(Tiamat)' 여신과 성서에서의 혼돈은 '깊음(테홈)'의 의미로서 공통적인 기반을 갖는 일부 연관된 경우이다. 그럼에도 불구하고 언어적으로 테홈이라는 단어는 지로 형이지만 바빌론의 파생형, 고유명사로서의 티아맛과는 다른 어형으로 나타난다는 것이다.[15] 다시 말하면 바빌론 신화에서 우주의 구성요소들은 신의 발생과 연관되어 나타나게 된다. 그러므로 창조의 신은 그가 창조한 세계의 일부이다. 그리고 바빌론 신화 경우에는 신들인 마르둑과 티아맛의 전쟁에 의한 창조가 양대 세력 간의 싸움으로 나타나지만 반면에 창세기는 우주로부터 분리되어 있는 존재로써 하나님이라는 전지 전능자가 먼저 존재하며, 우주는 단순한 혼돈 상황의 묘사로 나타나는 것이다. 이러한 혼돈으로부터 초월적 존재이신 우주의 통치자로서 창조의 수단이 하나님의 말씀으로부터 하나님의 섭리로 인하여 세계에 대한 선한 질서의 창조를 강조하고 있는 것이다. 이 의미는 창조주와 피조물들 사이의 관계 유지 및 창조주와 피조물 그리고 피조물들 상호 간에 자유로운 소통으로 이루어지는 것이다. 인간의 창조는 계획에 의하여 질서 정연하게 또한 배려하는 가운데에서 그리고 전체적인 조화 속에서 상호 의존적인 모습인 피조물들 중에서 가장 우월한 지위이다. 창조주의 일을 위하여 인간의 일을 필요로 하지 않으며 인간도 창조주를 위하여 일하지 않는 것을 알 수 있다. 그러므로 인간의 존재 목적은 다른 존재에게서 찾지 않는 것을 의미한다. 하지만 바빌론 신화는 인간이 신들의 노예를 공급하기 위한 수단으로 창조를 논하고 있는 것이다. 그들에게서 인간은 일차적으로 관개수로를 만들기 위한 신들의 일 바구니를 메고 그의 결실로 신들을 섬기는 제의적 기능도 있다. 인간의 존재는 수동적인 의미를 내포하는 신들과 그들 자신을 위한 피와 흙으로 섞여서 창조된다고 볼 수 있다.[16] 신적인 존재와는 무관한 창세기의 단순한 혼돈과 바빌론 창조 신화는 다르게 나타나고 있는 것이다. 한편 이집트 신화에서는 인간 창조에 대한 이야기를 세부

[14] Harry W. F. Saggs, 『The Encounter with the Divine in esopotamia and Israel』(London: Athlone, 1978), 58.

[15] 신성자, 「창조와 홍수에 관한 성경과 고대 근동의 문헌의 비교」, 『한국중동학회논총』, 16(1995), 433.

[16] 김상기, 「인간 창조와 홍수」, 『신학연구』, 50 (2007), 17.

적으로 가지고 있지 않다. 즉 인류의 창조는 중요하지 않았다.

정리하면 수메르로부터 이어온 바빌론 신화에서 우주 만물과 인간 삶의 창조는 맨 처음에 혼돈으로 시작되었으며, 혼돈으로 시작된 우주와 인간의 삶을 마르둑의 승리로 제거 후에 질서가 잡힌 창조가 되고 있음은 창세기 1장에서 혼돈과 깊음의 하나님 창조의 시작과 비슷하고, 바다와 땅의 분리는 유사하지만 신과 우주는 같이 창조되며, 다신론으로서, 말씀으로 창조하신 유일신 하나님과는 다르다고 할 수 있다. 또한 인간 창조에 있어서도 피로 흙과 혼합한 것과 인간을 신의 노예로 간주한 것은 인간을 흙으로 창조하시고 하나님의 생기를 부으시며 하나님의 형상으로, 세상의 주체가 되게 하신 것과는 다른 것이다.

대홍수 설화에 대하여 우주적이면서 재앙을 의미하는 지구적인 홍수의 신화는 창조이야기에서 반드시 필요하므로 따라다닌다. 고대 세계의 여러 곳에서 발견되는 신화들의 유사성이 있다. 또한 거기서 살아남은 영웅들에 대한 공통점들에 대하여 나타나는데, 그 예로 다코타의 만단 인디언들은 버드나무 가지를 비둘기가 물고 오는 것을 보고 홍수가 물러갔다는 것을 알았다는 신화가 있으며, 유럽의 리투아니아에서는 사람인 한 남자와 여자가 신이 버린 호두를 먹은 후 버린 호두껍질 안에 몸을 숨겨, 홍수 재앙에 살아서 목숨을 건졌다. 또한 그리스인들은 큰 홍수가 세 번 있었는데, 제우스가 홍수를 보내어 인간을 멸망시키고자 하였지만 데우칼리온과 그의 아내만이 살아남는다. 물이 줄어들어 그들이 타고 있던 방주는 파르나수스산 위에 정착한다. 그들이 인류의 시작이다.[17] 바빌론 신화의 길가메시 서사시의 제11장의 홍수이야기와 창세기의 홍수의 경우에는 전체적으로는 바빌론의 홍수 이야기를 원형이라고 말할 수 있지만, 새를 보내는 생각과 인간 우트나피슈테임 가족의 여신 '에아'에 의한 자비로부터의 구제는 고대 신화에서 자주 찾을 수 있으며, 홍수의 시작이 신들의 회의를 통해서 인간들의 소란을 이유로 심판하는 것과 인간의 죄악 때문에 의로운 인간 노아의 구제를 결정하고, 유일신 하나님으로부터 심판

17 필립프런드, 『창조신화』, 김문호 역(서울: 정신세계사, 2005), 25.

받는 것은 다른 경우이다. 그리고 인간의 악으로 인하여 인간의 다스림을 받는 피조물들의 징계를 같이 받게 하신다. 또한 심판 후의 하나님의 노아에 대한 축복도 다른 경우로 말할 수 있다. 하나님은 노아와 무지개를 보이시면서 세상을 같은 방법으로 다시는 멸하지 않으시겠다는 언약을 하신다. 하나님은 빛을 창조하시고 보시기에 좋았다고 하신다. 즉 어둠과 혼돈을 좋아하신 것이 아니고 빛이 좋은 것이다. 낮과 밤의 질서를 이루시면서 하나님이 원하시지 않는 것이 무질서인 바로 '악'이었다. 하나님의 세상 창조에서 보시기에 아름다웠다는 의미는 부분적인 완전한 창조를 의미하기보다는 자연계가 전체로는 아름답지만 부분적으로는 불완전한 '악'이 존재한다. 그리고 이 '악' 때문에 인간이 항상 지켜야할 창조주의 기대에 이르도록 무질서로부터의 질서로의 창조가 항상 이루어져야 한다는 것이다.[18]

출애굽기 12:40에서 430년 동안 애굽에서 지냈으며, 한편 노예 생활을 하였기 때문에 상당히 영향을 받았을 것으로 생각되는 이집트 신화 중 멤피스 신화는 성서적 기록과 유사하다. 그러나 아톰과 '프타'를 신으로 여기고 '프타'는 가슴 속 생각에 물질을 품고 말씀으로 우주와 신들을, 모든 인간을, 그리고 모든 생명체를 탄생시켰다는 것이다. 이때 창조주 프타 신은 물질로부터 시작되며, 우주는 '무로부터의 창조'가 아니고 신, 자신으로부터 나온 것이다. 창세기의 말씀에서 창조와 비슷하지만 근본이 무에서의 창조가 아니고 물질에 의한 프타 신의 창조로 시작하며, 또한 하나의 신이 다른 신들을 창조하게 되는 것이다.

구약성경에 이미 존재하고 있는 유일신인 하나님과는 다른 창조 신화라고 볼 수 있다. 그들의 창조 신화에서 '오시리스'의 부활과 '아문'이 하나님의 영으로서 생각해 볼 수도 있지만 창세기는 천지의 창조가 초월자 하나님에 의하여 무에서의 창조됨을 기본 전제로 하고 있다. 태초로부터 하나님과 함께 계시는 그 말씀, 시편 104:30의 성령, 사랑에 의하여 태초의 혼돈이 질서를 유지해 나간다는 점에서 이집트의 창조 신화와는 구별된다. 그리고 형체가 없는 '아

18 백운철, 『창조와 새창조』, 『가톨릭 신학과 사상』, 69 (2012), 47.

몬과 비유되는 영과 멤피스 창조 신화의 근간인 '프타'의 말씀에 의한 창조는 창세기의 창조가 하나님, 하나님의 영과 말씀 그 자체인 예수 그리스도와 삼위일체로서 이집트 다신들의 창조와는 구별된다. 이때 '프타'는 그 자신이 태초의 혼돈의 물의 신인 '누'와 비교하고, '아툼'과 일치시키지만, 구약성경 잠언 8:27-29과 욥기 38:8-11은 혼돈의 물을 제압하시는 하나님의 창조 사역을 포함하고 있다. 끝으로 고대 이집트 사람들은 자신들이 신들의 종이고 삶이 신들에 의존되어 있는 것으로 생각하는 데 반하여 구약성경에서의 인간은 하나님의 형상을 따라서 창조됨으로 하나님에게서 자연을 다스리는 권한을 부여 받은 대리자이다. 일반적으로 이집트 신화는 정치적인 이데올로기적으로 태양이 중요하며 왕들은 태양의 아들들로서 숭배하는 것을 그 기반으로 삼고 있다. 그리고 재앙과 연관된 홍수 심판과 관련된 신화는 보여주지 않으며, 아마도 나일 강이 주기적인 범람으로 인하여 비옥한 땅을 만들게 되므로 재앙보다는 큰 이익을 주기 때문에 홍수에 대한 심판의 신화가 필요하지 않았을 것이다.

마지막으로 이스라엘 주변의 가나안 신화의 경우는 중요도가 낮은 '엘'이 우주 만물을 창조한 신으로서 아티랏('아세라'로도 불림)과의 혼인에 의한 신으로 숭배되었다. 오히려 종교와 신앙의 중심격인 '바알'이라는 천둥과 번개의 신은, 풍요와 다산의 신이며 죽었다가 살아나는 신으로 여겨졌기 때문에 '얌'이라는 신과의 투쟁에 대한 자연계의 순환에 대한 신화로서, 유일신의 하나님과는 구별되고 있다.[19] 먼저, 창세기의 태초는 제의적 반복이 아니며, 신화로부터 벗어난 하나님의 구원의 역사의 시작을 의미하고 있으므로 무시간적이며 순환론적인 바알의 신화 개념과는 확연이 다르다. 창세기 1장은 일부 단순히 혼돈 상황에 관한 서술로부터 질서 형성에 대한 내용으로 구성되어 있지만 로마서 4:17 "내가 너를 많은 민족의 조상으로 세웠다 하심과 같으니 그가 믿은 바 하나님은 죽은 자를 살리시며 없는 것을 있는 것으로 부르시는 이시니라"를 근거로 보면 무에서의 창조를 의미할 수 있다. 또한 이스라엘 민족이 거주

19 강성열, 『고대근동의 신화와 종교』(서울: 살림출판사, 2006), 63-68.

했던 가나안 신화에서의 바알의 죽음과 부활이 예수의 부활과 다른 점은 그들의 세력 싸움에서 죽음과 부활의 근거가 이루어진 반면에 예수의 죽음과 부활은 신화가 아닌 역사적인 사실임과 동시에 인류의 죄값에 대한 아버지로부터의 버림과 회복이라는 점에서 차이가 있다.

결론으로서 구약성서(또는 히브리 성서)는 인간의 언어인 히브리어와 아람어(셈어 중의 하나)로 기록된 것이다. 저마다 다른 저자들이 자신들의 처해있던 상황과 삶의 자리에서 신앙을 고백한 것이며 기원후 90년에 팔레스타인의 얌니아에서 열린 유대교 공의회에서 유대교 정경으로 확정된 것이다. 즉 일반 대중 사이에서 계시의 말씀으로 폭넓게 사용되던 책들의 범위를 공의회에서 공식적으로 확인했다는 것이다.[20] 히브리 성서에 기록된 창조 기록의 참 의미는 하나님의 창조가 "어떻게 그리고 왜"의 문제이다. 선한 본성과 의지로 피조물인 이 세상을 사랑으로서 우주, 생명, 그리고 인간에 대해 만들었다는 것이다.

즉 브루스 월키[21]에 의하면, 성령의 감동을 받은 저자들이 고대 이교 문화에서 신화적 요소들을 제거하고 자신들의 하나님의 위엄을 주입했으며, 거룩하신 하나님을 우주와 역사의 진정한 창조주이며 다스리는 분으로 봤다는 것이다.

[20] 앞의 책, 79–81.

[21] Bruce K. Waltke, 『An Old Testament Theology』(Grand Rapids, MI: Zondervan, 2007), 200.

2. 과학적 창조론을 넘어서는 창조 신학의 재정립

망원경으로 태양계의 행성인 목성과 지구의 위성인 달 등을 관찰하고 동역학 연구를 통하여 물리학 발전에 기여한 갈릴레오 갈릴레이. 천문학과 물리학의 상징적 아이콘이기도 한 그의 종교와 과학 관계에 대한 이해에 대해 그는 다음과 같이 언급한다.

"하나님의 말씀인 성서에는 오류가 없지만, 인간은 성서 해석자로서 오류를 범할 수 있다. 성서 해석의 기준인 성서 언어의 문자적 사용과 은유적 사용은 구분해야 한다. 그러므로 성서의 많은 구절들은 다양하게 해석되어져야 하며, 특히 자연의 문제에 대하여는 성서가 뒤로 물러나야 한다. 왜냐하면 성서와 자연 모두는 하나님의 말씀으로부터 나오며 성서는 성령에 의하여 쓰인 반면에 자연은 하나님의 법칙에서 가장 조심스럽게 발견되는 것이기 때문이다."[22]

[22] 신재식, "갈릴레오 갈릴레이의 종교와 과학: '크리스티나 대공 비에게 보낸 편지'에 나타난 성서해석과 과학이해를 중심으로,"「종교연구」, 22(2000), 114.

[23] 윤선구, "데카르트 방법서설,"「철학사상 별책」, 2권 (서울: 서울대학교 철학사상연구소, 2003), 5.

데카르트에 따르면 모든 자연법칙들을 하나님이 자연세계에 창조를 통하여 부여한 것으로 인간의 정신에 각인시켜 놓았으므로 충분하게 반성을 하면, 경험이라는 도움 없이도 하나님에 대한 인식으로부터 연역적인 방법으로 도출할 수 있다는 것이다.[23] 이는 철학적 제일원리인 모든 인식이 자아와 신에 대한 존재 인식으로부터 연역적으로 끌어내어야 한다는 의미이다.

17세기 과학혁명 이후로부터 근대로 일컫는 과학은 우리에게 많은 것을 이루어 주었으며, 또 많은 것을 약속하고 있다. 한편 과학적 진리는 유일하게 옳으며, 그래서 결코 틀릴 수 없는 진리인양 여겨지고, 과학 교과서에 기술된 세계는 세계 자체로 간주되기도 한다. 그래서 많은 현대인들은 과학자의 세계가 세계 자체로 먼저 거기에 있고, 그 후에 여러 종교적, 신화적, 심미적, 철학적 세계 해석이, 저 과학적 세계의 다양한 변양으로 나타난다고 믿고 있다. 과연 과학은 무엇인가? 두산동아 백과사전에서는 '영어와 프랑스어 'science'는 사물을 '안다'라는 라틴어의 'scire'에서 유출된 말로서, 넓은 의미로는 학(學) 혹은 학문(學問)과 같은 뜻이라고 한다. 하지만 독일어 'Wissenschaft'는 학문(Wissen)과 명백히 구별되는 과학을 의미하지만, 철학·종교·예술과도 구분되는 개념으로 사용하는 경우가 많다. 협의는 모두 자연과학을 뜻한다. 즉 "과학은 어떤 가정 위에서 일정한 인식목적과 합리적인 방법에 의해 세워진 광범위한 체계적 지식을 가리키는 동시에 자연연구의 방법과 거기에서 얻어진 과학지식이 축적되어 온 까닭에 자연과학과 같은 뜻으로 쓰인다"로 표현하고 있다.[24]

[24] 두산동아출판 편집부,「두산세계대 백과사전」, 3권 (서울: 두산동아출판사, 1998), 206.

19세기까지의 과학은 하나님의 피조물들에 대하여 보이는 것을 이해하기 위한 수단으로 시작하였다. 그 예로 뉴턴의 만유인력 법칙은 나무에서 떨어지는 사과의 운동을 보고 그 원인을 알고자 했으며, 갈릴레이 또한 그가 만든 망원경으로 행성을 관측하던 중에, 코페르니쿠스의 지동설, 즉 지구가 태양을 중심축으로 도는 운동을 알아냈던 것이다. 화학과 생물에서도 이와 같이 자연 현상을 본 것에 대하여 이해하려고 노력했었다. 하지만 19세기 말 이후부터는 보여진 것뿐만 아니라 보여지는 것을 기초로 하여 볼 수 있을 것을 예상하는 과학으로 발전하였다고 생각한다. 그러므로 과학자들은 먼저 가정을 하였고 그 가정에 따라서 실험적 증명을 통하여 사물을 파악할 수 있었으며 그 대표적인 예가 아인슈타인의 상대성 이론이었다. 아인슈타인은 실험을 하지 않고 서로 움직이는 좌표축을 전제 조건으로 생각하고 상대적으로 생각하여, 시공간의 좌표축을 기본으로 빛의 속도가 일정하다는 것을 가정하면서 상대성 이론을 만들게 된 것이다. 과학을 위해서는 어떤 조건과 전제가 반드시 필요하다. 물론 이 전제는 과학의 내부에 있는 것이 아니다.

또한 우주의 배경 복사를 측정하면서 우주 과학자들은 참으로 이 우주는 엄청나고 놀라운 질서가 존재함을 느낀다. 그것을 알수록 더욱 심오해지게 된다. 그래서 그 결과에 대하여는 미리 단정하지 않는다. 우주과학자들은 계속해서 찾아갈 따름이다. 우주는 계속 변화하며, 또한 무엇인가를 향해 나가고 있다. 우주과학자들에 의하면 처음에 빅뱅으로 인한 시간과 공간, 그리고 우리의 우주가 생겼다고 한다. 그리고 계속하여 우리가 사는 우주는 더 빠르게 팽창한다고 한다. 우선 과학적 측면으로서 우리 주위의 우주에 대한 기원과 검증을 통하여 우리는 진화에 대한 이론을 살펴 볼 수 있다. 그래서 어떤 이는 하나님이 없다고 한다. 그게 아니다. 하나님은 빅뱅 이전부터 계신 분이다. 또 천지 창조는 하루 24시간, 7일이 걸렸다고 믿는 기독교인들이 있다. 성경을 해석하는 방법이 미숙하다고 생각할 수 있다. 창세기의 창조에 대한 것은 은유적 표현이다. 과학적 서술이라고 생각해서는 안 된다. 한편으로 생명 이해의 과학적 틀이 진화론이다. 진화론을 부정하는 것은 생명에 대한 이해를 어렵게 만들고 그건 매우 불행한 일이다. 생명을 잘못 알게 된다면 모든 것이 틀어진다. 그리고 눈에 보이는 것에 대하여만 '생명'으로 생각하게 되면 깊이 있는 생명의 이해가 어려워진다. 시간적이고, 역사적인 차원에서의 생명에 대한 이해가 중요하다. 그런 까닭에 창조는 진화를 가능케 하는 전제라고 생각할 수 있다.

우리는 시간 및 공간의 제약을 받는 3차원에 살고 있다. 하지만 초월적인 하나님은 3차원 너머에 계시는 존재다. 그러니 하나님의 창조는 3차원 수준에서 이루어진 것이 아닐 것이다. 4차원이나 5차원 이상에서 이루어졌을지도 모른다. 어쩌면 하나님이 실제로 진흙으로 우리 인간을 빚었다는 이해 방식이 우리 수준의 차원적 사고로 인한 신앙적인 잘못으로 볼 수 있다. 즉 초월적이며 전능한 존재인 하나님을 우리의 3차원 생각 안으로 가두어 놓고 있기 때문이다. 하나님은 그것의 훨씬 위에 계신 분이시다. 땅을 기어 다니는 개미들을 땅 위에서만 움직이게 한다면 그 개미는 2차원 공간의 모든 것을 보고 스스로 판단하여 인식할 것이다. 그러나 그중 한 개미를 3차원 공간으로 올려서 하늘을 날아다니게 한다면, 덧붙여서 시간 또한 초월하여 날아다닌다고 한다면 나머지 개미들은 3차원으로 움직이는 개미를 잘못 인식하거나 아니면 그들 방식으로 2차원적으로 살아가는 방식대로 인식하여 판단할 것이다. 우리가 하나님을 인식하는 방법이 바로 그러한 경우와 같은 것이다. 한편 기독교인들이 하나님은 자신들처럼 생겼다고 생각한다. 창세기 1:27의 그의 형상대로라는 성경 구절 때문이다. '본질·속성'이 닮았을 때 사용하는 '형상'이란 말의 히브리어는 '첼렘 – image'이다. 반면에 창세기 1:26의 겉모양만 같이 생긴 '형상 혹은 모양'을 뜻하는 히브리어는 '데무트 – likeness'로 사용된다. '하나님의 본질(속성)을 본 따서 아담을 빚었다'는 뜻이므로 하나님을 의인화하고 인격화해서 '하나님이 이런 존재'라고 확정하는 것이 곤란한 일이다. 초월적 존재의 하나님을 우리 인간의 3차원적이고, 좁은 생각 안으로 가두는 일이 된다.

창조 신학에 비추어 과학적 창조 의미에 대한 분석을 한다면, 과학적 창조로서 먼저 젊은 지구 창조론 그리고 오랜 지구 창조론을 생각할 수 있다. 젊은 지구 창조론은 이 세상이, 즉 우주가 1만 년 혹은 수천 년에 창조된 '과학적 창조론'으로 일컬어진다. 성서가 하나님의 영감으로 기록되었으므로 축자영감설을 주장하거나 성서는 역사적 사실 또는 과학적 사건으로 전혀 틀린 것이 없다는 성서가 무오하므로 성서문자주의를 고집하는 것이다. 또한 창세기 기록이 은유나 신화적인 것을 배격하는 것이다. 그리고 진화에 대한 중요한 증거는 진화했다는 가정이므로 지질학과 진화이론이 너무 짜맞추어 있다는 것이다. 진화론은 '거짓을 말한다'라고 갈등을 일으키며 참된 과학에 대하여는 성서와 일치한다는 것을 주장한다. 그러므로 그들만의 창세기 1장의 조물주의 창조를 창조적 증거로서 과학적 사실을 내세우고, 창세기의 하루는 24시간을 의미하고, 6일 동안 창조는 진행되었으며, 기본적인 모든 생명을 현재의 모습으로 태초에 창조한 것으로 본다. 그리고 하나님의 저주로 자연계에 죽음이 도래했고 노아의 홍수 사건은 전 지구적으로 영향을 끼친 것으로 본다. 진화론의 우연적 진화는 배격하고 있다. 특히 현대 과학은 기독교 신학과는 전혀 모순이 없으며, 창조론적 세계관이 현대 과학의 틀이라고 주장하는 것이다.

젊은 지구 창조론을 위하여 과연 성서는 일점일획도 틀림이 없는 무오한 것인가? 현재도 성서가 쓰인 당시의 글로서 완전하게 표현되어 있는가? 교회의 전통은 예수 그리스도가 중심이어야 한다. 물론 성서는 중요하지만 성서가 중심이 된다는 것은 무슨 의미인가? 혹시 성서에 대한 우상 숭배가 아닌가? 우리가 믿고 싶은 것을 성서가 말한다면 진지하게 성서를 경청하게 되는데, 그것이 우리를 무오하게 만들 수 있을까? 현대인들은 과학화된 세상에서 오래된 우주와 수억 년 된 암석들을 보면서 믿음을 저버리지 않을 것이다. 진화를 통한 호모사피엔스가 인류의 조상이든 수천 년 전의 아담이 조상이든지 그리스도인들이 믿는다는 것에 어떠한 차이가 있겠는가? 혹시 과학적으로 알려진 자연적 메커니즘에서 창세기의 하루는 24시간을 의미하고, 6일 동안 창조는 진행되었으며, 기본적인 모든 생명을 현재의 모습으로 태초에 창조한 것을 검증할 방법은 있을까? 또한 문자적으로 노아의 홍수 사건을 전 지구적으로 보는 견해라면 노아의 방주에 유럽뿐만 아니라 저 멀리 오세아니아의 심해에 사는 물고기, 한국에서만 서식하는 금개구리 등 동식물들이 이동해 갔어야 하지 않을까? 오히려 노아 방주 이야기를 통하여 우리에게 동식물들이 가담한 사실보다 방주 안에 모든 생명체를 살리시려는 하나님의 위대한 능력과 사랑이 얼마나 크신가를 생각하여야 하는 것이 옳지 않은가. 왜 성서의 창조자가 말씀으로써 창조하신 의지를 이해하는 데, 즉 초월적인 능력과 말씀하시고자 하는 의도를 단지 인간의 이성으로써 하나님의 피조 세계를 보고 이해하려는 현대 과학을 이용해서 증명해야 하는가? 문제는 기독교의 창조론에 대하여 과학을 통하여 증명하려는 입장은 그리스도인의 신앙이기보다는 과학인의 신념이 아닐까 생각한다.

제사장 문서로 일컬어지는 창세기 1장(1:1–2:4)과 더 오래된 야웨 문서라고 말하는 2장(2:4–23)을 살펴보면 창조 기사가 두 종류로 되어 있는데, 우선 1장에서는 창조의 시점이 혼돈으로 시작하는 반면에 2장에서는 천지가 창조될 때에 하늘과 땅을 먼저 이야기하고 있다. 전자의 순서는 첫째 날에 빛을 창조하시며 둘째 날은 하늘이 된 궁창을, 셋째 날에 땅, 바다 그리고 식물들을, 넷째 날에는 낮, 밤 그리고 해와 달을 포함한 별들을, 다섯째 날에는 어류 및 조류, 마지막 여섯째 날은 땅의 동물들과 남자와 여자를 창조하셨다. 반면에 후자는 날을 구분하지 않고, 그 순서는 땅과 하늘을 만드신 후에 흙으로 남자를, 그 이후에 에덴동산과 함께 식물들을, 다음은 동물들을, 마지막으로 남자의 갈비뼈를 사용하시어 여자를 만드신 것으로 나타난다. 창조의 순서가 서로 차이를 보이는 것으로 성경이 문자적으로 무오하다면 이런 차이는 나타나지 말았어야 한다. 왜냐하면 두 개의 서로 다른 창조 기사를 문자 그대로 받아들여서 과학적으로 증명할 수가 없기 때문이다. 또한 서로 다른 성서의 두 창조 기사를 역사적인 사실로 받아들이기도 힘들기 때문이다. 신학자인 게르하르트

로핑크는 창세기 1장의 배경은 물이 풍부하며 홍수가 쉽게 일어나는 지역이므로 물 조절이 중요하다. 그러므로 하나님의 창조에 대한 내용 중에서 물과 땅을 가르시고 높은 곳과 낮은 곳의 물 사이를 분리시키는 궁창을 만드신 것으로 본다. 또한 2장은 가뭄이 있는 곳으로, 건조한 초원 지대가 배경이다. 이곳은 물이 환영 받는 지역이므로 하나님께서 물을 얻을 수 있는 지역에서 인간의 창조가 이루어진 것으로 본다.[25] 즉 두 장은 생물학 또는 우주론적인 사건의 기술보다는 배경의 차이에서 비롯된 서로 다른 성서 기자의 신학적 창조 기사로 보고 있다.

[25] 게르하르트 로핑크, 『오늘날의 무신론은 무엇을 주장하는가?』, 이영덕 역(서울: 가톨릭대학교 출판부, 2012), 68-70.

오랜 지구 창조론은 성서에 의한 모든 창조를 기반으로 삼으며, 진화론을 부정하는 의미에서는 젊은 지구 창조론과는 큰 틀에서 차이는 없다. 그러나 아담 이전의 죽음은 천사들의 타락으로 인하여 그 결과 동물의 죽음이 오게 되었다는 의미이며, 또한 그들 중간의 입장에 간격론(gap theory)이 있는데, 창세기 1:1, 2 사이에는 오랜 시간의 간격이 존재한다는 것이다. 날이라는 히브리어 표현인 '욤'을 하루의 24시간으로 보기보다는 지질학적 연대인 시대로 본다. 과학적으로 밝혀진 우주의 역사와 지구의 오랜 기간을 인정하며, 긴 세월을 통하여 생명체들은 탄생을 하였고 캄브리아기 때에 지구에 생명체가 나타났다는 것을 인정하고 있다. 특히 창조의 역사는 단지 6일 만에 이루어진 것은 아니라고 생각한다. 그러나 오랫동안 하나님의 계획에 의하여 초자연적으로 창조가 이루어졌다는 것이다. 창세기의 날과 날 사이에는 오랜 지질학적 시간이 흘렀다. 이것은 진화적 사실은 거부하지만 지구와 우주의 나이가 45억 년, 137억 년이라는 현대 과학에 의하여 주장되는 것을 수용하는 것이다. 특히 천문학을 근거로 1980년대 천문학적 관측 증거들에 의하여 아인슈타인의 일반 상대성이론이 증명됨과 동시에 연속 창조설이 틀린 것을 알고 일회성 대폭발을 지지하기 때문이다. 또한 노아의 홍수 사건을 전 지구적으로 일어난 것이 아닌 주변에서 일어난 지역적인 사건으로 보고 있다. 그 이유는 오랜 지구 창조론이 현대 과학을 수용하면 과학자들로부터 배척당하는, 그래서 그들에게 반감을 갖게 만드는 것을 피할 수 있다는 생각이다.

오랜 지구 창조론에 대하여 현대 과학과 연관되어 하나님의 창조를 만족시킬 수는 있지만 과연 당시의 성서 기자는 성서의 창조 이야기를 현대의 과학적 사실에 근거하여 기술했겠는가? 과학은 성서의 사실을 좌지우지해서는 안 된다. 성서적 비약이 너무 큰 것이 아닌가? 아마도 성서 기자는 주변 문화에 적응하며 당시 사람들의 지적 수준과 능력에 비례하여 그들을 이해시키고자 기록하였을 것이다. 만일 현재 살고 있는 우리가 성서를 혹은 성서에 준하는 기록을 한다면 그 기반은 무엇이 될 것인가? 창조의 시기를 과학적 방법에 너무 집착한다는 느낌을 주는 것이다. 지금 우리 시대의 문화에 맞추어 주변의 역사적 사실들을 선험적으로 기억하면서 기록할 것이다. 창세기에 나타난 성서의 기록은 과학 서적처럼 만든 것이 아니고 배우지 못한 교육 수준을 가진 사람들을 이해시키도록 기술했을 것이다. 그러므로 날과 해의 개념이 은유적이었을 것으로 생각된다. 문자적으로 받아들이지 말라는 의미이다. 노아의 홍수 사건이 단순한 지역적이었다면 성서에서 언급하는 인간의 죄악 때문에 생긴 하나님의 진노의 중요성이 상실될 것이다. 그리고 하나님께서 창조를 하시는데 무슨 의도로 침묵하시면서 혼돈의 상태를 너무나 오랫동안 방치하셨는지에 대한 설명도 해야 할 것이다.

과학적 창조의 또 다른 견해로서, 유신론적 진화론과 지적설계론이 있다. 유신론적 진화론 또는 '능력으로 충만한 창조'는 생명의 진화를 과학적 사실로 받아들이며 하나님의 계속된 창조로서 진화개념을 긍정적으로 평가하고, 하나님의 창조를 이해하는 것으로 종교의 자연주의적 설명 그리고 초자연적인 영역을 인정하지 않는 유물론적 자연주의보다는 방법론적 자연주의를 받아들인다. 특히 진화 자체의 적절성보다는 진화를 통한 과학과의 대화를 모색하고 신학을 재구성하는 것이다. 대표적 학자인 떼이야르 드 샤르뎅은 인류는 유인원으로부터 진화해 왔고, 알파점으로 시작하여 오메가 포인트를 향하여 나선형 모양으로 발전되는 역사의 전개 과정에서 그리스도는 우리 인류가 궁극적으로 도달해야 하는 최종적인 그리고 완성된 인간의 모습으로 주장한다.[26] 또한 우연이나 선택의 문제는 진화에서는 현실적이지만 기독교의 하나님 개념과 모순되지 않으며 오히려 진화하는 자연에서 나타나는 결정성과 임의성의 측면은 세계와 긴밀하게 연결된 사랑의 신이라는 개념에서 자연스러운 것이다. 그리고 스스로 자기를 비우는 신으로서 피조 세계가 그 자체로 머물기를 허용하는 것이며, 세계의 존재가 근본적으로 하나님의 피조물이라도 일정 부분의 자유 혹은 자율성을 가져야 한다는 것이다. 그러므로 자기 비움의 하나님의 겸손과 진화론적 창조성에 비쳐진 하나님의 자기 수여와 하나님의 자기 투쟁과 고통의 이야기로 표현한다.[27]

유신론적 진화론 또는 '능력으로 충만한 창조'는 하나님이 창조를 태초의 창조로 완성한 것이 아니라 혁신과 보존을 위하여 창조를 계속한다는 것이고, 하나님께서 피조물에게 조직화할 수 있는 능력 및 변환 능력을 주셨기 때문에 무생물로부터 모든 생명체에 이르는 연속된 진화는 가능하며 실제로 발생했다는 것이다. 이것은 로버트 네빌에 의하면 하나님이 모든 존재들을 창조한다는 전통적 유신론의 창조론을 부정하는 것이다. 피조물의 조직화 능력과 변환 능력에 대한 과정이 오히려 창조주 신의 역할을 하게 되는 것이다. 즉 인간이 하나님으로부터 독립된 존재로서 자기의 창조적 자유를 누린다는 의미로 해석되기 때문이다. 그러나 이러한 자기 창조적 자유는 인간의 자유 역시 하나님의 결정적 행위의 결과로서 인간은 하나님으로부터 독립된 것이 아니라 창조주 하나님의 창조물로 제한적 자유를 누리는 것으로 보아야 한다. 우주가 무로부터 창조되지 않고 혼돈으로부터 점진적인 출현을 통하여 진화했다는 의미는 창조의 능력이 하나님뿐만 아니라 세계 속에 내재하기 때문에 자기 결정과 작용인이라는 피조물의 이중적인 창조 능력에 대하여 하나님을 없애거나 혹은 완전히 통제가 불가능하다는 의미가 된다.[28] 혹시, 인간의 자기 선택에 의하여 생긴 악이 하나님과 아무런 상관이 없다는 말인가? 아퀴나스는 하나님이 나누어 주신 선의 결핍을 악으로 규정하고 있다. 이 문제를 해결하기

[26] 김기석, 『진화론과 공존 가능한 창조신앙』, 407.

[27] 신재식, 『다윈진화론의 자연신학 비판과 다윈 이후 진화론적 유신론 연구: 기독교 신학의 신-담론 변화를 중심으로』, 111-113.

[28] 오정선, 『미국 수정주의 신학자 로버트 네빌의 무로부터의 창조 이론에 관한 연구』, 『한국기독교신학 논총』, 70 (2010), 197-198.

위하여 네빌은 무로부터 만물을 창조하는 존재적 근원인 하나님은 선하시며 특히 자신이 창조한 피조물이 선한 범위 내에서 선하기 때문에 인간이 판단하지 말라는 것이다. 하나님은 원초적 본성이 있는데 이것 때문에 세계에 새로움의 질서가 있다. 하나님의 결과적 본성이 진화하는 우주의 현 실태들에 대한 물리적 파악을 할 수 있는 것이다.[29] 그리고 진화의 가능성은 하나님의 의도와 존재 가능성을 입증하지 않았으며, 하나님이 이 세계에서 떨어져 계심을 의미하므로 계속하여 이 세계에 직접 개입하시며, 창조 전체를 섭리로 돌보시며 창조의 완성의 궁극적 희망이신 하나님의 축소된 역할로 비쳐지는 것으로 해석한다.[30] 인간에게 자유의지가 주어졌다는 것은 변환 능력을 풍부히 주셨기 때문에 진화가 연속적으로 가능할 수 있다는 의미보다 인간이 하나님을 자유롭게 경외하고 그 뜻에 따라서 순종하려는 의미로 해석된다. 그리고 창세기의 해석은 하나님이 땅으로부터 동식물을 창조하시고 인간을 만드신 것은 땅에서 사는 동안 환경에 잘 맞추어 살라는 의미이다. 하나님이 세상을 창조하시므로 세상은 한 단계 더 성숙해야 한다는 것이다.

지적설계론은 생명이 있는 유기체에서 발견되는 목적에 대한 적합성이 여러 기관의 수준에서든 전체 유기체의 수준으로든 유기체는 지성의 산물이라고 생각하는 윌리엄 페일리로 시작한다.[31] 오늘날 진화론은 자연주의 철학에 근거한 것으로서 무신론 대 유신론의 세계관의 대결로 규정하며, 마이클 비히의 '다윈의 블랙박스'로부터 '환원 불가능한 복잡성' 이론을 주장한다. 몇 가지 부분들이 합쳐도 그중 어느 한 부분이 없으면 그 기능을 수행할 수 없다는 이론이다. 진화론은 과거가 지금보다는 불완전한 시스템으로서 환원 불가능한 복잡성 때문에 제 기능을 하지 못할 것이다. 그러므로 진화로 인해 우연히 변화된 것이 아니라 어떤 지적인 존재에 의하여 창조되어야 한다. 이는 단순히 지적 설계자로서, 창조자인 하나님의 인격을 언급하지 않는다. 그러나 수학자이자 신학자 뎀스키는 하나님의 선물로서의 창조로 과학적 유물론과 그것으로부터 파괴된 도덕, 문화, 정치적 유산을 물리치는 일이며, 유물론적 설명을

[29] 앞의 책, 199.

[30] 폴킹혼, 『과학시대 하나님 신앙』, 신준호 역(서울: 뉴미션21, 2008), 73-74.

[31] 김기석, 「진화론과 공존 가능한 창조신앙」, 403.

인간과 자연이 하나님에 의하여 창조되었다는 유신론적으로 이해하고 있다. 즉 유신론적 세계관의 확산이다. 종교적으로는 과학적 창조의 또 하나의 대응 방법이다.[32] 한편 아리스토텔레스는 어떤 의도적인 설계에 따라서 움직이는 지적인 자연세계를 믿었다. 그리고 무신론자인 스티븐 호킹은 『위대한 설계』에서

[32] 신재식, 『창조-진화 논쟁 과 지적설계론, 과학인가 종교인가』, 263-267.

> "우주와 우주의 법칙들은 맞춤형 설계로 되어 있다. 현존하는 자연 법칙들이 매우 정밀하게 조정되어진 계를 이루며 생명의 발생 가능성 때문에 물리 법칙은 변경할 수 없게 만든다. 물리 법칙들이 정밀하게 조정되어 있지 않다면 생명의 탄생은 불가능할 것이다. 그 한 예가 아인슈타인이 일반 상대성 이론에서 발표한 우주 상수이다. 원시 우주는 수소와 헬륨 그리고 리튬의 가벼운 원소로 구성되어 있었다. 헌데 수소는 헬륨으로, 헬륨은 베릴륨으로 그리고 베릴륨과 헬륨은 탄소를 구성하게 되는데 이때의 온도가 약 1억 K라고 한다. 또한 알파입자가 세 개가 모여서 원자핵을 이룰 때, 강한 핵력의 강도가 0.5%나 전기력이 4% 다르면 탄소는 사라지고 산소도 사라질 것이다. 이 법칙을 건드리면 생명이 존재하지 않는다"는 것이다.[33]

[33] 스티븐 호킹 레오나르드 믈로디노프, 『위대한 설계』, 전대호 역(서울: 까치글방, 2010), 201-207.

누군가에 의한 지적 설계인 것이다. 하나님의 창조라는 것을 부인하지만 우주 창조의 위대한 설계자를 의미하는 것이다.

지적설계론이 부분적으로는 창조와 창조주를 포함시킨다는 의미에서는 긍정적이지만 우선 이신론적의 문제가 있다. 하나님이 창조하실 때에 모든 질서와 법칙을 우주에 관여하신 다음 이제는 우주로부터 떨어져서 개입하시지 않는다는 것을 의미하는 것이다. 또한 이 우주에서 하나님의 역할이 제한되어서 과학의 부족한 부분만을 채우신다는 것을 내포하게 된다. 그리고 선한 설계에 대응하는 악한 설계는 무엇인가라는 의문을 들게도 한다. 완벽한 지적 설계자로서 창조하셨다면 악이 존재하는 세상에 대한 대답에 궁색하여진다.[34] 현재

[34] 천사무엘, 『성경과 과학의 대화』(대전: 도서출판 글누리, 2008), 57-58.

생명 현상이 자연주의 관점의 진화론으로 설명할 수 없는 부분을 언젠가 연구 발전이 이루어진다면 설명되어질 수 있다. 그러므로 그 빈틈으로 초월적인 존재가 개입함을 허용하는 것에 대하여는 과학적으로 검증이 가능하지 않음으로 과학 이론으로 볼 수가 없다. 하지만 그들 중 일부는 성서를 의도적으로 피하며, 모든 종교와 과학자, 철학자들과 대화를 한다. 복음적이라기보다는 지적 설계자에 대한 정확한 정의를 내리지 않음으로서 타 종교와도 연관될 수 있는 과학 기술시대에 좀 더 세련되게 나타난 자연 신학의 재등장을 의미한다.

창조의 의미에서 '태초'는 우리의 사고가 멈추는 곳이며, 말할 수 없는 사고가 끝나는 지점인 것이다. 사고란 어떤 처음 앞에 다른 하나의 처음을 설정해야 하기 때문이다. 또한 '태초에 하나님'이란 의미는 하나님이 멀리서 우리와 괴리되어 인식하면서 영원히 계심이 아니라 창조주로서 여기 우리를 위하여 한 가운데 살아 계셔야하는 이유이다. 그리고 우리는 처음과 나중 사이에서 말씀을 들을 때에만 알 수 있음이다. "태초에 하나님이 천지를 창조하시니라" 바로 이것이 원래의 창조에 관한 기록의 전부라고 할 수 있다. 창조 날짜나 원시 하늘과 땅이 창조된 것이 몇천 년 전인지 몇백만 년 전인지에 대한 여부도 알 수 없다. 그것들이 한순간에 존재하게 된 것인지 그것들의 형성 과정이 긴 시간 간격을 두고 이루어진 것인지 여부는 알려져 있지 않다. 가장 기본적인 사실만 의문을 품지 않고 믿음으로 받아들여야 하는 진실한 서술만 있다. 물론 "태초에 하나님이 창조하시니라"는 하나님의 존재를 증명하기 위한 논쟁을 시작하지 않는다. 대신에 그의 존재는 믿어야 할 하나의 사실로서 단언되고 있다. 하나님은 절대 처음이며, 모든 근본의 실재이심을 의미하는 것이다. 그러나 초월자에 관해 인간이 지어낸 모든 오류가 나타나기 위한 충분한 내용도 이 하나의 간단한 문장 속에 표현되고 있다. 성경의 이 시작하는 문장은 그것이 하나님의 존재를 상정하기에 신화에 대한 언급을 부인한다. 그것이 하나님과 그의 피조 세계에 대한 창조를 구별하기 때문에 과학적 표현 방식을 배격한다. 또한 하나님이 개인적인 존재라는 것을 알려주는데 이를 관념적으로 설명하자면 창조할 수 없는 비인격적인 '첫 이유'라고 할 수 있다. 유한한 존재는 창조하는 힘을 소유할 수 없고, 전능한 존재자 외에는 '천지'를 창조할 수 없기에 하나님이 무한하시고 전능함을 주장한다.

'천지를 창조하시니라.' 하나님께서 아주 처음에 하늘과 땅을 만드셨다. 하나님이 먼저 계시고 그 다음 창조가 아닌 맨 처음에 하나님이 창조하신 것이다. 우리가 존재하는 그러한 곳을 초월하여 있는 그러한 처음이다. 그리고 하나님은 아주 처음에 세상과 인간을 만드신 분이시고 창조주라는 사실만 아는 것이다. 그 이상은 우리가 알 수 없다. 창조주께서 자유함으로 피조물을 지으신 것이다. 그러므로 창조주와 피조물 사이에는 어떠한 사고의 법칙도 작용의 법칙도 연관될 수 없이 오로지 창조주와 피조물 사이는 '없음'이다. 자유는 무로부터 나오기 때문이다. 성서에서 창조론에 대한 의미는 하나님께서 세계에 대한 창조가 실질적으로 필요한 것은 아니었다. 하지만 창세기 1장에서는 보시기에 좋았다는 표현을 7번이나 기록하신 의미는 초월자의 자발적 선하신 의지에 의하여 충분한 이유를 가지고 피조 세계를 이룬 것이다. 그러므로 가장 처음 창조된 피조 세계는 과학적 이해나 표현방법이 아닌 모두 선한 것들 뿐이라는 의미가 포함되어 있다. 결국 창조의 목적이 초월자의 영광이며 피조된 세계는 하나님의 뜻을 따라야 하는 것이며 하나님께 영광을 나타내기 위함인 것이다.

덧붙여서, 창조의 의미로서 초월자의 피조 세계에 대한 창조는 논리적이며 조직적이다. 먼저 성서기자는 각 날들 동안에 생명을 위한 시간적인 질서를 언급하고 있다. 첫째 날에 낮과 밤 그리고 시간적 기준이 되는 빛을 창조하였으며, 마지막 날에는 노동하는 것과 안식하는 날을 구별하여 생명의 회복을 할 수 있도록 하나님의 선하신 뜻이 있음을 말한다. 그리고 하나님의 전능하심을 나타내시려는 의미로서 말씀을 통하여 '없음으로부터 있음'으로 피조 세계를 창조하신 것이다. 그러므로 피조 세계는 하나님 앞에 존재하며 또한 하나님은 세계 안에 계신 분을 의미하는 것이다. 구약 성서에서는 역사적 상황과 다양한 삶의 자리에서 고백되고, 창조의 목적에 대하여 다양하게 표현하고 있다. 정재현에 의하면 각자의 상황 속에서 창조자와 피조물과의 근본적인 관계를 고백하는 것이다.[35]

[35] 정재현, 『티끌만도 못한 주제에』, 134.

이 세계는 하나님이 세우신 영원한 질서를 가지고 모든 것이 조화되어 있는 피라미드를 생각하게 된다고 한다. 피라미드 제일 위에 인간이 있으며 인간은 하나님이 지으신 피조 세계를 다스리며 돌봐야 할 '하나님의 형상'인 것이다.[36] 즉 자연과 구별된 인간의 존엄성과 독립성을 의미하는 것이다. 그렇기 때문에 하나님이 이루신 창조에 대하여 인간들의 창조와 다른 독특성을 가지고 있다. 인간이 행하는 물질적인 창조 행위나 개념적 창조 행위는 어떠한 주어진 재료의 한계 내에서와 이전의 경험을 바탕으로만 이루어지지만 초월자 하나님의 창조는 스스로 있는 자 이외의 어떠한 것에도 제한을 받지 않으며 한계가 있다면 하나님의 본성 및 하나님의 선택 밖에 없다. 성서에서 창조라는 단어의 의미는 '없음으로부터의 있음'인 것이다. 아우구스티누스는 그의 고백록에서 "생성하고 소멸하는 모든 것은 그 자신은 생성하지도 소멸하지도 않는 형상을 따라서 형성된다." 그러므로 모든 시간과 공간까지도 '무로부터의 창조', 즉 하나님이 만물을 창조할 때 그 근거가 되었던 것은 형상도 없는 '무'였다.[37] '무로부터의 창조'의 확실한 성경적 근거를 든다면 시편 33:9 "그가 말씀하시매 이루어졌으며 명령하시매 견고히 섰도다"를 들 수 있다. 그 말씀은 피조물뿐만 아니라 사람의 행동과 뜻을 지배하시는 것이며, 창조주와 피조물 사이의 차이가 강조되는 것이다. 하나님은 이 말씀 가운데서 생각하시고 창조하시는 분이다. 그는 말씀 속에서 이 세계 가운데 계시므로 피안적인 존재이다. 그러므로 창조의 말씀 속에서만 창조주를 발견할 수 있고 피조물을 통하여는 창조주를 알 수 없다.[38] 즉 창세기 1:5 "하나님이 빛을 낮이라 부르시고 어둠을 밤이라 부르시니라 저녁이 되고 아침이 되니 이는 첫째 날이니라"의 의미는 물리학 법칙의 이해처럼 지구가 태양을 도는 것이나 어둠과 빛의 일정한 바뀜이 아니고 하나님의 첫 번째 피조물을 나타내며, 그 피조성과 놀라움을 표시하는 것

[36] 김균진, 『기독교 신학 2』, 33.

[37] 아우구스티누스, 『고백록』, 김희보, 강경애 역(서울: 동서문화사, 2008), 303-336.

[38] 본회퍼, 『창조와 타락』, 강성영 역(서울: 대한기독교서회, 2010), 56-57.

으로 느낀다. 성서적 사고는 창조의 하루가 숫자에 대한 관심이 아니라 창조의 율동이며 인간을 창조하시기 전의 인간의 운명을 포함한 모든 것을 말씀하는 것을 의미하는 것이다.[39]

[39] 앞의 책, 65-66.

그러므로 과학은 성서의 사실을 좌지우지해서는 안 된다. 성서적 비약이 너무 큰 것이 아닌가라는 의심을 할 수도 있을 것이다. 그러나 성서 기자는 주변 문화에 적응하며 당시 사람들의 지적 수준과 능력에 비례하여 그들을 이해시키고자 기록하였을 것이다. 만일 현대의 과학적 세상에서 사는 우리가 하나님의 말씀인 성서에 준하는 기록을 한다면 그 기반이 우리의 과학적 지식을 기초로 현대 과학에 연관하여 창조를 언급할지도 모른다. 지금 우리 시대의 문화에 맞추어 주변의 역사적 사실들을 선험적으로 기억하면서 기록할 것이다. 창조의 말씀을 과학적 방법에 너무 집착한다는 느낌을 주게 되는 것이다. 그러나 수천 년 전에 기록된 창세기에 나타난 성서의 기록은 믿음에 이르는 신앙 고백을 토대로 그들의 문화와 그들의 생각이 어느 정도는 반영되었을 것이다. 과학 서적처럼 만든 것이 아니고 듣는 자들을 위하여 배우지 못한 교육 수준을 가진 일반 사람들을 이해시킬 수 있도록 기술했을 것이다. 그러므로 날과 해의 개념은 은유적이었을 것으로 생각된다. 문자적으로, 과학적으로 받아들이지 말아야 한다는 의미이다. 또한 노아의 홍수 사건이 과학적 근거를 토대로 단순한 지역적 사건으로 말한다면 성서에서 언급하는 인간의 죄악 때문에 생긴 하나님의 진노의 중요성은 상실될 것이다.

앞에서 본 과학적 창조론들은 대부분 그들이 생각하는 과학을 이용하거나 과학과의 상보적이며 통합적으로 연관지어 하나님의 피조물에 대한 창조를 생각해 보고 있다. 현대를 사는 우리의 인지와 자연계의 지배가 과학과 기술의 발전으로 형성되어서 당연하다고 할 수 있을 것이다. 하지만 그러한 태도는 한편으로는 기독교와 과학과의 갈등을 일으키며, 동일한 대상과 영역에 대하여 서로 맞서 있는 대안적 이론과 입장을 나타내고 있는 것이다.[40] 아니면 과학에 의존하여 초월자이신 하나님을 과학의 뒷전으로 전락시키며 과학으로

[40] 정재현, 『티끌만도 못한 주제에』, 131.

서 증명을 통한 과학이 우선시되는 과학적인 신을 믿는 믿음으로 전락할 위험에 처하기도 한다. 과학을 통하여 전능하신 하나님의 의도를 연관시키는 설명은 완전하지 않기 때문이다. 과학은 어떻게 이러한 일이 일어났는가에 대한 훌륭한 추론적 이론과 창의적인 실험을 통하여 실재적인 피조물들을 발견하는 것이다.

반면에 기독교는 이 세계의 근원과 기반에 대한 성찰로서 다른 영역으로 생각할 수 있으며, 과학과는 무관한 것이다. 김균진은 전능자로부터 설사 피조된 세계를 과학적으로 측정할지라도 피조세계 의미에 대한 질문은 제기되지 않는다고 한다. 우리가 무엇 때문에 살고 무엇을 위하여 살아야 하는 문제는 과학이 대답할 수 있는 성질의 것이 아니기 때문이다. 창조 신학만이 바로 이 문제에 대한 해답을 할 수 있으며, 그것이 기독교의 고유기능이라고 한다.[41] 초월자의 창조 논의를 자연과학과 통합시킬 때 자연 과학적 문제가 기독교의 문제로 되며, 반면에 기독교의 문제가 자연과학의 문제로 변질될 것이다. 결국 과학이 기독교적 색깔을 띠게 되고 또한 기독교도 과학적 기독교로 전락할 것이다. 창조의 문제를 과학으로 증명하고자 하는 심각한 문제가 생기게 될 것이다. 전자는 토마스 아퀴나스에 의하면 자연의 궁극적 목적과 기원에 대한 제1원인을 생각하여야 하며, 후자는 자연의 영역에서 제2원인을 다루기 때문이다. 또한 창조 신학은 본질상 인간의 구원이나 도덕과 윤리 및 전능하신 하나님과의 관계성 등에 대하여 국한시켜서 생각하고자 하는 것이며 하나님의 도움으로 영적 삶에 있어서 그분의 교훈에 따라서 선한 삶을 살고자 하는 데 목적이 있다. 하지만 자연과학은 본질상 절대적으로 이성에 의한 판단과 경험을 통한 실험 및 체험 등을 원칙으로 하는 것이기 때문이다. 서울대 김희준 교수는 창조 논의에 있어서 과학과 기독교는 목적도 방법도 그리고 언어도 다르기 때문에 하나님에 대한 신앙을 전제로 해야 하며 과학적으로 설명하려는 과학과 기독교의 한계를 지적하고 있다. 그러므로 서로의 삶을 풍요롭게 하기 위하여 독립적으로 각각의 관심과 관점에서 하나님의 창조의 의미와 피조 세계를 바라보는 것을 주장한다.[42] 즉 당시의 창조에 대한 성서를 적은 기자는 하나님의 창조 섭리가 과학적 방법으로 표현하려거나 과학과의 통합이나 상보성에 대한 문제에 관심이 있었던 것이 아니라 당시의 시대적 상황과 역사성에 대한 인식을 통하여 자신의 신앙적 고백을 하는 것으로 볼 수 있기 때문이다.

[42] 같은 책, 183.

CHAPTER V

창조 신학의 의미:
통합의 대안으로서 독립(분리)이론

현대를 사는 우리의 삶에는 과학과 기독교 신앙이 교호적으로 얽혀 있다. 고생물학자 굴드에 의하면, 우리는 과학과 종교 각 영역이 서로 얽힌 이 명백한 현실로 인해서, 신앙의 물음들을 제기할 때 부분적으로 과학의 영역에서 탐구 방법을 찾으려 한다. 그리고 이러한 이유로 굴드는 둘 사이의 영역 분리를 명확하게 하기가 현실적으로 어려운 일이라고 단언한다.[1] 칼빈은 과학과 기독교의 관계를 정립하면서, 과학은 하나님의 피조의 질서이므로 적응의 방법이론으로 규정할 수 있다고 진술하였다. 초기 기독교 과학 사회학자들의 경우, 경험 과학의 근거적인 원리를 발견하기 위해 신학적 성찰을 적용함으로서, 신학이 과학에 보충적으로 협조하는 탐구 모델을 제시하기도 했다. 한편, 이언 바버는 일반적으로 알려진 신학과 과학의 학제 간 연구 양태를 4가지 유형으로 분류한다. 이 네 가지 유형은 첫째로는 기독교와 과학이 어떤 형태로든 공존이 불가능하다는 갈등의 유형, 둘째로는 서로 안전거리를 유지하며 영

[1] 리차드 칼슨, 『현대과학과 기독교의 논쟁』, 우종학 역 (서울: 살림, 2003), 118: Stephen Jay Gould, 『Nonoverlapping Magisteria』, 『Natural History』, 106 (1997), 20.

역이 분리되어 있다는 독립의 유형, 셋째로는 서로의 교류가 가능하다는 대화의 유형, 그리고 마지막으로는 동반자 관계의 통합이론 유형으로 분류된다.[2] IVP 신학 사전도 비슷한 분류를 제시하고 있다. 그러나 테드 피터스는 보다 세분화된 8가지 유형의 구분을 제시하기도 한다. 또한 존 호트는 이언 바버의 이론을 응용하여 모두 영문자 C로 시작하는 갈등(Conflict), 대조(Contrast), 접촉(Contact) 및 확인(Confirmation)의 유형 구분을 제안한다.[3] 폴킹혼의 경우 비판적 실재론[4]에 근거한 과학과 신학의 두 가지 관계적 유형으로서, 첫째로는 자연의 질서 안에 내재된 창조자인 '동화', 둘째로는 일치와 조화를 의미하는 '공명'을 강조한다. 구글 인터넷 사전에서는 과학과 종교가 서로 상반된 입장을 취하면서 상대 분야를 적극적으로 배격하려는 제거, 각 영역은 다른 차원의 것이므로 원리적으로 과학이 종교에 도전하지도 않고 종교는 과학을 규제하지 않는다는 분리, 과학과 종교가 같은 실재에 대한 서로 다른 표현 방식이라는 믿음을 전제로 둘을 융합하려는 친구이론의 세 가지 유형으로 나눈다.[5] 마지막으로 종교 철학자 정재현은 양립 불가능성, 영역 구분 상호 독립, 그리고 상보성으로 분류한다.[6] 이 관계 유형들 중에서 이언 바버나 존 호트의 분류에 제시된 대화나 접촉 유형은 통합이나 확인 유형과 실제적인 구분이 어려워 보인다. 그러므로 본 연구에서는 먼저 양립 불가능성과 통합적 상보성에 주목하여 과학과 종교의 관계를 논의한다. 그리고 이어서 과학적 창조론의 대안의 제시를 위해, 자연의 신학을 포함한 통찰 및 종교적 성찰을 결합하는 상보적 통합 이론과 차별화된 각 고유한 영역을 분리하는 상호 독립과 두 영역 간의 협력에 대해 고찰하려 한다.

먼저 과학과 기독교의 양립 불가능성은 무엇인가? 앞서 언급했던 성서문자주의를 대표적인 예로 들 수 있을 것이다. 성서문자주의는 성경의 모든 문자적 의미들이 하나님의 계시에 의해 수여된 말씀으로서 완전하다는 것을 확신한다. 그리고 이 완전성에 대한 확신을 근거로, 성경은 과학의 영역을 포함한 모든 분야의 지식을 지탱하는 진리의 원천이라고 주장한다. 이로써 성서의 진

2 이언 바버, 『과학이 종교를 만날때』, 19-21.

3 존 호트, 『과학과 종교 상생의 길을 가다』, 구자현 역 (서울: 들녘, 2003), 10-11.

4 자연과학과 신학은 모두 세계라는 동일한 실재를 다루기 때문에 결코 대립하거나 각각의 두 언어로 남아있을 수 없고 모든 경험의 총체로써의 실재에 대한 통일적인 세계상과 지식을 형성하는 데 협력을 이룰 수 있다는 이론이다. 이와 관련하여 공명론 그리고 동화론 등으로 과학 신학을 추구하는 하나의 방법론이다. 이용주, 「자연신학과 신학의 대화에 대한 신학적·비판적 접근」, 『한국기독교신학 논총』, 70 (2010), 158-160.

5 http://ko.wikipedia.org/wiki/과학과_종교의_관계

6 정재현, 『티끌만도 못한 주제에』, 132-133.

리와 과학의 진리는 동일한 영역에 속하는 것으로 상정된다. 그러므로 성서문자주의는 유물론적인 관점의 과학적 주장들을 거부한다. 예를 들어 세상의 모든 생명체들이 공통 조상으로부터 연원하였다는 진화론이나, 화석의 발견을 증거 삼아 생명체의 출현이 수억 년 전에 일어났다는 주장, 혹은 은하나 별의 역사가 100억 년 이상임을 밝히는 우주론 등의 과학 이론을 거부한다. 그리고 이 이론들에 대응하기 위해 성경의 문자적 의미를 근거로 하여 새롭게 창조과학을 정립하고 제안한다. 창조과학의 기본 전제는 창세기의 기록을 그 어느 과학적 증거와 지식보다 우선시하는 것이다. 이로 인해 창조과학에서 창세기는 하나님의 창조에 대한 계시가 간헐적으로 내포된 신빙성 있는 연대기이며 우주의 물리적 창조에 관한 내용을 담고 있는 것으로 여겨진다. 특히 창조과학의 창시자로 불리는 헨리 모리스는 인류의 타락과 노아의 홍수 기록을 근거로 지구 전체의 지질학적 지층들이 1년 이내에 형성된 것이라고 주장하기도 한다. 창조과학 옹호자들은 불완전한 정보를 근거로 하여 그들이 원하는 선택적 과학 자료를 이용한다. 아울러 그들은 실증된 과학적 사실들이라 해도 그들의 주장과 상충되는 경우 수용하지 않는다.

반면, 이 성서문자주의의 반대편 대척점에 서 있는 과학만능주의는 자연과학적 탐구 방법만이 가장 신빙성 있는 학문 연구방법이라는 것을 확신한다. 그래서 이 세상의 모든 학문적 물음에 대한 답은 자연과학에 의해서만 제공될 수 있다고 주장한다. 과학만능주의는 실재가 물질로 이루어졌다는 것을 절대적인 전제로 삼는다. 그러므로 이 물질적 실재에 대응하는 엄정한 탐구방법을 따르는 자연과학에 의해서만 진리의 발견이 가능하다고 단언한다. 아울러 물질에 대한 지식에 우선하는 절대적이고 초월적인 진리를 인정하지 않으며, 모든 현상은 자연과학의 이론으로만 설명할 수 있다고 말한다. 과학만능주의를 옹호하는 칼 세이건은 성서적 창조가 신화적인 것이라고 규정하고, 우주에 대한 지식의 탐구에는 영속적이고 보편적인 적용이 가능한 자연과학적 방법이 유일하게 타당한 대안임을 역설한다. 무신론 운동을 펼치는 도킨스 같은 경우, 그의 저서 『만들어진 신』에서 "종교는 증거 없이 전파되는 바이러스이고, 다윈주의가 인류의 의식을 깨우치며, 모든 것은 자연 선택 결과로서, 생물의 기관들에서 효율적이라도 결함이 보이는 것은 진화의 예상된 결과"라고 주장한다.

과학과 기독교의 관계와 관련해서, 도킨스는 기독교의 창조론이 개념적이라는 점을 지적한다. 아울러 자연과학이 우주를 설명할 수 있게 된 이상, 우주에 대한 개념적 이해로 점철된 기독교 창조론은 더 이상 불필요한 것으로 여겨진다. 도킨스가 기독교 창조론의 대안으로 제시하는 다윈주의는 무신론으로의 전환을 의미한다. 그는 다윈주의가 신빙성있는 자연과학적 증거를 근거로 신이 불필요하다는 것을 증명함으로서 무신론의 필연적 당위성을 확증하였다고 단언한다. 도킨스가 생각하는 진화의 단위는 부모가 자식에게 그들의 독특성을 물려주는 유전자와 DNA이다. 컴퓨터에 비유하자면, DNA는 하드웨어의 디스크 역할을 담당하며, 유전자는 그 속에 장착된 소프트웨어 프로그램의 역할을 담당한다고 볼 수 있다. 유전자는 DNA를 복제하며, 진화에 대한 중심이 된다. 이때 인간과 모든 생물은 유전자가 시키는 대로 움직이는 기계에 불과한 것으로 상정된다. 도킨스에게 모성애는 이타적인 행위 이전에 자신과 같은 유전자를 보호하기 위한 이기적인 행동으로 표현된다.

> "살아있는 것은 우연히 존재했다고 보기에는 너무나 완벽하고 아름답게 설계되어 있다. 그렇다면 이런 것들은 어떻게 존재하게 되었는가? 그것은 점진적 진화과정에서 발생하는 각각의 성공적인 변화는 이전 단계와 비교할 때 우연히 발생할 만큼 단순하고 작은 변화이다. 그러나 이렇게 누적된 전체적인 변화는 결코 우연으로 돌릴 만큼 작은 변화가 아니다."[7]

이에 더하여, 도킨스는 기독교의 믿음이 아무 증거도 없이 맹목적으로 의지하는 것에 불과하므로 비과학적이라고 규정한다. 도킨스에 의하면, 기독교

[7] 알리스터 맥그라스, 『과학 신학 탐구』, 황의무 역(서울: CLC, 2010), 77; Richard Dawkins, 『The Blinder Watchmaker: Why the Evidence of Evolution Reveals a Universe without Design』, (New York: Norton,, 1986), 43.

8 리처드 도킨스, 『이기적 유전자』, 홍영남 역(서울: 을유문화사, 1993), 308-310. a Universe without Design』, (New York: Norton,, 1986), 43.

9 알리스터 맥그라스, 『과학신학 탐구』, 황의무 역(서울: CLC, 2010), 72.

의 믿음은 문화적 복제자인 '밈'에 의한 번식의 한 양태이다. '밈'은 인간의 뇌를 운반체로 사용하는 데, 뇌에서 뇌로 옮겨 다님으로 자기를 복제한다.[8] 이러한 복제 작용은 마치 유전자가 정자나 난자를 운반체로 삼아 몸에서 몸으로 옮겨 스스로 번식하는 것과 같다. 문화나 신앙의 전파는 바로 이 '밈'의 작용에 의한 것으로서, 기독교의 하나님도 감염력을 가진 '밈'으로 존재할 뿐이라는 것이 도킨스의 기독교 신앙 분석이다. 결론적으로 신앙은 뇌를 운반체로 하는 하나의 모방행위일 뿐이라는 것이다. 그러므로 그는 이 '밈'의 작용인 신앙을 기초로 한 "기독교의 우주관은 자연과학의 분명한 실재와 대조적으로 우주를 향한 제한적이고 빈약한 지식을 전제하여 전파"[9]한다고 비판한다.

과연 도킨스가 주장한 대로, 자연과학은 세계를 탐구하고 이해하는 데 있어서 신앙을 대체할 수 있는 완벽한 대안이 될 수 있는가? 그가 자신하는 대로, 오늘날의 자연과학은 대체적인 우주 안의 현상들을 자연과학만의 얼개 안에서 해석하는 데 능하다. 하지만 도킨스는 과학주의적인 자연과학이 우주의 목적이나 우주 그 자체를 설명할 수 없을 뿐 아니라, 이런 근원적인 탐구 주제들이 아예 무의미하다고 일방적으로 단정 짓는다는 사실을 간과하고 있다. 이와 같은 근원적 주제들에 대한 탐구는 과학적 방법의 한계를 벗어나는데, 자기 한계를 벗어나는 것을 일방적으로 무의미하게 취급하는 자기절대화의 독단이 도킨스의 진술들에 명백하게 반영되어 드러난다. 뿐만 아니라, 도킨스가 무신론의 당위성을 변호하는 근거로 제시한 진화론에도 심각한 문제가 존재한다. 진화론만으로는 생명체와 관계된 자연현상 전체를 완벽하게 증거할 수 없다. 이와 같은 문제는 진화론만이 아닌 자연과학의 모든 세부 분야에서 동일하게 나타난다. 이에 노벨물리학상 수상자 파인만은 도킨스의 주장과 같은 독단적 태도가 자연과학 방법론의 타당한 본질이 될 수 없음을 인정한다. 파인만은 일반적으로 과학적 진술은 절대적 확실성에 대한 진술이기보다는 불확실한 것일 수도 있으며, 거의 확실하지만 완전한 것은 아닌 것이라고 주장한다.

자연과학에 대한 도킨스의 확신에서 자기절대화의 독단이 목격된다면, 그가 규정하는 신앙에 대해서도 재고해볼 필요가 있는 것이 아닌가? 일방적으로 신앙의 맹목성, 무근거성을 비판하는 도킨스와 같은 신앙 규정에 대응하기 위해, 옥스퍼드대 신학자인 그리피스 토마스는 믿음이 사람의 본성 전체에 영향을 준다는 사실에 주목한다. 그가 분석한 신앙은 충분하고 적절한 증거에 의한 지성의 확신으로부터 시작하고, 이런 확신에 근거한 감성과 감정의 확고한 자신감을 통하여 지속되며, 행동으로 나타나는 수단인 의지와 동의를 통하여 꽃을 피우게 된다. 그러므로 토마스는 신앙이 결코 눈먼 것이 아니라 지성적인 것이라는 점을 변증한다.[10] 이러한 논리에 따르면, 문화나 신앙의 전파에 대한 해명은 토마스가 설명한 바와 같이 관찰을 통하여 유추할 수 있는 가설적인 것이므로, 도킨스가 맹목적으로 옹호하는 실증적 증거만을 근거로 삼는 자연과학의 추론 구조 안에서 신앙 및 문화의 정체와 가치를 가늠한다는 것은 애초부터 부당한 처사일 수밖에 없는 것이다. 그러므로 신앙이나 문화의 전파를 유전자 복제 작용과 같은 것으로 규정할 수 없다. 아이러니하게 도킨스조차 인간만이 유일하게 이기적인 자기복제자에 대한 지배에 반항할 수 있다[11]고 진술함으로써 맹목적인 진화 과정을 부정한다. 그럼에도 불구하고 그가 신앙을 유전자 전파와 같이 일방적으로 우연적인 복제 과정의 일환으로 환원하는 것은 도킨스의 신앙 비판이 갖는 내적 모순이라 볼 수 있다. 이러한 맥락에서 신학자 김흡영은 도킨스가 인간을 이기적 유전자가 조정하는 맹목적인 기계로 보는 종래의 자기 주장을 스스로 번복하고 인간의 의지와 자유에 대한 소망을 인정함으로서 결국 자기모순에 빠지게 되었다고 비판하였다.[12] 결론적으로 도킨스는 애써 부정하지만, 사실상 모든 자연과학자들은 자신의 우연적 자유 안에서 세계에 대한 일종의 목적론적 동기를 갖고 과학적 탐구에 임하고 있다는 사실을 부정하기 어렵다. 결국 자연과학의 탐구 행위는 그것이 주로 의존하고 있는 실증적 방법만으로 설명할 수 없는 연원적 동기를 필연적으로 물어야 하는 역설적인 입장에 늘 처해 있는 것이다. 실제 도킨스가 의지하는 기계론적이고 과학주의적인 사고의 바탕을 마련했던 16~17세기의 갈릴

[10] 같은 책, 84-85.

[11] 리처드 도킨스, 『이기적 유전자』, 홍영남 역(서울: 을유문화사, 1993), 322.

[12] 김흡영, 『도의 신학 II』, (서울: 동연, 2012), 278-279.

레오, 케플러나 뉴턴도 그들의 탐구활동의 근저에 피조물에 대한 하나님의 영광을 나타내려는 근원적 목적을 전제하고 있었다. 아울러 그들은 참되고 개인적인 합리성을 소유하고 있는 인간의 지성으로도 세계에 대해 작용하는 신의 섭리가 가진 신비에 대해 온전하게 이해하는 것은 불가능하다고 생각하였다. 진화론이나 우주론에 관해서도 마찬가지이다. 이 이론들도 자명한 실재라기보다는 오랜 시간 동안 누적된 사실들이 보이는 흐름에 대한 인간의 유추와 해석에 불과하며, 그것들만으로 세계의 모든 자연적 현상을 타당하게 설명할 수 없는 어려움이 항상 존재한다.

이렇듯 도킨스의 무신론을 위한 진화 생물학 주장의 핵심적인 문제는 진화론이 과학적으로 완전히 증명된 이론이 아니라는 사실이다. 몇 가지 가설들은 충분히 증명될 만큼의 증거를 확보하기도 했으나 그것은 전체 진화론 체계의 빙산의 일각이라고 할 수 있는 것이다. 생물학계 일각에서도 진화론이 언젠가는 밝혀질지도 모르지만 아직은 실증적으로 완전한 것으로 받아들여지지 않고 있다. 그러므로 진화론을 근거로 일부 포유류 동물들에게 발견된 행태를 인간에게 일반화시켜 적용하려는 시도는 과학적으로 근거 없는 것이라 볼 수 있다. 동물의 행위를 인간의 본성적 규범 탐구에 적용하려는 시도가 근거 있는 것으로 성립되려면 필요조건이 반드시 충분조건이 된다는 억지 논리가 보장되어야 한다. 더구나 어떤 피조물이 이기적이기 위해서는 주체에 대한 인식이 선행되어야 한다. 하지만 곤충이나 하등 동물, 그리고 유전자나 DNA 등에서 주체적 인식은 아직 규명되지 않았다. 결과적으로 '밈'에 대한 주장은 과학적 환원주의의 한 양태에 불과하다. 그는 순수한 사욕이 없는 진짜 이타주의 능력을 인간의 또 하나의 독자적인 성질이라고 생각하는 자가 당착에 빠지기 때문이다.

하버드 대학교 사회 생물학자인 에드워드 윌슨은

"종교가 뇌의 진화적 산물로서 체계적으로 분석되고 설명할 수 있게 된다면 종

교가 지닌 도덕성의 외부 근원으로서의 힘은 영원히 사라질 것이다. 그리고 더

이상 신학은 한 독립적인 지적 분야로 생존하지 못할 것" **13**

13 에드워드 윌슨, 『인간 본
성에 대하여』, 이한음 역
(서울: 사이언스 북스,
2000), 275.

으로 전망했다. 그는 사회생물학을 모든 생물의 사회적 행동에 대하여 연구하
는 학문으로 정의하고, 인간이 발전시킨 모든 학문 영역들을 호모사피엔스라
는 인간의 생물학의 소분야라고 했다. 윌슨에 의하면, 인간의 본성에 대한 사
회 생물학적 전제에 따르면 인간은 생물학적인 측면에서보다 문화적인 측면
에서 진화 속도가 빠르지만 사회 환경도 결국 하나의 자연선택이다. 그리고
이러한 자연선택의 유전적 진화는 문화를 발전시켰다. 결국 윌슨의 논리에 따
르면, 인간의 정신적 발달은 일종의 '준비된 학습'이고, 이에 따라 인간의 행
동도 이미 유전자로 구속되어 있다는 일종의 결정론을 주장한다. 그는 뇌 속
에 독립 행위자는 없으며, 행위자 스스로는 유전자와 환경의 상호 작용을 통
해 창조한다고 결론짓고, 기독교 인간론의 영혼과 자유의지를 기계론적 입장
에서 비판하고 있다.[14] 그는 인간의 종교적 본성은 인정하나 종교 행위도 유전
적 이득과 진화적 변화의 측면에서 간주되어야 한다고 주장한다. 그러므로 윌
슨은 종교에 대한 탐구를 사회 생물학의 한 독립적인 분야로 발전시킬 수 있
다고 주장한다. 윌슨이 분석한 종교는 개인보다 사회 집단의 이익에 우선하여
자신을 희생하도록 설득하는 과정이다. 그래서 종교의 자연 선택은 생태적이
면서도 성직자의 성격을 띠고 있으며 유전자적인 것이라고 볼 수 있다. 그리
고 유전자적인 종교의 행위는 대상화와 신화화의 과정을 거쳐서 신성화되며
생물학적인 이익을 가져온다는 것이 윌슨의 종교에 대한 분석의 요점이다.[15]
이어서 윌슨은 고대 신화는 과학으로 붕괴되므로 기독교는 더 이상 생존하기
어려울 것이고, 사회의 생명력으로서 기독교가 오랫동안 잔존할 수 있을지는
모르나 결국 과학적 유물론의 물질적 현상으로 설명할 수 있게 될 것이라고
전망한다. 결국 윌슨의 결론은 과학 정신이 기독교보다 우월하다는 것이다.
과학적 유물론만이 대안이며, 인류가 가져야할 최상의 신화인 진화 서사시라

14 김흡영, 『현대 과학과 그
리스도교』(서울: 대한기
독교서회, 2010), 113–
115.

15 에드워드 윌슨, 『인간 본
성에 대하여』, 275.

는 것이다. 이와 같이 그는 과학적 유물론에 근거한 과학정신을 강조하며 종교를 사회의 에너지원으로 해석한다. 김흡영은 이와 같은 월슨의 과학적 유물론을 위한 사회 생물학 주장에 반박한다. 김흡영은 월슨의 주장이 또 하나의 종교를 제안하는 것으로서, 종교적 환원주의와 같이 과학적 환원주의를 내세우는 모순적 태도를 내포하고 있다고 비판한다. 아울러 사회 생물학은 유전자 결정을 전제하기 때문에 사회적이며 문화적인 배경을 무시한 채 성 차별과 인종 차별 그리고 우생학에 대한 지지, 그리고 기득권층의 이데올로기를 지지하는 위험성을 지니고 있다는 비판을 첨언한다. 더불어서 여기에 기계론적 해석과 언어의 유비의 오류까지 더해지고 있다고 비판한다.[16]

16 김흡영, 『도의 신학 II』(서울: 동연, 2012), 289-290.

결론적으로 위의 두 생물학자들이 주장하는 진화 심리학과 생물학은 인간의 행동에 대한 적응성을 설명하기 위한 가설들을 채택하고 있기 때문에, 실제 과학적 사실에 위배되는 내용들을 포괄하고 있다. 만일 특정 사고와 행동 패턴의 연원을 순전히 오래된 과거의 진화에서 찾는다면, 인류의 생존과 관련이 적은 덕이나 아름다움, 진리 등을 추구하는 것이 생물학적 뿌리를 벗어난 진화의 기원을 초월할 수 있는 것으로서 의심을 갖게 된다.

이러한 과학주의의 관점은 그 근저에 반기독교적 정서를 바탕으로 하고 있다. 그래서 기독교는 과학시대 이전의 증명할 수 없는 주관적이며, 배타적인 보수주의라고 비난한다. 과학주의는 무지라는 원죄로부터 구원을 위해서 과학과 인간 이성과 실체를 연합하여 지지하는 철학적 신념이다. 일반적으로 창세기 기자는 하나님의 창조 사역과 관련하여 물질적 과정보다 그 결과들에 초점을 맞추었을 것이고, 이러한 이유로 그의 진술은 과학적이기보다 다분히 종교적인 것이었다. 그러므로 창세기 기자는 하나님의 계획 가운데 피조물들이 가지는 의미에 깊은 관심을 둔 것으로 보인다. 결국 종교와 과학은 서로 다른 고유한 기능을 갖는데, 과학주의적 환원주의는 이 사실을 간과하여 두 영역을 강압적으로 융합하려는 시도 때문에 사실과 의미라는 관계의 양립 불가능성을 주장하게 된 것이다.

그렇다면 다음으로, 이 양립 불가능성과는 명백하게 구별되는 과학과 종교의 관계, 즉 과학이 기독교와의 만남과 협력을 긍정함으로서 통합이나 상보적인 관계를 만든다는 의미는 무엇인가? 만일 성서에서 말하는 창조를 과학으로서 '무에서의 창조'로 생각해본다면 어떤 것을 유추할 수 있을까? 우선 초월자이신 하나님의 창조 의도는 인간의 인식 안에 존재하는 과학의 영역에서 다룰 수 없는 것임을 밝히면서 기독교와의 연관성에 대하여만 언급해야 할 것이다. 하지만, 영국의 성공회 과학자들인 이언 바버나 아더 피콕, 그리고 폴킹혼은 비판적 실재론으로 하나님의 창조와 과학적 발견을 연관시킬 수 있다고 주장한다. 특히 방법론적 자연주의자인 이론 물리학자 폴킹혼은 우주의 우연성이 하나님의 창조에 대한 목적성과 분리되지 않는다고 말한다. 우주의 결정되지 않음과 예측 불가능함(혼돈)이 오히려 하나님의 열려 있는 진화적 창조 체계로 구성된다는 것이다. 이처럼 그는 자연과학을 자연의 신학과 연관지으려 한다. 그러나 이들도 여전히 과학의 실재를 신학보다 우선시하는 태도를 고수한다. 한편, 우주물리학의 빅뱅이론과 아인슈타인의 상대성 이론도 과학과 종교의 상보적인 관계를 전제한 이론으로 볼 수 있다. 아인슈타인의 경우, 상대성 이론을 실험으로 정립한 것이 아니다. 그는 하나님께서 주신 영감으로 가설을 세우고, 계산을 통하여 이론을 정립하였다고 증언한다. 그의 이론은 나중에 개기일식 때 수성의 근일점을 통하여 관측된 실험적 증명으로 인정받게 되었다. 전통적으로 히브리 성경을 낭송하는 유태인 가정에서 태어난 그는 종교에 대한 질문을 받았을 때 "경험할 수 있는 무언가의 배후에 우리 마음이 파악할 수 없는 무언가가 있으며, 그 아름다움과 숭고함이 오직 간접적으로만 그리고 희미하게만 우리에게 도달한다고 느낄 때, 그것이 바로 종교"라고 고백한다.[17] 빅뱅은 어느 순간에 시간도 공간도 존재하지 않는 한 점인 무에서 보이지 않는 극소의 우주가 태어났다. 이것을 진공의 상전이로 생각할 수 있는데, 진공은 무이다. 그러나 무한한 가능성을 가진 무라고도 할 수 있다. 그 무로부터 물질이 연원되었다. 소립자물리학에서는 공간에서 모든 물질을 제

17 리차드 도킨스, 『만들어진 신』, 이한음 역(서울: 김영사, 2007), 34.

거해도 일련의 에너지는 잔존하는 장의 진동 현상이 목격되는데, 이것을 진공에너지로 명한다. 초기 우주의 진공은 높은 곳에서 낮은 에너지 상태의 진공으로 상전이(다수의 입자가 탄생하게 되는 성질이 바뀌는 상태)했다. 진공의 상전이 전의 모든 소립자들은 질량이 제로이며 속도는 광속을 갖게 된다. 그러나 상전이가 일어나면 소립자는 질량을 가지게 되고 일반 상대성이론에 의하여 우주는 무시무시한 거력으로 팽창하게 된다. 이와 같은 이론적 유추에 따라서, 초기에 우주의 진공에너지가 우주를 팽창시킨 것으로 보고 있다. MIT의 물리학자 구스 이론에 의하면, 진공의 상전이가 일어나고 아인슈타인이 제안한 우주 상수의 반발력에 의하여 우주의 인플레이션(우주의 고속 팽창 현상을 말한다. 이 고속 팽창의 이유는 초기 우주에서는 장소에 따라서 온도나 밀도가 다르게 나타났을 텐데, 온도나 밀도가 같은 영역이 급팽창하여 거의 균일한 우주로 만들어졌기 때문이다)이 일어났으며, 이 인플레이션이 끝나고 숨은 열의 발생에 의하여 빛과 전자 등의 물질이 생성되었다. 이때 전자의 반입자인 양전자도 생성되었다고 한다. 그러나 전자와 반입자는 서로 만나면 소멸하기 때문에 현재 안정된 원자에는 전자만 남아있게 되었다. 무로부터 우주에 존재하는 물질을 만들기 위한 에너지는 양의 값을 가져야 한다. 진공은 무이다. 무에서 발생한 우주의 모든 에너지의 합계는 언제나 일정하게 나타나는 에너지 보존 법칙에 의하면 제로이어야 한다.

그러면 음의 에너지는 존재하는가? 양자론에서는 음의 에너지의 존재를 긍정한다. 양의 에너지를 상쇄할 수 있는 음의 에너지가 존재해야 한다는 것이다. 즉 양의 에너지와 음의 에너지가 균형을 이루며, 우주 공간의 물질, 공간의 팽창, 진공의 에너지 등의 에너지를 모두 합쳤을 때 그 결과는 제로가 되어 에너지 보존법칙을 준수하는 것으로 상정된다. 이와 같은 이론에 근거해서라면 우주는 무에서 발생한 것이다.[18] 음의 에너지에 한 구멍이 생기면 기본 입자인 양전자라는 반입자를 추론할 수 있게 해 준다. 반입자는 19세기 초 물리학자 폴 디락이 이론으로 계산하여 제안했고 실험에 의하여 입증되었다. 호킹

18 와다스미오, 『우주탄생의 비밀』, 『우주는 무에서 태어났다: 137억년의 진화와 변천』, 강금희 역(서울: 뉴턴코리아, 2009), 26-60.

에 따르면 무로부터의 창조 이전 우주의 시간은 허수이다. 즉 시간도 존재하지 않았다는 것이다. 빅뱅 우주 이후에 비로소 시간이 존재하기 시작한 것이다. 시간은 무로부터 연원되었음을 생각할 수 있다. 아우구스티누스의 고백처럼 시간과 공간까지도 '무로부터의 창조'에 속한 것으로 사유할 수 있는 것이다.

결론적으로 우주 물리학에서도 태초에 시간과 공간이 무로부터 시작하게 된 것을 긍정한다. 또한 조물주의 빛 창조는 아인슈타인의 상대성 이론에서 나타난 절대 속도인 빛을 연관시킬 수 있을 것이다. 아인슈타인의 특수 상대성 이론에서는 뉴턴의 3차원 공간 기준 좌표인 절대좌표축과는 다르게 공간 및 시간의 개념을 좌표축으로 세워서 4차원으로 만든다. 그리고 공간과 시간에는 절대공간이나 절대시간이 없고 단지 상대시간과 상대공간만 존재할 따름이다. 이 좌표축을 관성계라고 하는 데, 빛의 속도는 관측하는 장소나 광원의 운동 속도에 관계없이 일정하다. '광속도 불변의 원리'이다. 빛의 속도에 가깝게 움직이는 기차에서 빛의 운동 방향과 같게 움직이는 기차이든, 반대 방향으로 움직이는 기차이든 빛의 속도는 기준 값이 되며 항상 일정하다는 것이다. 이러한 상대 운동에서 시간의 길이는 느려질 수도 있으며, 공간의 길이는 짧아질 수도 있으나 빛은 항상 그 속도의 변함이 없게 된다. 이 속도 개념은 일반 상대성 이론에서도 마찬가지로 적용된다. 물리적으로 태초에 빛이 있으라하니 빅뱅 우주에서 빛이 그 어떤 피조물들보다도 처음 존재하게 된 것이다. 이러한 일련의 과학적 추론은 기독교가 과학의 도움으로 창조의 사건에 대한 계시를 변증하는 한 모범적인 예라고 할 수 있다. 창세기에 기록된 태초 상태의 구체적 특성과 말씀으로 창조된 빛의 절대성을 과학적으로 표현하는 하나의 방법으로 생각할 수 있는 것이다. 하지만 이러한 작업은 인간의 인식 한계에만 국한된 것으로, 기독교와 이론과학의 관계를 상보적 관계로 설정하기보다 이론과학에 대한 기독교의 편중된 의존 관계를 설정하고 있다. 본회퍼는 이처럼 과학과 기독교의 상보성 관계가 잠정적으로 가질 수 있는 문제점을 지적하고, 성서의 시편을 인용하며 빛의 의미를 설명하면서, 생명의 근원

19 참조, 시편 36: 9.

20 본회퍼, 『창조와 타락』, 강성영 역(서울: 대한기독교서회, 2010), 60.

21 정재현, 『티끌만도 못한 주제에』, 138.

인 창조는 창조주의 빛을 보는 것으로 규정한다.[19] 또한 어두움을 예수 그리스도의 수난을 가리킨 것으로, 빛을 본래의 존재에 대한 해방을 의미하는 것으로 해석한다.[20] 즉 초월적인 하나님의 '없음에 대한 있음'을, 창조의 절대성을, 과학과 기독교의 상보성 관계가 손상시킬 수 있다.[21]

가톨릭 신부인 드 샤르뎅은 상보성 관계론을 생각하여, 인류가 유인원으로부터 진화했으며, 우주가 진화의 극에 이르렀을 때 그리스도의 재림 사건이 발생할 것으로 예견한다. 이와 같은 사상은 진화과정을 하나님의 구원과 동일시한다는 문제를 내포하고 있다. 그리고 콜린스는 진화가 시작된 후에는 창조주의 개입의 필요성이 없으며, 유인원과 인류는 같은 조상으로부터 유래되었다고 말한다. 그들은 자연 선택의 창조 능력에 대하여 생명체의 기원을 말하고 있으나 진화론의 불완전성을 고려한다면 이 주장의 실증적 타당성을 쉽게 입증하기 어렵다. 그러므로 진화가 하나님의 시행착오로부터 유래되었고, 하나님이 전능자가 아니므로 진화로써 현재의 생명체를 만들었다는 주장은 충분히 비판의 대상이 될 수 있다. 국내의 가톨릭 신학자 오경환은 서로 갈등관계에 있는 창조과학과 테드 피터스가 제시한 유신론적 진화론의 조건을 두 경우로 나누어서 '가톨릭교회 교리서'에 해설하고 있다. 그는 교리서의 과학적 지식이 시간과 공동 혈통 그리고 자연 선택에 관한 것으로서 교리서가 긍정적인 평가를 하고 있다고 생각한다. 그리고 제2차 바티칸 공의회에서도 조물주의 창조를 인정한 후 인간과 사물에 대한 진화론을 지지하고 있음을 밝힌다.[22] 여기에서 지지한다는 것은 믿는다는 것을 의미하는 것이다. 이러한 시도는 진정한 의미에서 상보적이라기보다 과학을 지지하기 위해 신학을 과학에 맞추는 태도라고 볼 수 있다.

22 오경환, 「가톨릭교회는 유신론적 진화론을 지지한다」, 『사목정보』, 4 (4, 2011), 91-96.

조직 신학자 신재식은 진화론적 유신론을 제안하며 전통적인 기독교의 창조론을 '태초의 창조', '계속적인 창조', 그리고 '궁극적 창조'의 세 단계로 구분한다. 여기서 '태초의 창조'는 우주가 처음 창조된 것을 말하고, '계속적인 창조'는 하나님이 우주의 운용에 지속적으로 개입하면서 사물을 늘 새롭게 만들어가는 과정이며, '궁극적 창조'는 기독교인이 말하는 종말에 새 하늘과 새 땅이 이루어지는 최후의 창조, 즉 완성된 창조를 의미한다.[23] 그러므로 신재식은 역사와 우주가 열려있는 약속이라는 맥락에서 기독교적 희망을 찾을 수 있다고 설명한다. 아울러 그는 언어의 진화를 진화의 한 증거로 제시하며, 진화론을 믿지는 말되 진화의 현상은 받아들이라고 주장한다. 그러나 그가 제시한 받아들이는 것과 믿는 것의 명확한 차이점은 사실상 구별하기 어렵다. 이와 같이, 신재식의 유신론적 진화론은 전반적으로 기독교와 과학의 관계를 상보 관계라고 주장하나, 실제로 그가 주장하는 것은 기독교를 과학에 복속시키고 통합하는 것이다. 그는 창세기의 창조에 대하여 계속된 창조를 주장하며 진화를 정당화하고 있다. 그러면서 과학과 신학을 통합하려는 의도로 기독교 신학이 불안정하게 과학에 의존하는 모습을 부각시키는 것이다. 보여주는 과학과 보고 싶은 기독교 창조 신학의 상보 관계는 창조 신학을 위하여 과학이 겸손하게 보조하기보다는 마치 과학에 맞추어 창조 신학을 통합시키려는 느낌이다.

신학과 과학의 통합에 반대 생각인 고생물학자 굴드는 다윈주의가 하나님의 존재나 성격과는 무관한 것이라고 주장한다.[24] 새롭게 만들어가는 계속적 창조 과정은 불완전한 하나님을 연상케 하므로 수용하기 어렵다. 그리고 재삼 강조하지만 진화론은 아직 완벽하게 증명된 이론이 아니다. 점차적으로 진화론의 많은 부분이 입증되고 있지만, 진화론에서 제시하는 생명체의 탄생이나 진화과정을 충분하게 입증할 만한 화석 증거의 결여로 인해 핵심적인 부분에서는 실증적으로 미완성의 이론으로 평가된다. 스티븐 마이어에 따르면 분자 생물학 탐구는 DNA 구성물 간의 자기 조직화 인력에 근거한다. 하지만 분자 생물학은 거대한 정보를 지니는 생물 분자들의 특정한 염기 서열은 여전히 정확하게 설명하지 못하고 있다.[25] 또한 우주의 생성과 팽창 이론 역시 현재 진행형이다. 뉴턴은 하나님이 태초에 법칙을 만들었으므로 일정한 법칙에 따라서 규칙적으로 작동하는 우주에 대하여 특별히 할 일이 없다고 주장했다.[26] 우주의 진화에 대하여 생각하지 말라는 것이다. 물리 법칙 발견에 맞추어 계속

23 신재식, 김윤성과 장대익, 『종교전쟁, 종교에 미래가 있는가?』(서울: 사이언스북스, 2009), 424-425.

24 알리스터 맥그레스, 『과연 과학과 종교 무엇이 다른가?』, 188.

25 리처드 칼슨, 『현대과학과 기독교의 논쟁』, 318.

26 알리스터 맥그레스, 『과연 과학과 종교 무엇이 다른가?』, 44.

새로운 이론이 제시되고 있지만 우주 표준 모델 또한 진행형이다. 완벽하지 않은 진리나 이론은 항상 변할 수 있는 가능성이 있으므로 상보성 관계를 상정하여 기독교 창조 신학을 과학으로 통합하려는 시도는 항상 문제의 소지를 안고 있다.

이렇듯 양립 불가능성과 상보성 관계가 각각 간과할 수 없는 중요한 한계를 갖고 있다면, 이제 마지막으로 고유 영역 구분의 상호 독립과 협력 유형이 앞서 제시한 두 유형의 한계를 극복할 대안을 제시하고 있는지 살펴볼 필요가 있을 것이다. 기독교와 과학 양측의 고유 영역을 구분하여 상호 독립과 협력을 지향하는 관계 유형의 기본 전제는 무엇인가? 그것은 성서가 하나님의 영감으로 기록되었고, 오류가 없기 때문에 우주와 생명에 대한 바른 정보를 제공한다는 주장이다. 과학과 기독교 간의 갈등은 두 영역을 융합하려는 시도 때문에 발생한 것이며, 서로가 묻는 질문과 그 대답의 형태가 다르므로 둘을 분리해야 한다는 것이다. 상호 독립과 협력을 지향하는 관계 유형은 각자 서로 간섭할 수 없는 고유의 영역을 가지고 있으며, 탐구의 방법이 다르다는 사실을 먼저 수긍한다. 이와 같은 논리는 과학적 유물론자 혹은 무신론자들과 성서 무오설을 주장하는 자들이 서로 모든 대화를 배제하고 상호 배타적인 태도를 취하는 현실에 대응하여, 기독교와 과학 영역의 상호 존중과 서로를 인정하기 위해 개진되기 시작하였다. 김흡영은 기독교와 과학의 관계에서 하나님의 초월성 및 그리스도의 은총적 구원의 신정통주의적 형태, 과학은 객관적 영역이며 신학이 주관적 영역이라는 실존주의적 형태, 그리고 서로 다른 언어를 구사한다는 언어분석의 형태로 독립이론의 구체적 양태를 구분한다.[27]

그러면 성서에서 창조론의 의미는 무엇인가? 그것은 하나님의 창조가 하나님 이외의 그 어느 것에도 의존하지 않는 하나님의 절대적 주권에 의해 이루어진 것이라는 의미이다. 정재현에 따르면 하나님의 창조 사건에는 피조물의 유한성으로서의 '없음으로부터의 창조'와 다른 하나는 인간의 초월성으로서의 '인간은 하나님에 의한, 하나님의 형상을 따라 창조됨'의 두 가지 본질이

27 김흡영, 『도의 신학 II』 (서울: 도서출판 동연, 2012), 264-266.

역설적으로 얽혀 있다. 태초의 창조는 '없음으로부터의 창조'에서 비롯된 것으로 피조물의 '있음'의 처음 배경으로 '없음'이 창조의 절대적 주권성이라서 창조의 전 단계인 원 재료를 사용하지 않음으로 창조의 주권성을 살렸기 때문이다. '없음으로부터의 창조'에 대한 신앙은 초대 교회 당시에 영향을 주었던 그리스 철학의 형이상학, 질료와 형상의 이원론, 그리고 선악의 원리적 분리라는 이원론적인 사고로부터 창조의 절대적 주권성을 지키고자 하였다. 그리고 피조물들은 창조자를 절대적으로 의지하므로 본질적으로 선함을 주장하고자 했다. 아울러 악은 실존적 타락에 의한 일시적 현상이므로 하나님의 선하신 의지로서 구원을 받을 수 있다는 것이다. 또한 창조의 주권성이나 피조물들의 선함에 대한 부정으로 간주되는, 창조자와 피조물 사이의 차이를 없애는 범신론이나 일원론에 대한 반발로서, 창조는 없음으로부터, 세계의 피조물들은 하나님의 사랑에 뿌리를 두고 있으며, 창조의 '왜'는 하나님의 선하신 사랑의 자기 발현으로 드러나게 하는 것이며 창조와 구원이 하나로 얽혀지는 것이다. '없음으로부터의 창조'는 창조된 존재자의 한계를 드러내는 것으로서 상대적 유한성이다.[28] 이것은 없음으로부터 있게 되는 것으로 없음에 의하여 에워싸인 신세로, 전에는 없었으며, 앞으로 없어질 수밖에 없는 것으로 해석된다. 즉 창조를 통하여 피조물의 존재를 없앨 수 없는 유한성이다. 그러므로 유한성은 우선적으로 있음의 차원에서 없음에 의하여 둘러싸인 그리고 없음을 싸안고 가는 있음을 의미한다.

또한 인간이 하나님에 의해서 그리고 하나님의 형상을 따른다는 것은 없음으로부터의 창조라 해도 인간을 창조하신 분은 하나님이라는 고백이다. 피조물인 인간이 없음으로부터의 유한성과 더불어 하나님의 형상으로라는 초월성을 내포하고 있는 것이다. 성서의 죽음마저도 하나님과의 관계를 끊을 수 없다는 것은 피조물들에 대하여 죽음을 넘어서는 초월성을 의미하는 것이다. 그러면 인간이 '신의 형상'으로 창조라는 의미는 '무엇' 혹은 '왜'인가? 하나님과의 관계를 맺을 수 있는 기능인 구약의 '네페쉬'의 영에 해당하는 '루아흐'와 신약

[28] 정재현, 『티끌만도 못한 주제에』(서울: 분도출판사, 2003), 140-142.

의 '푸쉬케'의 정신에 해당하는 '프네우마' 때문이다. '루아흐'와 '프네우마'는 하나님과 인간이 관계를 맺는 생명적 활동의 원리이고, 하나님을 향하고 열망하는 의지를 부여받았기 때문이다.[29] 인간이 하나님의 형상으로 창조되었다는 의미는 피조물들과의 차이를 나타낸다. 즉 인간은 자유를 추구할 권리와 의무가 있으며, 그 자유로 나타나는 초월성을 의미하는 것이다. 하나님의 형상에 대하여 초대 교부들은 인간에게 주어진 것이며, 타고난 이성과 인식을 할 수 있는 자유로써, 인간은 죄로 인하여 하나님을 닮음에 대하여 상실했다하더라도, 창조 의지에 의한 하나님의 모습은 유지된다고 보았다. 그러나 아우구스티누스는 유사성과 형상에 대한 이분법을 반대하며 하나님을 이해할 수 있는 능력을 의미하지 않고, 초월적인 하나님의 형상은 인간이 죄로 인하여 접촉의 기회가 상실되었지만 은총으로 기능을 회복할 수 있는 것으로 보았다. 또한 캘빈은 하나님의 형상은 능력과 영광을 의미하는 거울로써, 삼라만상의 피조물과 인간의 영혼을 통하여 하나님의 지혜와 능력 그리고 영광을 볼 수 있다고 강조했다. 바르트도 인간에게 하나님의 형상이 있으나 사전에 주어지는 것이 아니라 은총으로 받는 것으로서 그리스도만이 하나님의 유일한 형상이고, 그리스도를 통하여 인간이 하나님의 형상이 될 수 있다고 한다. 몰트만은 하나님의 형상에 대하여 인간과 피조물들과 다른 특징으로서 초월성인 하나님의 형상은 하나님과의 관계성에서 인간의 본질이 형성되므로 인간에 대한 하나님과의 관계와 하나님에 대한 인간의 관계를 의미한다고 강조한다.[30] 그 결과 창조 신앙의 의미로서의 유한성과 초월성이 함께 됨은 삶에서 체험으로 실현되거나 갈망하는 것으로 유한은 존재에 대한 이해를 가능케 하는 결정적 요소로서 초월의 대상인 반면에, 초월은 존재의 이해가 지시하는바 유한성의 가장 깊숙한 내면적 본질이기 때문이다. 또한 창조-죄-구원의 의미로서의 신앙에 대하여 연관된 것으로 신앙관 및 구원관을 재구성하는 것이다.

한편 이언 바버는 고전적인 영혼과 육체의 이원론이나 영혼 및 육체가 상보적인 표현 방식에 대하여는 반대하고 있으나, 사람을 심신의 일체로써 통합적

[29] 같은 책, 148-149.

[30] 앞의 책, 151-152.

견해를 지지하고 있다. 그리고 이러한 통합적인 견해에 대하여 성서적이고 현대 과학의 증거에 가깝다고 하는 것이다, 그러므로 과학과는 상이한 느낌으로 여겨지는 성서적인 표현의 죄와 구속 또한 진화 과학, 사회과학 그리고 행동 과학의 입장에서 다시 해석하려고 한다.[31] 하지만 히브리어 네페쉬로서의 영혼 개념은 인간에 대한 성서적 개념의 정신으로서의 보이지 않는 것으로 말할 수 있는데 반하여, 공간적이고 물리적인 힘에 의하여 통제되는 육체와는 구별하는 것이 바람직하다. 또한 교황 바오로 2세에 의하면 영혼에 대한 신학적 명제들이 과학적 이론과는 상관이 없고 과학의 연구로 생긴 것이 아니다. 토마스 아퀴나스는 사람의 이성적인 영혼이 육체가 생기기 전이 아니라 육체가 생긴 후에 하나님에 의하여 창조되는 것으로 생각했다. 이미 전통 기독교 신학에서 사유하는 코기토와 연장선상으로 데카르트에 의하여 육체는 정신보다 열등하며 죄짓기 쉬운 것으로 간주된 적이 있다. 데카르트 또한 정신과 물질 다시 말하면, 영혼과 육체로서의 이원론으로 생각했다. 그러나 영혼이라는 정신과 물질로서 육체의 통합적 사고는 오히려 육체를 정신에 의하여 지배되는 구조를 지닐 수 있으며, 근세 신학에서 정신이 남성의 의미를 지닌 가부장적 사고를 초래하는 잔인한 결과를 제공하기 때문에 영혼과 육체는 서로의 영역을 독립적으로 구분하여 생각하는 것이 바람직하다.

신학자인 박찬호에 의하면 신학과 과학에 대한 통합방법의 하나인 자연의 신학을 생각한 몰트만은 전통적인 기독교 신학에서 두 가지 측면의 창조론에 대한 약점을 지적하고 있다. 첫째는 하나님의 창조를 세상의 시작이라는 과거에 한정하려는 시도로써 하나님의 현재와 미래의 창조까지 그 개념을 확대하려는 것이다. 둘째는 하나님의 창조는 이미 완성된 것이므로 하나님 섭리로서의 역사와 최종적인 완성은 불필요한 것을 주장한다. 그러므로 자유의지로 보는 유신론적 진화론과 차별하여 진화를 몰트만은 '계속적 창조'로 이해한다. 우주의 법칙과 생물의 진화는 이미 하나님의 창조의지 내에 포함되었을 수도 있다. 다양한 변화를 일삼는 환경에 대한 적응 방법을 이미 하나님께서 창조

[31] 이언 바버, 『과학이 종교를 만날때』, 229-230.

안에 계획하셨을 가능성이 있기 때문이다. 그러므로 몰트만의 생각은 진화론이 아우구스투스의 '무로부터의 창조'라는 전통적인 견해와 모순되지는 않다. 그러면서 진화론으로 기존의 신학이 태만히 하였던 '계속적 창조'와 '하나님의 일반적 협력'과 하나님의 섭리에 대한 이론을 다시 받아들이고 새롭게 해석하려 한다.[32] 하지만 '계속적 창조'로써 생물 진화는 유전자의 선택이 중요한 이슈이다. 그렇다면 제2차 세계대전 당시 우수한 유전자와 열등한 유전자로써 인간들을 구별했던 극단적인 나치의 우생정책으로 인한 부작용에 대하여 몰트만은 반드시 설명해야 한다.

[32] 박찬호, 『창조와 진화에 대한 몰트만의 견해』, 제4회 창조론 공동학술포럼, http://chtimes.co.kr/lib/6929 (2009. 2.).

과학과 기독교는 그 추구하는 방향이 서로 다르다. 과학은 관측과 이론이라는 기본 골격으로서 예상되는 이론과 법칙 그리고 실험을 통한 의미보다는 사실을 추구하며, 앎에 대하여 집중을 한다. 반면에 기독교는 체험과 신조에 의하여 의미에 대하여 믿음을 통한 당위성을 추구하며 삶의 문제에 치중하게 된다. 즉 세계관 자체가 다르므로 몰트만처럼 서로를 깊이 간섭하거나 활용하는 것은 본래의 방향에서 벗어나는 것이다. 창조에서 중심 주제는 하나님 사랑이며, 피조물의 창조는 사랑의 산물이다. 결코 과학적 관심이 아니다. 만일 과학을 통하여 피조물에 대한 법칙을 발견하고 논리로서 이론을 개발하여 설명하면 피조물에 대한 이해 때문에 하나님께 감사하는 것이어야 한다. 예를 들면 지구가 잡아당기는 인력의 발견은 만일 인력이 없다면 우리는 우주의 세계로 날아가 버리기 때문에 잡아당겨 주어야 하며, 구름은 비를 뿌리려는 목적이 있다. 모두 우연히 생긴 것이 아니라 목적을 가지고 있다는 것을 알게 되며 그것은 하나님의 사랑이기 때문이다. 그러한 과학의 발견은 완벽하지 않으므로 언제든지 변할 수 있다. 그러므로 과학적 증명에 대하여 겸손하게 귀 기울이는 수준을 넘어서 그것에 절대적으로 의존하는 것은 과학이라는 우상의 숭배로 귀결된다. 비록 자연의 신학이 자연의 질서 안에서의 것들을 우리에게 과거에 알지 못했던 새로운 사실을 알려주고 신학적으로 수용하고 해명한다고는 하지만 그 또한 신학 우위에 과학을 두어 두 영역을 통합하려는 것으로 생각할 수 있다.

일반적으로 과학이 관찰하는 객관적 영역이면, 신학은 개인적인 앎을 다루는 주관적 영역으로 생각할 수 있다. 과학은 '어떻게'에 주의를 기울인다면, 반면에 기독교는 '왜'에 주목하므로 같은 자료를 생각할 때에도 다른 형태로 설명하게 된다. 피조물인 이 세계를 설명할 경우는 경험적인 탐구와 객관적 진리로서의 과학에게 진리의 영역으로 내어주고, 하나님의 창조에 있어서는 인간의 문제나 윤리적 실천은 주관적 진리로서 초월성의 기독교 신학의 영역으로 한정하는 것이다. 전통적으로 학문은 항상 논리와 체계를 근거로 피조물인 실제에 대하여 탐구한다. 굴드는 기독교의 창조와 과학의 충돌을 피하기 위하여 상호 겸손의 입장인 중복되지 않는 교권 영역으로 NOMA(Non-Overlapping Magisteria)를 제안한다. 즉 과학과 신학은 각자의 고유 영역을 갖고, 각각의 분야는 서로의 권위를 인정할 것을 제안한다. 기독교가 과학 영역의 사실적 결론들이 갖는 본성을 더 이상 적합하게 규정하지 못하지만, 한편으로 과학자들은 세상 경험 법칙의 우수한 지식으로도 도덕적 진리에 관한 더 높은 통찰에 이르지 못한다[33]는 것으로 과학과 신학의 상호 독립을 권하는 것이다. 이와 같이 기독교가 과학적 사실들을 인정하고, 과학이 세상의 경험에 대한 도덕적 진리를 인정할 때, 순수하게 독립적이며 상호 존중의 관계가 형성된다. 양자를 비교한다면, 과학 철학적 측면에서 과학과 신학은 형이하학과 형이상학으로서 서로 다른 독립된 영역으로 구분되어야 한다.

노벨물리학상 수상자인 필립스는 과학과 기독교는 하나의 실재에 대한 서로 다른 두 시선이며, 서로 다른 질문에 대한 답을 하게 한다고 진술한 바 있다. 과학에서 우주는 어떻게 진행되고 있으며, 존재하고, 움직이는가에 대한 탐구의 노력이다. 반면에 기독교는 왜 우리는 이곳에 존재하고, 무엇을 해야 하며, 또한 타자와의 관계성에 대한 행동은 어떤 것인가를 고민하는 노력이다.[34] 그러므로 과학은 인간의 인식에 바탕을 두고 이론을 전개하고 있으며, 기독교는 하나님의 계시에 바탕을 두는 것이다. 이와 관련해서 칸트는 학문

[33] 리차드 칼슨, 『현대과학과 기독교의 논쟁』, 134-135.

[34] 전철, 「자연학과 신학의 관계에 대한 연구」, 『철학연구』, 111(2009), 283.

의 문제를 사고의 문제와 사물 및 사태의 문제로 나누고 있다. 현상존재론에 바탕을 둔 자연을 지각, 인식함에 있어서 어떠한 법칙을 어떠한 능력으로 행하는 현상계인 '순수 이성 비판'과 절대적 이성이라는 본질에 기초한 바람직한 행위는 어떤 것이고 그것을 인식하여 그 법칙에 따라 판단하는 능력은 무엇인가의 초현상계인 '실천 이성 비판'으로서 두 개의 서로 구별된 다른 양태를 생각하고 있다.[35]

[35] 최인숙, 『칸트』(서울: 살림, 2005), 16-42.

자연과학에서 물리학을 연구하는 과학자는 한 사물이나 현상에 대해 물리적 혹은 물성적인 면에 집중하고 거기에 해당하는 자료들을 모으며, 이 자료들을 체계적이고 논리적인 방식으로 정리하여 자연에 대한 물리 지식을 축적하고 연관된 법칙들을 연구한다. 반면에 기독교 창조 신학은 계시인 성경에 기초하여 실천 신학, 성서 신학, 구성 신학 등을 논리적이며 체계적 방법으로 정립한다. 이렇게 학문의 대상을 각각 고려한다면 칸트가 생각했던 독립 이론이 상당한 설득력을 갖는다. 칸트는 자연을 어떤 특정한 개념 모델에 꿰어 맞추려한다면 다른 개념들은 제대로 활용되지 못한다고 했다. 그러므로 기독교와 과학의 통합이나 상보적인 관계로서 자연을 어떤 특정한 과학의 모델과 억지로 맞추고자 하면 기독교내의 창조의 개념들은 제대로 된 평가를 받지 못하기 때문에 기독교의 인과적 설명과 과학에서의 시공간적 설명은 서로에 대한 영역의 구분으로서 그 중에 하나만을 선택해야 하는 것이다. 한 예로 뉴턴의 고전물리학은 일반적으로 입자는 입자만의 고유한 현상인 힘의 법칙 또는 운동량의 법칙만을 측정할 수 있었다. 즉 통합된 결정론적 법칙으로 주로 생각하고 있었다. 그러나 20세기 맥스웰로부터 제안된 프랑크 상수로부터 양자물리학은 시작되었으며, 양자물리학에서는 앞에서 언급된 신학적 의미와 구별된 상보성의 원리를 중요시 하고 있다. 상보성 원리란 양전자 혹은 전자와 같은 물질은 항상 입자로서 그 자체의 질량을 가지고 있으며 측정이 가능하지만 반면에 행동하는 것은 파동과 같은 것으로 측정됨을 볼 수 있다. 즉 어떤 실험을 하느냐에 따라 성질이 달라진다는 것이다. 이 경우에 위치나 운동량중 하나에 대한 정확한 지식을 고려해야 한다. 즉 물질의 에너지나 운동량의 변화를 조사하기 위한 실험의 경우는 입자적 성질이 나타나며, 공간에서 에너지 분포를 조사하기 위한 실험을 하는 경우에는 파동의 성질이 나타난다. 이처럼 시공간이나 인과적 설명 중에서 하나만을 선택하는 것과 같이, 양자물리학에서는 위치 혹은 운동량의 한 개념을 사용할수록 상호 보완적인 개념을 동시에 사용할 수 있는 가능성이 감소하게 된다. 전자와 같은 입자는 파동이거나 입자일 가능성을 언급하는 것은 불가능하고, 입자적인 성질을 나타내거나 파동과 같은 형태를 나타낸다고 말하여야 한다. 즉 양자물리학에서 이중성의 문제는 과학의 영역과 기독교의 창조론의 구분되어진 독립 영역에 비교하여 생각할 수 있다. 과학과 기독교의 창조 문제도 서로 다른 상황에서 경험되고 다른 역할을 수행하기 때문에 온전한 상호 보완 혹은 통합으로 정의하기에는 무리가 있다.

성서의 비신화화를 제안한 불트만은 종교적 신화 안에 담겨진 우주론적 요소들은 과학적이 아니므로 피조물의 경우는 과학이 기독교에 우선하고, 인간의 실존에 있어서는 기독교가 과학에 우선해야 한다고 했다. 이것이 바로 과학과 기독교의 독립된 영역의 구분이다. 과학 내에서 특히 물리학에서는 철저히 고유하게 구분된 상호 독립적이면서 협력하는 두 영역이 존재한다. 그것은 이론 물리학과 실험 물리학이다. 이론 물리학은 진리를 탐구하는 면에서는 오히려 신학과 비슷한 방법을 가지게 된다. 즉 하나님의 창조가 피조물이라면 이론은 인간의 창작물이다. 이론 물리학자 최무영은 개념과 기본 원리 혹은 가설은 상상력에서 출발하여 가설적 진술을 이끌어 내야만 한다고 강조한다. 그리고 이 진술에 자연 과학적 구조를 정립하기 위해 논리 체계가 더해짐으로서 그 논리적 정합성 검토가 시작된다고 설명한다. 이것은 모형이며 자연에 실재하지 않는 정신적 창조물이라 볼 수 있다.[36] 반면에 실험물리학은 측정을 전제로 한다. 실제로 보이는 대상을 관측하거나 또는 자연에 존재하는 측정 혹은 실험을 통한 논리로써 데이터를 가지고 증명하는 것이다. 실험 장치가

[36] 최무영, 『최무영 교수의 물리학 강의』, 50-51.

필요하며, 실험 원리 및 실험 기술 등이 포함 된다. 즉 보이는 것 또는 보여 주는 것을 의미한다. 그러므로 실험을 통하여 과학 기술이 발전될 수도 있다. 하지만 이론이 현실성이 있으려면 실험이 도와주어야 하며, 실험이 성공하려면 이론의 도움을 받아야 한다. 한 영역이 다른 영역을 인정하면서 통합시키는 것이 아니라 서로 독립적인 영역을 가지지만 협력이 필요한 것이다. 물리학에서는 빛의 속성이 두 개의 서로 다른 영역으로 구성되었음을 보여주고 있다. 그 하나는 파동에 의한 전달이며, 다른 하나는 입자에 의한 표현방식이다. 파동에 의한 전달방식은 빛이 이중 슬릿을 통과할 때 어두운 부분과 밝은 부분을 보여준다는 사실에서 드러난다. 그것은 회절 및 간섭 현상이다. 이 현상은 전기장과 자기장의 변화에 의한 전달, 즉 전자기파이므로 속도가 매우 빠른 빛의 속도로 나타난다. 반면에 입자는 에너지의 이동을 들 수 있다. 빛을 금속에 쪼이면 빛으로 인하여 전류가 흐르게 된다. 즉 에너지를 전이하여 금속 표면의 전자를 들뜨게 만드는 것이다. 이것은 광전 효과 혹은 컴퓨턴(Compton) 효과로 나타나는 것이다. 즉 빛의 성질이 두 독립적인 속성으로 나타나는 것이다.

몰트만은 사회적 삼위일체론 모델을 선택한다. 그는 갑바도기아의 교부들에 의하여 시작되고 다마스커스의 요한에 의하여 사용된 페리코레시스적 삼위일체 개념을 말했다. 이것은 하나님이 서로 독립된, 즉 구별된 세 형이상학적 인격들의 실체이지만, 동시에 교제에 의한 관계적 공동체로서의 평등과 상호 내주, 그리고 상호 협력의 관계 속에 한 분 하나님이 되심을 말한다.[37] 이덕형은 페리코레시스적 삼위일체가 세 위격 사이의 상호관계를 표시하는 것으로서 연합되거나 혼합되는 것이 아니라, 마치 인터넷의 허브를 공유하는 것처럼 자신의 본성은 변하지 않으면서 독립된 세 위격 사이는 상호 소통하는 일체를 말한다고 설명한다.[38] 이와 같은 일체는 사랑에 의하여 특징지어진 신적 삶으로서 서로와 서로를 위하여 함께, 그리고 서로 안에서 친밀하게 존재하는 자신들을 형성한다는 것이다. 사람의 경우에도 마찬가지이다. 인간은 보

[37] 신옥수, 「몰트만의 사회적 삼위일체론」, 「장신논단」, 30 (2007), 211-213.

[38] 이덕형, 「문화적 패러다임으로서의 카톨리코스-페리코레시스-소보르노스치」, 「노어노문학」, 21 (4, 2009), 497.

이지 않는 영과 보이는 육체로 구성되어 있다. 이 둘 사이의 관계는 이원론적인 지배-피지배의 구조와 다르게 생각해야 한다. 영과 육체는 표현하는 방식도 다르고 나타남도 다르다. 심리적이며 비가시적인 영과 지각되는 실체로서 가시적인 육체는 인간의 상호 동격적 구성 성분으로 말할 수 있다. 이 두 성분들은 서로 다른 두 영역에서 독립적으로 인식될 수 있는 것이다. 그렇지만 그 구분된 독립적인 양태는 서로를 인정하고 상호 존중함으로서 한 인간으로서의 존재가 성립되는 것이다.

　다시 강조한다면 기독교와 과학은 이 세상에 대한 삶의 상이한 표현 방식으로, 각 학문의 대상을 서로 다르게 설정한다. 과학은 사물의 구조와 성질, 그리고 법칙을 탐구하는 인간의 인식 활동으로, 관찰을 통해 현상을 분석하고 이를 이론으로 정립할 수 있다. 과학은 보편적이고 체계적인 이론적 지식을 나타낸다. 그리고 실재라는 피조물에 대해 관찰이나 실험을 시도할 수 있고, 이를 통해서 분석과 이해의 노력을 경주하는 것이다. 아울러 현상에 대한 규칙성의 관계를 나타내거나 그 응용을 기술로 가능케 하는 독립적인 영역이다. 이러한 과학과 구별되는 다른 하나의 영역인 기독교는 성서의 계시에 기초하여 분야별로(예: 조직신학과 성서학) 논리적이며 체계적인 지식을 정립한다. 초월자에 의해 계시된 것으로 믿어지는 성서의 최초 진술은 창조에 관한 계시를 믿는 신앙의 고백으로 "태초에 하나님이 천지를 창조하시니라"라는 선포로 집약된다. 이것이 창조에 관해 기록된 전부이다. 여기에는 피조물을 창조한 날짜를 확정 가능하게 하는 어떤 것도 제시되어 있지 않다. 외부 모습이나 거주민들에 관해 어떤 것도 드러내고 있지 않다. 신성한 건축자의 작업방식에 대해 어떤 것도 전해지고 있지 않다. 원시 하늘과 땅이 창조된 것이 몇천 년 전인지, 혹은 몇 백만 년 전인지 연대를 측정할 수 없다. 그것들이 한순간에 존재하게 된 것인지, 아니면 그 형성 과정이 긴 시간 간격을 두고 이루어진 것인지 여부도 알려져 있지 않다. 단지 말씀을 통한 창조라는 기본적인 사실만 명시된다. 그리고 호기심을 채우기 위한 어떤 것도 더해지지 않았다. 다

39 위르겐 몰트만, 『창조 안에 계신 하나님』, 96–97.

40 앞의 책, 73, 100.

41 김균진, 『기독교 신학 2』(서울: 연세대학교 출판부, 2009), 50.

42 정재현, 『티끌만도 못한 주제에』, 134.

시 말하면, 태초는 아무런 전제 없이 단 한 번으로 일어났으며, 모든 면에 있어 처음 일어났다. 하나님은 세계를 원하셨고, 세계는 그의 의지에서 나온 결과이다.[39] 성서를 시작하는 문장은 의문을 품지 않고 믿음으로 받아들여야 하는 진실한 서술로 이해해야 한다. 그의 선하심과 자유로운 사랑으로부터 시작된 것이 창조의 사역이며, 이를 수긍하는 것은 창조적 하나님의 계시에 의한 신앙으로 가능해진다.[40] 이 신앙으로 인해 기독교만의 독립된 고유 영역이 존재하게 된다.

그러므로 과학적 창조론은 초월자의 창조 의미로부터 과학의 영역을 독립시켜야 한다. 혹은 과학의 영역으로부터 창조 신학을 분리해야 한다. 두 영역의 무리한 융합이나 종속관계 구축을 시도할 필요는 없다. 성서에서 말하는 창세기의 시작은 주변 공간적 환경과 문화, 시간적 제약 등으로 과거, 현재, 그리고 미래의 우리 인간의 사고 능력을 벗어나는 사건이다. 하나님의 창조에 대해서, 신학자 김균진은 하나님이 사랑이시고, 사랑하는 자는 그와 구별되는 피조물들과 함께 있기 원하시고 삶을 함께 나누시기를 원하는 것이라 진술하였다.[41] 정재현에 의하면 태초에 전능하신 하나님의 피조물 창조는 자연과학적 지식이나 정보를 전달하기 위한 목적에서 이루어진 사건이 아니다. 창조 계시의 목적은 그 옛날 어느 시점에 단번에 일어났던 사실을 말하려는 것이 아니라 각자의 상황 속에서 창조자와 피조물과의 근본적인 관계를 사유하고 고백하도록 하려는 것이다.[42]

CHAPTER VI

결론

———

지난 30년 동안 자연과학의 세계 이해를 대변해 온 진화론에 반발한 일부 보수적인 기독교인들은 과학적 증명방법을 통해 기독교의 창조 계시를 실증적으로 입증하고자 하였다. 이러한 이슈는 사회적 문제로 대두되었으며, 기독교 혹은 과학계에서 많은 논쟁과 갈등을 야기해 왔다. 그러나 본 연구는 기독교와 과학 간에 서로를 이해하려고 하는 새로운 관계 유형을 모색하는 것에 주목하였다. 따라서 성서의 창세기에 영향을 끼칠 수 있는 주변 환경에 대한 연관성과 독립성에 대하여 선행 연구를 하였으며, 다양한 과학적 창조론에 대한 과학과 신학의 관계적 대안을 찾아보았다. 지금까지 연구 결과를 정리하면 다음과 같이 생각할 수 있을 것이다.

먼저 창세기에서 말하고자 하는 초월자의 창조에 대한 이야기는 당시의 시대를 위한 이야기였다. 그것은 자연과학적 증명의 목적을 배제한 것이다. 창세기의 창조 기사는 이스라엘 백성이 고대 근동의 환경적 영향에 위협받던 자신들의 삶의 자리에서 하나님의 창조에 대해 알기 쉽게 설명하고 신앙의 순수성에 대한 경각심을 일깨우기 위한 것이었다. 즉 창세기의 하나님은 바빌론의 신화처럼 신으로부터 창조된 신이 아닌 스스로 창조주이시다. 하나님은 피조물을 창조하신 분으로 피조물과 엄격히 구별된 분이다. 창세기의 하나님은 이스라엘 주변의 신화처럼 태양이나 폭풍 등과 같은 피조된 물질로부터 생성된 신, 혹은 여러 신들 중의 가장 위대한 힘을 가진 신이 아니라, 구별된 이스라엘의 유일한 신이고 전지전능한 참 하나님으로 계시되었다. 또한 신들 사이의 관계 속에서 자연을 번성케 하는 신이 아니고, 거대한 우주와 우주안의 태양, 지구, 달, 별들도 하나님에 의하여 창조된 것으로 단순한 피조물에 지나지 않는 것이다. 물론 인간도 바빌론의 신화처럼 신의 피와 흙으로 생성된 것이 아니라 흙으로 창조되었으며, 하나님의 생기로 단순한 모습이 아닌 그의 형상을 따라서 만들어진 것이며, 신화적인 주변 국가들의 신화에 대하여 성서는 독립을 강조하는 것이다. 그러므로 자연 과학을 연관 지어 논하는 것은 하나님의 창조의 의미를 퇴색시키는 것으로 생각할 수 있다.

그 다음으로, 무신론적 진화론, 그리고 젊은 지구 혹은 성서문자주의 창조론, 점진적 혹은 오랜 지구 창조론, 능력으로 충만한 창조 혹은 유신론적 진화론, 끝으로 지적설계론에 대하여 분석하고 이에 대한 각각을 비판적으로 살펴봤었다. 무신론적 진화론에 대하여는 수학의 집합론에서 유한 정수의 집합과 무한 수의 집합이 있다면 유한 정수의 집합은 무한 수의 집합에 대하여 부분 집합에 속한다. 그러므로 유한수의 집합은 유한 정수, 그 이상의 수를 가질 수 없다. 유한 정수 값 이상의 값은 알지도 못한다. 하나님과 인간의 관계에서 유한한 인간의 인식으로부터 무한한 그리고 초월자이신 하나님의 존재를 그들은 인식하지도, 알 수도 없으므로 그들은 신이 없는 세상이 존재하며, 신이 필요하지 않다는 것이다. 즉 알 수 없음을 필요 없음으로 정의하는 것이다. 그것은 잘못된 결과정의인 것이다.

우선, 본 논문에서 창조 신학과 자연 과학의 영역을 분리하는 것은 첫 창조를 기점으로 시간적인 구분을 하는 '초자연적 이신론'[1]과는 거리가 멀다. '초자연적 이신론'이란 고전적 세계관으로, 절대적인 시간과 공간 안에서 일정한

[1] 한인철, 「포스트모던 신학과 영성」, 「세계의 신학」, 56 (9, 2002) 80.

법칙에 의하여 움직이는 이 세상은 이미 질서가 잡힌 불변의 존재로 이루어진 합리적인 대상인 것이다. 이 관점은 하나님이 태초에 피조 세계를 창조했으나, 당시에 우주에 불변하는 법칙을 세우시고 그래서 우주는 하나님의 개입하심이 없이도, 스스로 불변의 법칙으로 인하여 운동하고 있다는 것을 의미한다. 피조세계 및 인간과 계속하여 관계하시는 하나님 모습이 상실되었다는 것이다.[2] 하지만 본 논문은 성서에서 기록한 바와 같이 우주의 법칙 가운데에도, 자연의 변화에도, 인간들에게도 끊임없이 관계하심을 부정하지 않음을 밝혀둔다.

하나님은 우주와 인간을 비롯한 모든 피조물들에 관여하시는 신이며, 우주에서 발생하는 모든 일들에도 관계하시는 신으로, 변화하는 우주적인 시간의 흐름 가운데 진행하시는 분이시다. 하나님과의 계속적인 관계는 피조물과 인간에 대하여 태초에서 멈춘 것이 아니라 태초부터, 지금, 그리고 미래까지인 전체 시간 과정의 창조로 생각된다. 하나님은 피조물들이 개별적으로 자기 창조를 이끌어내고, 질서와 구조는 물론 자유와 새로움을 허용하신다. 이때 우주의 피조물들은 다른 피조물들과 유기적으로 상호 관계를 맺고 있으며, 서로에 대하여 영향을 받을 수밖에 없다. 아인슈타인의 상대론에 의하면 서로에 대한 관계성이다. 시간과 공간조차도 독립적이 아니고 상대적이며 상관관계가 있고 서로 의존하는 관계이다. 그러므로 한 순간의 존재로 계속 남아있는 것이 아니라 흐름의 과정 속에서 변화하고 '되어지는' 것으로 생각할 수 있다. 이 흐름은 존재에 대한 변화 및 새롭게 되는 것의 움직임이다. 독립적이기보다는 계속하여 생성되고 소멸하는 과정이기 때문이다. 즉 새로운 것은 다른 피조물들과의 밀접한 관계 속에서 생성된다는 것이다. 이 세계는 자기 창조적인 피조물들이 주변 세계를 느끼고, 느껴진 피조물 가운데서 자신에게 중요한 것들을 취하며, 이 선택한 것들을 '새로운 하나'로 변화되는 것이다.[3] 하지만 이에 대한 하나님의 결정은 언제나 피조물들과 더불어서 행사하신다.

신학자 한인철에 따르면 인간에 있어서 창조 능력은 부분적이며, 주변 세계

[2] 한인철, 『포스트모던 신학과 영성』, 86–92.

[3] 장왕식, 『과정신학의 이해』, 『새길 이야기』, 20 (서울: 도서출판 새길, 봄, 2006) 165–168.

에 대하여 매 순간 새롭게 느끼고 있다. 이는 하나님과 인간과의 쌍방적인 관계를 통해 완성된다. 하나님은 설득하는 방식으로 응답하시며 결코 강요하시지 않기 때문에 인간이 스스로 창조할 자료들을 선택하지만, 이 선택된 자료들로써 새로운 하나를 창조할 수 있는 근거는 하나님으로부터 온다고 한다. 즉 하나님은 인간들의 삶에 새로움을 창조하는 창조의 출처로 볼 수 있다. 인간과는 다른 역할을 가지신 하나님이 제공한 근거와 인간이 선택한 자료들이 하나로 일치될 때, 새로운 삶이 창조되고, 이러한 창조는 하나님과 인간의 상호 관계성 때문이라고 한다.[4]

4 한인철, 『포스트모던 신학과 영성』, 95-96.

과학과 창조 신학의 관계에 대하여는 현대를 사는 세상에서 과학을 피하고서는 살 수 없지만 절대적인 사실이 아닌 과학으로 전부 해결된다는 생각은 과학이라는 우상을 하나님보다 먼저 생각하게 하는 것이다. 올바른 과학정신이란 먼저 창조주의 무한한 신비와 능력 앞에서 피조물인 우리 인간의 지혜와 능력의 유한함을 알고 겸손히 그 분의 존재와 섭리를 인정하며 하나님의 창조의 은혜를 깨달아야 한다. 과학에서는 영원한 진리가 없으며, 이론 또한 변할 수 있다. 17세기의 뉴턴의 법칙은 20세기 양자론에 의하여 일부는 수정되었고, 우리가 알고 있는 우주론의 경우에 부분적으로는 유추되어진 해석으로 생각할 수도 있기 때문이다. 그러므로 진화론이나 우주의 팽창 이론에 대하여 그들이 본 것들에 대한 역으로 유추해석에 의하여 우연성을 주장하고 있지만 CCTV나 비디오를 통하여 과거를 직접 보지 않는 한 정확하고 확실하다는 주장에는 무리가 따르는 것이다. 또한 먼 과거이기 때문에 반복된 실험이나 측정이 불가한 이론이다. 노벨물리학 수상자인 와인버그에 따르면[5] 왜 사물이 존재하는가에 대한 질문이 현재도 존재한다는 것이다. 과학은 틀릴 수도 있다. 하지만 자연을 이해하는 데는 절대적으로 필요하기 때문에 무시할 수는 없다.

5 존 제퍼슨 데이비스, 『21세기 과학과 신앙』, 노영상 강봉재 역(서울: 크리스천헤럴드, 2004), 42.

진리를 추구하려는 문제에 있어서 과학은 개념적인 객관적 추구인 반면에 신학은 절대적인 주체적 추구이기 때문에 근본적으로 다르다. 특히 창조 신학은 토마스 아퀴나스의 제1원인인 하나님의 본질에 대한 존재 및 인간 경험에 의한 신의 행위에 대한 결과로서의 창조 목적에 대하여 추구하는 반면에 과학에서는 제2원인인 피조물들에 대하여 다루기 때문에 서로의 원인이 다르다. 그러므로 과학은 자체의 관점에서 분석하는 것이다. 무신론 과학자들과 갈등을 빚어온 창조과학의 문제도 과학으로 성서의 창조를 이해하려고 하기 때문에, 즉 피조물에 대한 전능한 하나님의 창조를 언어체계가 다른 인간 수준의 과학적인 방법에 의하여 이해하려고 하기 때문에 인간이므로 부족한 인식의 한계로 인하여 부딪히고 잘못하는 것이다. 양립 불가능한 것이라 말할 수 있다. 그리고 창조과학의 기반이 된 성서 문자 주의적인 창조론과 오랜 지구 창조론이든 지적설계론이든 심지어는 유신론적 진화론이든 모두가 과학을 기반으로 하는 신학이므로 우리에게 오히려 서로 다른 과학의 방향으로 인정되는 것만 믿을 수 있도록 오해를 줄 수 있는 것이다. 그 이유는 과학도 어떤 세밀하고 정확한 새로운 조건들이 나타나면 그 법칙이나 실험들은 버려야 하기 때문에 결과를 믿는 것은 한계가 있다. 우리가 발견한 실험들과 법칙들은 항상 진리가 아니기 때문이다. 자연 과학으로 해석되어서는 결코 안 된다. 과학은 일종의 방법론이다. 과학이 방법론으로서 부수적이며 중립적인 역할로 정리한 다음, 기독교의 문제는 따로 연결시켜야 한다는 것이다. 그럴 때 과학으로 과학 세상을 사는 우리에게 우주와 진화에 대하여 보인 창조하신 하나님의 피조물이라는 것들을 우리의 이해를 돕는 수단으로서 일부분 보여줄 수는 있을 것이다. 자연과학으로 피조물의 이해를 더하여, 초월자의 세상의 의미를 부여하신 피조물을 위한 창조 신앙에 도움을 줄 수 있다.

포이어바흐에게서 하나님이 어떠한 방식으로 창조했는가 하는 질문은 그가 이 세계를 창조했다는 것에 대한 간접적인 의심이다. 전능의 창조는 세계의 모든 사건과 현상이 하나님으로부터 유출되는 곳에서만 타당성이 있고 진리가 된다.[6] 물리학은 하나의 수단이며 인간이 모든 현상의 일정한 근거나 방식을 탐구대상으로 삼는 곳에서 전능이 행하는 창조는 과거의 신화로 전락하게

6 포이어바흐, 『기독교의 본질, 강대석 역(서울: 한길사, 1992), 343-360.

된다. 창조는 무 신앙과 회의의 순간에만 불가해하고 불만스러운 것으로 나타난다. 구약성서의 창조는 이사야의 신앙에 대한 고백으로부터 "네 구속자요 모태에서 너를 지은 나 여호와가 이같이 말하노라 나는 만물을 지은 여호와라 홀로 하늘을 폈으며 나와 함께한 자 없이 땅을 펼쳤고..."[7] 전능하신 하나님만이 창조를 알 수 있으며, 오직 우리를 구원할 수 있다는 의미이다. 그리고 신약성서가 구약 성서에 대한 해설이고 구체화 작업의 결정체이므로 모든 창조의 문제도 예수 그리스도의 관점에서 의미와 해석의 최종적 기준으로 맞추고 설명하는 것이 바람직하다. 한편으로 로고스이신 예수님, 즉 말씀에 의한 창조는 신약에서 예수의 고난과 부활을 통해 죄악으로 인하여 죽음으로 이르게 되는 우리를 새 생명으로, 또한 그의 새로운 피조물이며, 새 하늘과 새 땅을 이루시려는 종말론적인 목표를 이루시려는 것으로도 해석할 수 있다. 결과적으로 바르트의 말처럼 하나님은 믿음 속에서 인정되는 것을 통하여 아는 것으로 과학과 창조 신학은 방법과 대상이 전혀 다르기 때문에 과학도 창조 신학도 서로의 간섭 없이 구분된 각자의 영역에서 자유롭게 탐구할 수 있는 것이다. 다시 말하면, 창세기 1장의 창조이야기는 과학으로 해결할 수 있는 언어적 표현이 아니다. 과학의 언어와 신학함의 언어는 전혀 같지 않기 때문에 과학은 하나님이 보여 주신 현재 나타난 이 세계에 대하여 무엇을 행하신 것인가를 증명하려는 수단에 불과한 것으로서 창조 이야기 전체를 증명하려는 시도는 절대자이신 하나님의 세계에 대한 인간의 교만으로 인하여 도전하는 것이다. 또한 과학이 주인의 자리가 되기보다는 봉사자의 자리로써 겸손해야 하는 데, 과학 세상에서 사는 우리에게 절대적이라고 믿는 과학은 또 하나의 절대자로 자리매김을 하려는 것이다.

결론적으로 1996년 노벨물리학 수상자 데이브 리(David Lee) 박사의 한마디가 정곡을 찌른다.

"과학은 우리가 실험하여 증명하고 논리를 따라서 이론적으로 설명할 수 있는 어

[7] 이사야 44:24.

떤 것 그 이상은 모른다, 그것은 위에 계신 신(창조주 하나님)만이 알 것이다."

서로의 영역이 확실히 구분되어 있으므로 자연과학의 결과물로 창조 신학이 수용을 강요당할 필요도, 배척할 필요도 없는 것이다. 창조 신학은 자연과학이 아니기 때문이다. 그러나 서로의 자주성을 확보하면서 의존하지 않고 독립적으로 과학을 통하여 과학 세상을 사는 우리에게 우주와 생명체에 대하여 보인 창조하신 하나님의 피조물이라는 것들을 우리의 이해를 돕는 수단으로서 상호 협력의 일환으로 부분적으로 보여줄 수는 있을 것이다. 과학과 기독교 신학은 서로 다른 영역을 추구하기 때문에 독립적으로 서로 평화로운 공존을 할 수 있는 것이다. 강조한다면, 먼저 초월자의 피조물에 대한 창조가 있었기 때문에, 우주에 대한 하나님의 뜻을 생각해 볼 수도, 생명체에 보다 나은 삶을 위하여 응용과학을 생각해 볼 수도 있다. 그 결과 자연과학으로서 피조물의 이해를 더하고, 초월자의 세상의 의미를 부여하신 피조물을 위한 창조 신학이 서로 존중하면 그 뜻을 이끌어낼 수 있다. 인간은 자연과 신앙이라는 성질이 다른 구분된 두 영역에 의하여 나누어져 있더라도 각 개인은 삶에 있어서 통일된 하나의 인간으로 구성된다. 먼저 창조주에 대한 신앙의 깊이에 따라서 자신의 학문에 대한 믿음의 바탕을 심화시킬 수 있도록 할 것이다. 그러므로 자연에 대한 과학이론을 연구하거나 실험을 탐구하는 데 도움을 받을 수 있다. 과학사학자 내덤은 현대 과학 발전에 창조 신학이 명백한 도움을 준 사실을 지적한다. 내덤에 의하면, 기독교는 초월적으로 인격적인 하나님이라는 개념을 뚜렷하게 정립하였다. 이에 따라서 하나님은 자연에 법칙을 내리는 인격적 입법자로 상정되었다. 이처럼 인격적 초월자에 의해 자연에 법칙이 수여되었다는 신앙으로 인해서, 서양에서는 동양에서보다 자연 법칙 개념이 비교적 명확하게 성립될 수 있었다는 것이 내덤의 분석이다.[8] 또한 사회학자 머튼은 17세기 영국에서 발생한 산업 혁명과 과학의 발전의 시발점으로 기독교의 퓨리터니즘과 관련된 가치관의 변화를 들고 있다. 순수한 캘빈주의에 의해

[8] Joseph Needham, "Poverties and Triumphs of the Chinese Scientific Tradition", 『Scientific Change』(New York: Basic, 1963), 117-177.

[9] 송상용, "종교와 과학," 『한국종교문화학보』, 9 (5, 2012) 17; Robert Merton, 『Science, Technology and Society in Seventeenth Century England』, (New York: Harper, 1970).

개척하려는 청교도들로서의 근면·절약·검소를 일상적으로 실천하는 데, 시민적 자유에 대한 요구와 산업자본의 형성과 관련이 있다고 한다.[9] 과학의 특징이 적극적, 경험적, 방법론적, 공리적인데, 이것이 바로 기독교도들인 청교도로서 과학을 하기에 좋은 입장을 지니고 도움을 받았을 것이다. 그러므로 과학과 기독교는 현실적으로 우리에게 도움을 주고 선한 삶을 살도록 하는 데 그 목적이 있기 때문에 서로 협력 관계를 가질 필요가 있다.

참고문헌

1. 국문 도서

갈릭 마크. 『우리 태양계』. 변용익 역. 서울: 비룡소, 2005.

강건일. 『진화론 창조론 논쟁의 이해』. 서울: 참·과학, 2009.

강성열. 『고대근동의 신화와 종교』. 서울: 살림출판사, 2006.

_____. 『기독교 신앙과 카오스 이론』. 서울: 대한기독교서회, 2005.

_____. 『고대 근동 세계와 이스라엘 종교』. 서울: 한들출판사, 2003.

구보 아리사마. 『진화는 없었다』. 김순성 역. 서울: 쿰란 출판사, 2008.

그란트 제프리. 『하나님의 천지 창조』. 안준호 역. 서울: 한국창조과학회, 2007.

김강수. 『현대과학이 보는 우주』. 서울: 아카데미서적, 2012.

김균진. 『기독교 신학 II』. 서울: 연세대학교 출판부, 2009.

김헌선. 『한국의 창세신화』. 서울: 길벗, 1994.

김흡영. 『도의 신학 II』. 서울: 동연, 2012.

_____. 『현대 과학과 그리스도교』. 서울: 대한기독교서회, 2010.

넘버스 로널드. 『과학과 종교는 적인가 동지인가』. 김정은 역. 서울: 뜨인돌, 2010.

놀 앤드류. 『생명 최초의 30억년』. 김명주 역. 서울: 뿌리와 이파리, 2007.

Nol K. 『고대 가나안과 이스라엘 역사』. 소형근 역. 서울: 프리칭 아카데미, 2009.

다윈 찰스. 『종의 기원』. 박민규 역. 서울: 삼성출판사, 1990.

데이비스 존 제퍼슨. 『21세기 과학과 신앙』. 노영상·강봉재 역. 크리스천헤럴드, 2004.

233

뎀스키 윌리엄. 『지적설계』, 서울대학교 창조과학회 역. 서울: IVP, 2002.

도킨스 리처드. 『눈먼 시계공』, 과학세대 역. 서울: 민음사, 1994.

_____. 『만들어진 신』, 이한음 역. 서울: 김영사, 2007.

_____. 『이기적 유전자』, 홍영남 역. 서울: 을유문화사, 1993.

두산동아출판 편집부. 『두산세계대백과사전』, 3권. 서울: 두산동아출판사, 1998.

Durant W. 『문명이야기 1』, 왕수민 · 한상석 역. 서울: 민음사, 2011.

Madigan, Martinko, and Parker. 『대학미생물학』, 민경희 외 역. 서울: 탐구당, 1999.

맥그래스 알리스터. 『도킨스의 신』, 김태완 역. 서울: SFC, 2007.

_____. 『과연 과학과 종교 무엇이 다른가?』, 정성희 · 김주현 역. 서울: 도서출판 린, 2013.

_____. 『과학신학탐구』, 황의무 역. 서울: 기독교문서선교회, 2010.

맥컬 헨리에타. 『메소포타미아 신화』, 임웅 역. 서울: 범우사, 1999.

메이슨 S. F. 『화학적 진화』, 고문주 역. 서울: 민음사, 1996.

모리스 존. 『젊은 지구』, 홍기범 · 조정일 역. 서울: 한국창조과학회, 2005.

모어랜드와 레이놀드. 『창조와 진화에 대한 세가지 견해』, 박희주 역. 서울: IVP, 2001.

몰트만 위르겐. 『창조안에 계신 하느님: 생태학적창조론』, 김균진 역. 서울: 한국 신학 연구소, 1987.

바버 이언. 『과학이 종교를 만날 때』, 이철우 역. 서울: 김영사, 2002.

배용찬. 『태초에 하나님이』, 서울: 예영, 2007.

베히 마이클. 『다윈의 블랙박스』, 김창환 역. 서울: 풀빛, 2001.

본회퍼 디트리히. 『창조와 타락』, 강성영 역. 서울: 대한기독교서회, 2010.

브라이슨 빌. 『거의 모든 것의 역사』, 이덕환 역. 서울: 까치, 2003.

사토 가쓰히코. "인플레이션 우주론", 『진공과 우주론』, 강금희 역. 서울: 뉴턴코리아, 2011.

샌다즈 N. K. 『길가메시서사시』, 이현주 역. 서울: 범우사, 1978.

서규석 편저. 『이집트 사자의 서』, 서울: 문학 동네, 1999.

스미스 존 메이나드와 스자스마리 에욀스. 『40억년간의 시나리오』, 한국동물학회 역.
　서울: 전파과학사, 2001.

스트로벨 리. 『창조설계의 비밀』, 홍종락 역. 서울: 두란노, 2005.

Strickberger M. 『진화학』, 김창배외 역. 서울: 월드 사이언스, 2004.

신재식, 김윤성과 장대익. 『종교전쟁, 종교에 미래가 있는가?』, 서울: 사이언스북스,
　2009.

신화아카데미 편집. 『세계의 창조 신화』, 서울: 동방미디어, 2001.

아우구스티누스. 『고백록』, 김희보 · 강경애 역. 서울: 동서문화사, 2008.

양승훈. 『다중격변 창조론』, 서울: SFC, 2011.

와다 스미오. "우주탄생의 비밀", 『우주는 무에서 태어났다: 137억년의 진화와 변천』,
　강금희 역. 서울: 뉴턴코리아, 2009.

와인버그 스티븐. 『최초의 3분』, 신상진 역. 서울: 양문, 2005.

요한그롤레. 『원숭이는 어떻게 인간이 되었는가』, 박의춘 역. 서울: 이끌리오, 2000.

윌슨 에드워드. 『인간 본성에 대하여』, 이한음 역. 서울: 사이언스 북스, 2000.

윤선구. "데카르트 방법서설", 『철학사상 별책 2권』, 서울: 서울대학교 철학사상 연구
　소, 2003.

윤실. 『창세기의 과학 창조의 자연법칙』, 서울: 전파과학사, 2013.

이석영. 『모든 사람을 위한 빅뱅 우주론 강의』, 서울: 사이언스북스, 2009.

이시우, 현정준, 윤흥식과 홍승수. 『은하계의 형성과 화학적 진화』, 서울: 민음사,
　1996.

이인구. 『생명의 탄생과 진화』, 서울: 서림문화사, 1996.

이인택. 『중국 신화의 세계』, 서울: 풀빛, 2000.

장순근. 『지구 46억년의 역사』, 서울: 가람기획, 1998.

　＿＿＿. 『화석은 살아있다』, 서울: 가람기획, 2013.

장일선. 『구약세계의 문학』, 서울: 대한기독교 출판사, 1981.

정재현. 『신학은 인간학이다』, 서울: 분도출판사, 2003.

　＿＿＿. 『티끌만도 못한 주제에』, 서울: 분도출판사, 1999.

조덕영. 『과학과 신학의 새로운 논쟁』. 서울: 예영커뮤니케이션, 2006.

조지하트. 『이집트 신화』. 이응균 · 천경효 역. 서울: 범우사, 1999.

천사무엘. 『성경과 과학의 대화』. 대전: 도서출판 글누리, 2008.

최무영. 『최무영 교수의 물리학 강의』. 서울: 책갈피, 2008.

최승언. 『우주의 메시지』. 서울: 시그마프레스, 2008.

최인숙. 『칸트』. 서울: 살림, 2005.

칼빈 존. 『칼빈의 점성술에 대한 경고』. 김동현 역. 서울: 솔로몬 말씀사, 1993.

리차드 칼슨. 『현대과학과 기독교의 논쟁』. 우종학 역. 서울: 살림, 2003.

존 D. 커리드. 『고대 근동 신들과의 논쟁』. 이옥용 역. 서울: 새물결플러스, 2017.

콕스 브라이언과 코헨 앤드류. 『태양계의 놀라운 신비』. 최세민 역. 서울: 21세기 북
    스, 2011.

콘도라도프. 『노아의 홍수 신화인가 사실인가?』. 봉희선 역. 서울: 이상과 현실,
    1990.

쿠간 M. D. 『우가릿 신화의 세계』. 유선명 역. 서울: 은성, 1992.

쿤 토마스. 『과학 혁명의 구조』. 김명자 역. 서울: 까치, 2013.

키처 필립. 『과학적 사기, 창조론자들은 과학을 어떻게 이용하는가?』. 주성우 역. 서
    울: 이제이 북스, 2003.

피터스 테드 편집. 『과학과 종교』. 김흡영, 배국원, 윤원철, 윤철호, 신재식, 김윤성
    역. 서울: 동연, 2002.

포이어바흐. 『기독교의 본질』. 강대석 역. 서울: 한길사, 1992.

폴킹혼 존. 『과학시대 하나님 신앙』. 신준호 역. 서울: 뉴미션21, 2008.

피어시 낸시와 찰스 택스턴. 『과학의 영혼』. 이신열 역. 서울: SFC, 2009.

프런드 필립. 『창조신화』. 김문호 역. 서울: 정신세계사, 2005.

하헌구. 『창조와 진화의 비밀 2』. 서울: 한솜미디어, 2009.

한국 창조과학회. 『2012 창조과학 국제학술 대회』. 서울: 한국창조과학회, 2012.

＿＿＿＿＿＿＿＿. 『한국창조과학회 20년사』. 서울: 한국창조과학회, 2001.

호킹 스티븐. 『시간과 화살』. 김성원 역. 서울: 두레, 1991.

호킹 스티븐과 믈로디노프 레오나르드. 『위대한 설계』, 전대호 역. 서울: 까치글방, 2010.

휘트콤 존. 『성경적 창조론』, 최치남 역. 서울: 생명의 말씀사, 1993.

2. 외국어 도서

Barrow John and Tipler Frank. 『The Anthropic Cosmological Principle』, Oxford: Oxford University Press, 1986.

Davies Paul. 『God and the New Physics』, New York: Simon and Schuster, 1983.

Dawkins Richard. 『The Blinder Watchmaker: Why the Evidence of Evolution Reveals a Universe without Design』, London: Longman, 1986.

Dawkins Richard. 『The Selfish Gene』, Oxford: Oxford University Press, 1989.

Ham Ken and Snelling A. 『The Answer Book』, El Cajon: aster Book House, 1997.

Gilkey Langdon. 『Creationism on Trial』, Minneapolis: Winston Press 1985.

McCurley F. R. 『Ancient Myths and Biblical Faith: Scriptural Transformations』, Philadelphia: Augsburg Books Fortress Press, 1983.

Merton Robert. 『Science, Technology and Society in Seventeenth Century England』, New York: Harper, 1970.

Morris H. M. 『The Troubled Waters of Evolution』, San Diego: Creation Life Publishers.

Needham Joseph. "Poverties and Triumphs of the Chinese Scientific Tradition," 『Scientific Change』, New York: Basic, 1963.

Polkinhorne John. 『Quantum Physics and Theology』, Connecticut: Yale University Press, 2007.

Saggs Harry W. F. 『The Encounter with the Divine in esopotamia and Israel』, London: Athlone, 1978.

Lane Craig William and Smith Quentin. 『Theism, Atheism, and Big Bang Cosmology』, Oxford: Clarendon Press, 1993.

Whitcomb J. C. and Morris Henry M. 『The Genesis Flood: The Biblical Record and Its Scientific Implications』, Philadelphia: Presbyterian & Reformed Publishing, 1961.

3. 국내논문

김균진. "진화론과 창조신앙은 모순되는가?." 『한국조직신학논총』, 9 (2003): 7–31.

김기석. "진화론과 공존가능한 창조신앙." 『한국조직신학논총』, 33 (2012): 387–420.

김상기. "인간 창조와 홍수." 『신학연구』, 50 (2007): 11–44.

박희주. "지적설계론의 기원." 『신앙과 학문』, 10 (1, 2005): 51–74.

백운철. "창조와 새창조." 『가톨릭 신학과 사상』, 69 (2012): 42–84.

송상용. "종교와 과학", 『한국종교문화학보』, 9 (5, 2012): 5–21.

신성자. "창조와 홍수에 관한 성경과 고대 근동의 문헌의 비교." 『한국중동학회논총』, 16 (1995): 419–441.

신옥수. "몰트만의 사회적 삼위일체론." 『장신논단』, 30 (2007): 203–239.

신재식. "진화론적 유신론과 케노시스의 하나님." 『종교연구』, 32 (2003): 57–87.

_____. "진화론적 유신론, 그리스도교와 진화가 만나다!." 『기독교사상』, 620 (8, 2010): 248–263.

_____. "다윈진화론의 자연신학 비판과 다윈 이후 진화론적 유신론 연구: 기독교 신학의 신-담론 변화를 중심으로." 『한국 기독교신학논총』, 46 (2006): 89–120.

_____. "갈릴레오 갈릴레이의 종교와 과학: '크리스티나 대공 비에게 보낸 편지'에 나타난 성서해석과 과학이해를 중심으로." 『종교연구』, 22 (2000): 107–129.

_____. "창조-진화 논쟁과 지적설계론, 과학인가 종교인가!." 『기독교사상』, 619 (7, 2010): 254–268.

오경환. "가톨릭교회는 유신론적 진화론을 지지한다."『사목정보』, 4 (4, 2011): 89–96.

오정선. "미국 수정주의 신학자 로버트 네빌의 무로부터의 창조 이론에 관한 연구."『한국기독교신학 논총』, 70 (2010): 187–207.

이덕형. "문화적 패러다임으로서의 카톨리코스–페리코레시스–소보르노스치."『노어노문학』, 21 (4, 2009): 495–525.

이성휘. "하나님과 시간, 스티븐 호킹의 인간원리와 과학신학."『기독교 사상』, 51 (9, 2007): 223–250.

이승엽. "지적설계론: 진화론 논쟁 및 콜린스의 유신 진화론 비판."『본질과 현상』, 26 (2011): 131–147.

이용주. "자연신학과 신학의 대화에 대한 신학적 · 비판적 접근."『한국기독교신학 논총』, 70 (2010): 157–186.

장왕식. "과정신학의 이해."『새길 이야기』, 20 (3, 2006): 162–173.

전철. "자연학과 신학의 관계에 대한 연구."『철학연구』, 111 (2009): 265–287.

최태연. "한국에서의 유신진화론."『신앙과 학문』, 9 (6, 2004): 267–293.

한인철. "포스트모던 신학과 영성."『세계의 신학』, 56 (9, 2002): 79–102.

4. 학위논문

정미영. "AAAS Project 2061 기준에 의한 고등학교 과학 교과서 우주의 기원과 진화 단원 내용분석," 석사학위논문, 연세대학교, 2012.

5. 국제논문

Gould Stephen Jay. "Nonoverlapping Magisteria," 『Natural History』, 106 (3, 1997): 16-22.

Grønbæk J. H. "Baal's Battle with Yam-A Canaanite Creation Fight," JSOT, 33 (1985): 27-44.

Kim Heup Young. "The Sciences and the Religions: Some Preliminary East Asian Reflections on Christian Theology of Nature," God's Action in Nature's World: Essays in Honor of Robert John Russell (2006): 77-90.

Kim Heup Young. "Sanctity of Life from: A Reflection on Human Embryonic Stem Cell Debates from an East Asian Perspective," Global Perspectives on Science & Spirituality, ed. by Pranab Das, Templeton Press, (2009): 107-124.

6. Internet

Greene, Jon W. "The Days of Creation : A Closer Look at Scripture" http://www.bible-researcher.com/chicago1.html.

박찬호. "창조와 진화에 대한 몰트만의 견해" 2009. 2. 제4회 창조론 공동학술포럼, http://chtimes.co.kr/lib/6929.

오랜지구창조론. http://www.oldearth.org/old.htm.

위키 백과사전. http://ko.wikipedia.org/wiki/그랜드 캐니언; Grand Canyon National Park Official Website, http://www.nps.gov/grca/index.htm and http://www2.nature.nps.gov/geology/parks/grca/age/index.cfm.

위키 백과사전. http://ko.wikipedia.org/wiki/지적_설계.

지적설계연구회. http://www.intelligentdesign.or.kr/.